Femme des Ouled-Nails

Union centrale des Arts décoratifs

HÉLÈNE DAVID-WEILL
président

GUY AMSELLEM
directeur général

MARIE-CLAUDE BEAUD
conservateur général des musées de l'UCAD

SYLVIE LEGRAND-ROSSI
*conservateur au musée de la Mode et du Textile
commissaire de l'exposition*

EZIO FRIGERIO
scénographe de l'exposition

Nous exprimons ici notre reconnaissance à tous les donateurs dont la générosité a permis, au fil des années, l'enrichissement des collections de mode et de textile de l'Union centrale des arts décoratifs et de l'Union française des arts du costume.
Nous remercions tout particulièrement les couturiers et créateurs dont les dons ont permis la réalisation de cette présentation :

Anne-Marie Beretta
Claude Montana
Dries van Noten
John Galliano
Kenzo
Maison Christian Dior
Maison Christian Lacroix
Maison Emanuel Ungaro
Maison Givenchy
Maison Pierre Balmain
Maison Yves Saint Laurent
Marcel Marongiu
Michel Klein
Xuly Bët

Que soient également remerciés pour leurs prêts généreux :
Jean-Paul Gaultier
Kenzo
Maison Christian Lacroix
Maison Emanuel Ungaro
Maison Yves Saint Laurent
Martin Margiela
Vivienne Westwood
Yohji Yamamoto

Ainsi que les institutions et les collections publiques et privées suivantes, pour leur aide précieuse :
Archives Lanvin, Paris
Association pour l'étude des textiles d'Asie (AEDTA), Paris
Bibliothèque Forney, Paris
Maison Boucheron, Paris
Musée des Arts décoratifs, Paris
Musée de l'Homme, Paris
Musée de l'impression sur étoffes, Mulhouse
Musée international de la parfumerie, Grasse
Musée de la Mode et du Costume, Palais Galliéra, Paris
Musée national des arts asiatiques-Guimet, Paris
Musée de la Publicité, Paris

Ainsi que :
Anoushka, Lamine Badian Kouyaté, Réjane Bargiel,
François Beaufumé, Véronique Belloir, Véronique Benard,
Tatiana Benfoughal, Pierre Bergé, Rachel Brishoual,
Véronique de Bruignac-La Hougue, Martine Cartegini, Cristofoli Presse,
Mesh Chibber, Dominique Deroche, Corinne Domme,
Jean-Paul Desroches, Bernard Dupaigne, Sonia Edard,
Laure Esnault, Fabienne Falluel, Eric Fournier, Odile Fraigneau,
Marie-Noël de Gary, Christophe Girard, Marie-Noëlle de Grandry,
Mme Grasse, Didier Grumbach, Valérie Guillaume, Martine Jouhair,
Jacques-Yves Jourdain, Christine Harrison, Alain Hivelin,
Véronique Humbert, Nathalie Jalowesak, Annick Joyon,
Jean-François Keller, Erik Lanuit, Mme Lasson, Laurent Latco,
Isabelle Lebreton, Katell Le Bourhis, Mme Lecherbourg,
Anne-Claude Lelieur, Philippe Le Moult, Lycée technique du Bois,
Fabien Mage, Sarah Mathew, Jeanne Mbogle-Tcheke,
Véronique Monier, Jacqueline Montana, Emmanuelle Montet,
Lars Nilsson, Odile Nouvel, Ruth Obadia, Amina Okada,
Jean-Luc Olivié, Dominique Pallut, Chantal Paludetto,
Hector Pascual, Laure du Pavillon, Joséphine Pellas, Pier Filippo Pieri,
Marie-Hélène Poix, Evelyne Possémé, Julie Quaglia, Béatrice Quette,
Laetitia Rambaud, Jérôme Recours, Béatrice Richard,
Sylvie Richoux, Denis Roland, Myriam Rollin, Bertrand Rondot,
Claude Sapac, Patrick Scallon, Liliane Schildge, Rémy Shirvani,
Yvonne de Siké, Katia Smirnoff, Myriam Tessier, Michel Tonnelot,
Fabienne Vandenbrouck, Lionel Vermeil.

Nos remerciements vont également aux participants de la table ronde organisée sur le thème de l'exotisme, le 1er juillet 1997 :
Anne Raulin, maître de conférences, département de Sciences sociales, faculté des Sciences humaines et sociales Sorbonne, Université René Descartes-Paris V
Nicolas Bancel, historien, A.C.H.A.C. (Association pour la connaissance de l'histoire de l'Afrique contemporaine)
Frédérique Legrand, chargé d'études en agence de publicité
Jean-Michel Ribettes, psychanalyste

Ainsi qu'à :
Gérard Collomb, ethnologue, CNRS-LAIOS
Romain Lefebvre, historien de l'art (périodes Art nouveau, Art déco)
Monique Lévi-Strauss, historienne du châle cachemire
Lucie Mau, historienne du textile
Daniel Roche, professeur d'histoire à l'Université de Paris I

Le Musée de la Mode et du Textile remercie pour leur mécénat :
Balmain
Comité de développement et de promotion du textile et de l'habillement (DEFI)
Hermès
L.V.M.H./ Moët-Hennessy.Louis Vuitton
Magazine ELLE

*Cette exposition a bénéficié du généreux soutien
de* **Linda Wachner-Warnaco**

TOUCHES D'exotisme
XIVᵉ - XXᵉ siècles

musée de la mode
union centrale des arts décoratifs
et du textile

11 Introduction
Touches d'exotisme, XIVᵉ-XXᵉ siècles
SYLVIE LEGRAND-ROSSI

I

Matières, techniques et décors, XIVᵉ-XVIIIᵉ siècles

21 Exotismes et soieries
JEAN-PAUL LECLERCQ

41 Les indiennes : origine et diffusion
VÉRONIQUE DE BRUIGNAC-LA HOUGUE

II

Accessoires, confections et bijoux du XIXᵉ siècle

61 Châles cachemire indiens et français : un chassé-croisé d'influences
SYLVIE LEGRAND-ROSSI

83 Les nouveautés exotiques à travers les catalogues commerciaux
BÉATRICE JUILLARD

97 Les influences exotiques dans le bijou
ÉVELYNE POSSÉMÉ

III

Coupes et vêtements du premier tiers du XXᵉ siècle

113 Paul Poiret, le couturier explorateur

La révolution de la coupe droite
SYLVIE LEGRAND-ROSSI

Ispahan

Rectangle et rectangle
FRANÇOISE COUSIN

Poiret, rencontre Orient-Occident
FLORENCE MÜLLER

145 Les années folles : l'exotisme dans la mode et le textile
PAMELA GOLBIN

IV

Pratiques vestimentaires et modes de vie depuis la fin des années 1960

169 Artefacts étrangers et créations originales
LYDIA KAMITSIS

179 Mannequins d'ailleurs
OLIVIER SAILLARD

187 L'exotisme à travers les pratiques de consommation contemporaines
FRÉDÉRIQUE LEGRAND

197 L'exotisme dans les dernières collections
Entretiens avec Christian Lacroix, Dries van Noten et Kenzo

---

205 Les décors exotiques d'Ezio Frigerio
Entretien de SYLVIE LEGRAND-ROSSI

Postface
209 *Collections, travestissements, dévoilements : notes anthropologiques sur l'exotisme textile et vestimentaire*
FRANÇOIS POUILLON

218 Quelques mots d'exotisme textile
JEAN-PAUL LECLERCQ

222 Bibliographie

224 Crédits photographiques

(frontispice)
Carte postale
Femme
des Ouled-Naïls
Après 1900
Coll. privée

(page de gauche)
Robe en velours bleu nuit brodé or
Travail lyonnais
pour l'Orient, 1867
MMT, coll. UCAD
Inv. 32426 AB

Abréviations utilisées
UCAD : Union centrale des Arts décoratifs
UFAC : Union française des Arts du costume
MAD : musée des Arts décoratifs
MMT : musée de la Mode et du Textile
CDMT : Centre de documentation de la mode et du textile

· × · × · × · × · ×

Tel monsieur Jourdain faisant de la prose sans le savoir, nous vivons dans l'exotisme sans nous en douter.

Depuis des temps immémoriaux, ce que nous regardons, ce que nous touchons, ce que nous mangeons est, ou a été à un moment donné, exotique. Laque, nacre, ébène, ivoire, tissus (souvent entrés en contrebande), épices, plantes, formes, mots, déferlent du monde entier, colportés par les explorateurs.

L'exotisme est le corollaire, ou la conséquence, de la lassitude du toujours pareil, de la curiosité, du rêve, du désir de connaître l'autre, l'ailleurs.

Avant-garde d'une période donnée, il bouleverse, par sa différence, par sa nouveauté, par son mystère, notre regard, notre goût, nos techniques, nos comportements — jusqu'à ce que, absorbé par notre manière de vivre, devenu en quelque sorte nôtre, il nous faille autre chose.

Source perpétuelle de renouvellement, l'exotisme est imaginatif, créatif, et conduit tout naturellement à la mode, car ce que l'individu revêt, ce avec quoi il se montre, se dévoile, se pavane, si c'est exotique, lui attribue tous les mystères de l'ailleurs et de l'autre. Attirant les regards, il permet la coquetterie et a la séduction d'ouvrir la voie à ce que tout être humain recherche le plus : plaire.

HÉLÈNE DAVID-WEILL
Président de l'Union centrale des Arts décoratifs

Robe volante
lampas à décor de dentelle
Vers 1725
MMT, coll. UCAD
Inv. 10103

Le titre « Touches d'exotisme », volontairement et sagement modeste, laisserait supposer un effleurement du sujet. La rigueur scientifique de cet ouvrage détrompera quiconque entreprendra sa lecture passionnante. Quant à la présentation même, la richesse des collections du musée de la Mode et du Textile, et particulièrement celle de l'Union française des arts du costume, permettrait de concevoir une suite de mises en scène quasiment ininterrompue sur ce thème de rêve. La collection textile à elle seule, mais aussi les châles cachemire du XIXe siècle, les créations de Paul Poiret ou de Jean-Paul Gaultier, autoriseraient maintes variations pertinentes et renouvelées.

Le parti-pris de Sylvie Legrand, conservateur du patrimoine chargé des collections du XIXe siècle du musée de la Mode et du Textile, et de l'équipe qui a travaillé sous sa responsabilité, a privilégié une vision par séquences chronologiques, mêlant habits d'apparat et vêtements quotidiens en une véritable histoire des exotismes. Le scénographe Ezio Frigerio a accepté avec une grande générosité et une maestria hors du commun d'accompagner ce projet. Ses décors flamboyants comme de véritables panoramiques se renouvellent à chaque séquence chronologique et jouent un rôle non négligeable dans notre compréhension du thème exotique.

Certes, chaque visiteur se promènera dans les salles avec sa notion de l'exotisme ; gageons toutefois que cette deuxième présentation de plus de deux cents modèles et accessoires saura aiguiser l'appétit de chacun et son désir d'en savoir toujours plus sur le monde fascinant de la mode. C'est l'ambition de tous ceux qui ont contribué à ces « Touches » d'exotisme, qu'ils soient tous, ici, chaleureusement remerciés.

MARIE-CLAUDE BEAUD
Conservateur général des musées de l'Union centrale des Arts décoratifs

Modèle Juliet
créé par John Galliano
Christian Dior
Collection Boutique
Automne/hiver
1997-1998
Don de la Maison
Christian Dior
Photographie : Archives Christian Dior

INTRODUCTION

Touches d'exotisme, XIVe-XXe siècles

Le choix de ce titre ne doit rien au hasard. L'exotisme, dans le langage courant, est d'abord associé à un dépaysement pittoresque et agréable. On emploie des expressions comme « succomber aux charmes de l'exotisme », « être en manque d'exotisme » qui restituent l'idée d'une séduction, d'un attrait puissant exercés par les figures de « l'autre » lointain et de « l'ailleurs ».

À la base de l'adjectif « exotique », il y a la racine grecque *exo* qui signifie « dehors », à partir de laquelle le mot grec *exotikos*, « étranger », est forgé. Après être passé par le latin (*exoticus*), ce qualificatif prend une forme française au XVIe siècle (*exoticque*), mais reste peu utilisé avant le XVIIIe siècle. Le mot « exotisme » apparaît en 1845, en pleine période orientaliste.

La comparaison des définitions montre que l'exotisme est associé historiquement, d'une part, à la distance géographique, et, d'autre part, aux aspects attirants ou séduisants de l'altérité culturelle toujours envisagée exclusivement du point de vue occidental. L'exotisme c'est « l'autre » lointain, ou plutôt le pôle positif (ou attirant) de cet « autre » lointain, rencontré par l'Occident dans ses entreprises précoloniales puis coloniales. En ce sens, la valeur exotique connaît son heure de gloire au XIXe siècle, dans un contexte où l'ethnocentrisme colonial est pensé et vécu comme une évidence morale et idéologique[1].

L'attirance pour le mystère des cultures lointaines se produit sur fond de fascination. Elle est liée à une certaine volonté de méconnaissance. Le top model somalien Iman, épouse égérie de David Bowie, déclarait récemment à la presse : « À mon arrivée aux États-Unis, en 1977, on m'a présentée comme une sorte de panthère ignare, primitive, alors que, fille d'un ambassadeur et d'une gynécologue, je venais de terminer des études de sciences politiques et parlais cinq langues. Dire que j'ai dû me prêter à cette comédie et donner des conférences de presse dans ma langue maternelle, traduite par un interprète[2] ! »

L'idolâtrie de « l'autre » peut prendre la forme d'un transfert, au sens psychanalytique, par lequel celui-ci devient dépositaire d'un savoir supposé sur le bonheur et la jouissance. Dans les années 1970, les gourous indiens sont vénérés en Occident en tant que détenteurs d'une sagesse universelle, héritée d'une civilisation millénaire n'appartenant pas à la culture européenne. Aujourd'hui, les sociétés primitives sont valorisées parce qu'on considère qu'elles sont les plus proches de ce qui est essentiel, fondamental pour l'être humain. La créatrice Isabel Marant, dont les collections « ethniques » sont inspirées par les cultures africaine et indienne, souligne par exemple : « J'ai besoin de travailler avec mes mains, de retrouver des gestes ancestraux[3]. »

À travers l'exotisme, c'est le plus souvent un rapport anecdotique et superficiel à la différence qui se trouve désigné : cette notion renvoie moins à l'idée de rencontre effective de l'altérité qu'à celle de son esquisse rêvée. Appel aux saveurs et aux sens, l'exotisme est un espace libre pour l'imaginaire, un ailleurs qui autorise toutes les projections, voire les transgressions. C'est le lieu de la jouissance sans entrave, le paradis perdu des origines : « Là tout n'est qu'ordre et beauté, / Luxe, calme et volupté. » (Baudelaire, « L'Invitation au voyage », Les Fleurs du mal, 1857). Dispensateur de bonheur, l'exotisme permet avant tout de s'excepter de la monotonie du quotidien, de la vie vécue.

C'est sans doute parce qu'il procède de cet effleurement primordial, de ce toucher qui ne donne accès à aucune possession réelle de l'autre ni de l'ailleurs, que l'exotisme se traduit en touches, déployant ainsi sa légèreté intrinsèque. Un article du magazine Elle titrait récemment : « d'Asie et d'ici (...) L'année de la Chine s'écrit aussi en associant formes occidentales et touches d'Asie[4]. » La magie de l'exotisme réside précisément dans ce dosage subtil d'apports indigènes et étrangers. Les méthodes de travail des couturiers et des créateurs de mode illustrent d'ailleurs ce principe de manière littérale. Sur un des croquis préparatoires de sa collection orientale de 1977, inspirée par le Maroc de Delacroix, Yves Saint Laurent porte ces annotations : « Odalisque. Turban de coton arabesque. Blouse de mousseline rose vif. Ceinture satin vert vif. Jupe de coton glacé blanc à base d'arabesques multicolores. Jupon de taffetas bleu. Châle de cachemire. » (Benaïm 1993, p. 324). L'exotisme est donc intégré à la garde-robe occidentale par fragments qui font signe vers « l'autre » et « l'ailleurs ».

1

Visite
Lainage rouge,
brodé d'applications
de soutaches
et fils or formant
des motifs cachemire
Vers 1885
MMT, coll. UCAD. Inv. 26002

Ainsi, il n'y a pas véritablement d'appropriation exhaustive de l'exotisme à travers la reconstitution fidèle d'un modèle original. Nous sommes davantage en présence d'une construction où certains détails, en l'occurrence ici vestimentaires, seront à même de produire une évocation ouvrant sur des imaginaires composites nécessairement inédits. Car les contenus de l'exotisme sont en perpétuel renouvellement en raison de leur assimilation progressive.

Si l'exotisme n'apparaît pas comme une véritable rencontre, il procède cependant d'une ouverture plus ou moins authentique à l'autre. Celle-ci engendre des remises en question de la part des sociétés occidentales, des ruptures par rapport aux conventions établies qui se traduisent par une réévaluation des critères du Beau ou du Bon. Cette découverte prend d'ailleurs souvent la forme d'un bouleversement. Pour le couturier Paul Poiret, la visite de la collection de turbans indiens du Victoria and Albert Museum de Londres est une révélation, qui le décide immédiatement à copier ces modèles pour créer sa propre mode orientale à Paris dans l'année 1909 (Poiret 1974, p. 132).

L'hybridation une fois accomplie, l'exotisme cesse d'être étrange. Il n'existe plus en tant que tel. De ce point de vue, la connaissance et le savoir alimentent l'exotisme plus qu'ils n'en participent directement. Le pôle exotique se recompose constamment au gré des rythmes d'assimilation qui, à partir du XIXe siècle et surtout au XXe siècle, s'accélèrent du fait de la démultiplication des facteurs de diffusion. Si l'introduction du travail de la soie en Europe, depuis la Chine, s'étale sur plusieurs siècles, en revanche, la mode du châle cachemire inspirée par l'Inde ne dure qu'une centaine d'années, de 1795 à 1890 environ. Que dire alors des modes « ethniques » dont la durée de vie est aujourd'hui de six mois dans la haute-couture et le prêt-à-porter ?

L'exotisme est ainsi l'objet d'une quête toujours recommencée. Il change et se transforme, mais ne disparaît jamais véritablement de la scène. L'évoquer par touches, du XIVe siècle à nos jours, c'est en montrer les différentes incarnations à travers le temps et leurs changements d'intensité. Il y a en effet des vagues d'exotisme qui alternent avec des périodes de reflux. Ces vagues se superposent dans la durée. Rien ne s'efface. Nous en avons distingué quatre, qui introduisent chacune une dimension nouvelle de l'exotisme : les matières, les techniques et les décors, du XIVe au XVIIIe siècle ; les accessoires, les confections et les bijoux au XIXe siècle ; les coupes et les vêtements dans le premier tiers du XXe siècle ; les pratiques vestimentaires et les modes de vie depuis la fin des années 1960. Nous avons donc voulu retranscrire ces variations de rythme dans leur diachronie, tout en restituant chaque configuration de l'exotisme dans sa synchronie, son assemblage propre et ce qu'il désigne.

Si nous parlons de « Touches d'exotisme », c'est donc à deux niveaux, d'une part parce que l'exotisme ne nous est jamais apparu comme « un » à un moment donné, d'autre part, parce qu'il n'est jamais le même à travers les époques.

L'exotisme se présente comme une réserve de sens perpétuellement réinvestie en vue de permettre une recomposition permanente du « même » et de « l'autre », de tisser de nouveaux rapports imaginaires entre les lieux et les hommes.

De ces réflexions est né le projet de cette présentation qui entend mettre en scène les signes vestimentaires de l'exotisme et les imaginaires auxquels ils renvoient.

À quand faire remonter l'exotisme dans la mode et le textile ? L'exotisme a-t-il toujours existé ? À l'exception de plusieurs recueils de tissus d'époque copte, les premières pièces textiles du musée de la Mode et du Textile datent de la fin du XIIIe siècle. La composition du fonds est en cela similaire à celle d'autres collections publiques. Est-ce un hasard, ou faut-il y voir, au contraire, une quelconque signification ?

On fait traditionnellement débuter la naissance de la mode en Europe occidentale aux alentours de 1350, avec l'apparition du costume masculin, court et ajusté, qui remplace la robe longue et unisexe (Braudel 1979, p. 276). Or c'est précisément à partir du XIVe siècle que le développement de la vie de cour et de la vie urbaine en Europe occidentale engendrent des besoins nouveaux dans les expressions de la différence sociale. L'exotisme devient alors l'une des originalités des couches dominantes. Il relance le grand commerce vers l'Orient et fait la fortune de l'Italie du Quattrocento.

Faire débuter la première vague d'exotisme avec les soieries italiennes du milieu du XIVe siècle inspirées par les étoffes chinoises, c'est mettre d'emblée l'accent sur l'importance de la diffusion des matières premières, des savoir-faire et des décors en provenance des pays d'Asie, grands bénéficiaires du commerce au loin bien avant le voyage de Marco Polo dans l'Empire du Milieu (1271-1295). La chronologie des œuvres textiles exposées permet ainsi de suivre la progression de cette première vague exotique venue d'Orient. Elle démontre comment ces apports étrangers ont donné naissance à une industrie française prospère dans le domaine de la soierie et celui des cotonnades imprimées, et quelles furent les modalités de cette assimilation. Elle donne aussi à voir les décors et leurs variantes, ainsi que des exemples de motifs réexportés vers l'Orient. Elle offre enfin matière à interrogation sur l'hybridation entre le goût néo-classique et l'exotisme qui s'est produite à la fin du XVIIIe siècle.

Le parallélisme existant entre le dépaysement vers le passé et celui vers l'ailleurs est évoqué dès le début de la présentation avec la robe du soir Hortensia de Christian Lacroix (ill. 2). Le couturier revendique lui-même cette double inspiration : « J'ai toujours cherché mes sources dans le passé et l'ailleurs. Tout ce qui est ancré dans une tradition est beau, les vêtements et les bijoux traditionnels n'ont pas d'âge ; et, par-dessus tout, je crois en un avenir où seront mêlés les cultures, les peuples et les costumes. La vraie richesse vient de ce mélange. » (Lacroix 1992, p. 164).

Si l'exotisme peut se définir comme un espace-temps, un jeu introduit entre les époques et les continents, fallait-il alors traiter simultanément ces deux dimensions dans toute la présentation ? À l'inverse, était-il légitime de départager deux courants d'inspiration qui sont souvent mêlés dans l'œuvre d'un même artiste, voire au sein d'une même création ? Ces questions invitaient à la prudence en raison de la complexité des problématiques à mettre en œuvre, des recherches multiples à accomplir et, enfin, de la relative exiguïté des espaces d'exposition. L'historicisme dans la mode et le textile représente en effet à lui seul un thème complet de présentation dans la mesure où il fait référence aux sources de l'art occidental — y compris dans leurs dimensions extra-européennes —, depuis les civilisations antiques jusqu'aux courants « rétro » de ces dernières décennies. Pour plus de clarté, il nous a donc semblé préférable d'évoquer ce thème de manière incidente, en nous réservant la possibilité de le traiter dans une rotation ultérieure des collections permanentes du musée.

À partir du début du XIXe siècle, une seconde vague d'exotisme se superpose à la première, que caractérise l'adoption d'accessoires de fabrication non occidentale : châle, éventail et ombrelle modifient l'allure des élégantes.

Le châle cachemire indien, très tôt imité en France sur métier équipé d'une mécanique Jacquard, transforme la silhouette féminine. De l'hindou shal, orthographié schall au début du XIXe siècle d'après l'anglais shawl, cet accessoire d'origine persane, qu'on porte drapé sur les épaules,

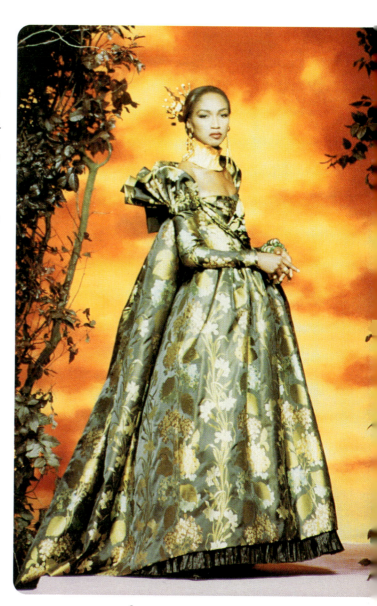

2

Mademoiselle Hortensia
Christian Lacroix
Collection haute-couture
Automne-hiver 1992-1993
L'hortensia, fleur d'origine chinoise
ou japonaise, orne cette robe du soir
inspirée par la mode de cour
du XVIe siècle.

INTRODUCTION

n'a pas d'équivalent jusque-là dans la mode occidentale. La sélection des châles exposés confronte les modèles indiens aux interprétations qui sont proposées par les fabricants français, depuis la fin du XVIIIe siècle jusqu'aux années 1870. Elle montre comment cette mode florissante s'inscrit dans un chassé-croisé d'influences entre l'Europe et l'Orient. Elle donne aussi à voir les modalités de sa diffusion auprès d'une clientèle bourgeoise aisée, puis plus populaire.

L'éventail chinois réalisé à Canton pour l'exportation, en ivoire repercé et parfois peint, est un accessoire de prix qui connaît une grande faveur pendant la première moitié du XIXe siècle. Avec la mode du japonisme, il est remplacé par des importations massives d'éventails nippons dans les années 1890-1900. Le dépouillement des catalogues de vente des magasins de nouveautés et des grands magasins parisiens permet de mesurer le succès commercial de cet article. Ces japonaiseries sont le plus souvent d'une qualité d'exécution assez médiocre.

Les revues de mode rendent aussi compte de la vogue de l'ombrelle « à la chinoise » dès le début du XIXe siècle. Cent ans plus tard, c'est le petit parasol japonais en papier huilé qui est à l'honneur dans la haute-couture, figuré notamment sur les reproductions de modèles de Paul Poiret des années 1910 et 1920.

Si les confections féminines du XIXe siècle conservent une facture occidentale, elles reflètent cependant un exotisme de fantaisie. Dès les années 1830, les journaux de mode vantent les sorties de bal inspirées du burnous algérien, réalisées dans des lainages riches comme le barège, voire aussi en cachemire. Sous le Second Empire, la mode est aux dolmans hongrois ornés de soutaches « balkaniques ». Une belle série de visites taillées dans des châles cachemire de remploi, datées entre 1870 et 1890, occupent une vitrine complète de la présentation (ill. 1). Après l'Exposition universelle de 1900, le kimono japonais suscite un véritable engouement. Un peignoir kimono exceptionnel, griffé Babani, traduit l'occidentalisation de ce costume traditionnel.

On ne peut évoquer la mode sans parler du bijou et de ses influences exotiques au cours du XIXe siècle. Si l'Algérie est présente dès les années 1830-1840, avec notamment un motif d'orfèvrerie connu encore aujourd'hui sous le nom de « nœud algérien », c'est l'Asie qui demeure la source d'inspiration privilégiée des bijoutiers français. Les marques de l'apport chinois ou indien restent limitées aux techniques de l'émail. Mais la confrontation d'un choix de créations de l'Art nouveau signées Lalique, Vever ou Gaillard avec des objets japonais de la vie quotidienne (peignes, gardes de sabre, pochoirs pour tissus…) nous renseigne de manière approfondie sur les modes d'assimilation du japonisme. On comprend mieux comment l'esthétique nippone bouleverse les conventions esthétiques en vigueur, alors même que le Japon est, paradoxalement, un pays qui n'a jamais connu le bijou.

Avec Paul Poiret débute véritablement la troisième vague d'exotisme, celle de l'incorporation du vêtement au sens littéral, grâce à l'introduction de techniques de coupe empruntées à l'Orient. Une de ses premières créations, vers 1900, est un manteau kimono taillé droit et loin du corps — dont aucun exemplaire ne subsiste aujourd'hui —, qui rompt avec la silhouette corsetée de la Belle Époque. La collection du musée compte plusieurs modèles exceptionnels de ce couturier explorateur, qui poursuit jusque vers 1925 ses recherches sur la coupe à travers des costumes étrangers très divers : kimono japonais, burnous et djellaba nord-africains, manteau d'homme d'Asie centrale… Paul Poiret innove également en élargissant la notion d'exotisme aux costumes régionaux européens, lançant par exemple, dès 1919, une robe bretonne.

Les œuvres exposées donnent à voir cette double inspiration à la fois orientale et folklorique. Sur certaines créations, les mécanismes de l'assimilation ont pu être repérés grâce à la comparaison établie avec des œuvres originales du musée de l'Homme. Les relevés de patrons permettent alors d'étudier en détail le travail de transposition effectué, ainsi que les rapports de la coupe et de l'ornementation. On mesure mieux ainsi l'originalité profonde de Paul Poiret et l'influence qu'il a exercée sur la mode du XXe siècle.

Dans les années 1920, les revues féminines rendent compte des nombreuses créations de tissus aux appellations exotiques fabriquées par la maison Rodier. Si le « kasha », une étoffe en pure laine cachemire, est un de ses plus grands succès, on s'interroge sur ce que recouvrent exactement les termes de « marokellaine », de « rézocrêpe du Cambodge » ou de « châle d'Angkor » à l'inspiration coloniale clairement affirmée. Le glossaire présenté à la fin de cet ouvrage regroupe quelques définitions d'appellations textiles.

À côté de l'exotisme somptueux de la maison Callot sœurs, s'affirme aussi le goût des broderies « balkaniques », empruntées aux costumes populaires slaves. Ce courant folklorique marque les créations de Jeanne Lanvin, dont les archives très précieuses ont été conservées par sa propre maison de couture. Leur consultation nous a permis de retrouver les sources d'inspiration de plusieurs des modèles du musée. Elles se trouvent détaillées dans cette publication.

Premier exemple de vêtement exotique, avec le kimono, à être intégré dans la garde-robe occidentale, le pyjama, d'origine indo-persane, est porté comme tenue d'intérieur dès la fin des années 1920. Le modèle exposé a été réalisé en Chine et acheté à San Francisco dans une boutique chinoise, en 1933.

La mode enfantine n'a pas encore été évoquée jusqu'ici. La première pièce exotique présentée est une veste en cotonnade imprimée dans l'esprit des indiennes du XVIIIe siècle, réalisée par Jeanne Lanvin pour sa fille Marie-Blanche vers 1905. Avant cette date, l'exotisme reste très discret sur les vêtements d'enfants conservés dans la collection. On trouve quelques exemples de soutaches « balkaniques » appliquées sur des robes et des mantelets des années 1860, inspirés par la mode féminine adulte. Le châle cachemire est, quant à lui, réservé aux femmes mariées. Dès le milieu du XIXe siècle, les enfants sont représentés sur les gravures de mode vêtus d'uniformes militaires ou navals : tenues de zouaves ou de hussards pour les petits garçons ; costumes marins pour les deux sexes. Ou bien, ils sont habillés de costumes régionaux fantaisie, tels ceux de petits Bretons, d'Écossais... À partir des années 1880, la blouse à la russe, également déclinée en robe, connaît un grand succès. Mais l'absence d'information relative au contexte dans lequel les vêtements de la collection ont été portés nous invite à la prudence. En l'état actuel de nos connaissances, nous ne sommes pas en effet en mesure de faire la part entre l'exotisme et le travestissement.

Dès le début des années 1930, on assiste à un reflux de l'exotisme dans la mode et le textile : « inventée » par Madeleine Vionnet, la coupe en biais triomphe, allant de pair avec une silhouette sinueuse et épurée. Les années 1940 et 1950, marquées par la guerre, puis par le New-Look de Christian Dior, inspiré par la mode des années 1860, sont peu propices à l'exotisme. Celui-ci ne renaît qu'à la fin des années 1960 avec la mode hippie, anticonformiste et contestataire.

C'est la quatrième vague d'exotisme, celle de l'incorporation de vêtements tels quels, empruntés aux traditions vestimentaires ou aux folklores venus de tous les horizons : gilets afghans, robes indiennes, ponchos sud-américains, djellabas marocaines, mais aussi sabots suédois ou pulls irlandais... voisinent avec les tee-shirts et les jeans. Ils composent des panoplies où l'exotisme est intégré par touches, selon de multiples combinaisons.

Jusqu'à la fin des années 1970, l'engagement politique est très présent : on choisit ses vêtements non plus selon les critères d'une mode dominante mais selon ceux dictés par le sentiment d'appartenance à un groupe politique ou social déterminé. S'habiller est une manière de contester les valeurs de la société de consommation, les conventions vestimentaires et le style de vie occidentaux.

La mode de la rue triomphe. Elle inspire les stylistes du prêt-à-porter naissant, parmi lesquels Kenzo, premier japonais à s'installer à Paris, joue un rôle éminent dès 1970. Sans renier ses origines, le créateur marie tous les folklores : « J'ai appris dans ce livre-là (Les Costumes, leurs coupes et leurs formes) que les costumes folkloriques relevaient de la technique du patchwork et que leurs formes résultaient d'une coupe plate et simple, comme celle des kimonos. » (cité par Ginette Sainderichin, 1989, p. 50). Sa mode gaie et colorée est particulièrement bien représentée dans la collection du musée.

Dans ce mouvement général d'intérêt pour l'exotisme devenu à la fois un engagement politique et une quête d'authenticité, quel est alors le rôle dévolu au couturier ? La vitrine présentant les robes et les coiffures de la collection « africaine » d'Yves Saint Laurent (printemps/été 1967), offre une réponse brillante à cette question : par l'utilisation de raphia et de perles de bois, matériaux inédits pour des modèles de haute-couture, Yves Saint Laurent crée une forme d'élégance radicalement nouvelle, un luxe « pauvre » qui rompt avec les conventions établies.

La mode des créateurs japonais des années 1980 s'inscrit dans une rencontre entre l'Orient et l'Occident : East Meets West, tel est le titre de l'ouvrage consacré à Issey Miyake paru en 1978. Ce dernier déclarait en 1983 : « (...) je me suis fixé pour mission, en tant que styliste, de créer quelque chose de différent, qui ne soit, ni classiquement japonais, ni purement occidental, mais plutôt un produit qui emprunte le meilleur de ces deux univers au profit d'un nouveau concept vestimentaire. » (cité par Mark Holborn, 1995, p. 51). La nouvelle génération, autour de Rei Kawabuko pour Comme des Garçons et de Yohji Yamamoto, propose une mode étrange, paupériste, où domine la couleur noire. Elle ne fait référence à aucune culture en particulier. Son austérité est difficilement compatible avec la diversité luxuriante de l'exotisme, tel qu'il a été appréhendé jusqu'ici.

INTRODUCTION

Il faut attendre la fin des années 1980, pour voir émerger dans la mode ou la décoration des « tendances ethniques ». On désigne par là le goût des matières brutes, de l'artisanat « fait main » qui apportent à la modernité ce supplément d'âme censé lui faire défaut. Aujourd'hui, la dimension mythique des autres s'efface du fait de la mondialisation des échanges et des informations. L'exotisme devient une recherche existentielle individuelle, qui raconte à travers un vêtement, un parfum ou un décor, des origines, des rencontres et des rêves : « On retrouvait dans la même collection (défilé automne-hiver 1990/1991) l'austérité castillane, l'allure d'Haïlé Sélassié ou des derniers rois d'Afrique. De la Camargue au Bénin, de la Suède à la Pologne, j'adore ces arts et traditions populaires qui savent spontanément mélanger rudesse et raffinement, fraîcheur et frivolité, rigueur et improvisation. Ces tissages et métissages sont le sel de toute mode. » (Lacroix 1992, p. 181). À travers un choix de modèles particulièrement représentatifs, griffés, entre autres, Jean-Paul Gaultier, John Galliano ou Christian Lacroix, la présentation des années 1990 donne à voir l'exotisme pluriel et multiforme des couturiers et des créateurs contemporains.

Pour mener le projet à son terme, il convenait en outre de mettre en scène les signes vestimentaires de l'exotisme, de modifier l'ambiance des galeries d'exposition pour l'accorder au thème choisi. Fallait-il alors opter pour une présentation conjointe d'œuvres appartenant aux collections des autres musées de l'Union centrale des arts décoratifs ou bien créer un décor entièrement original ?

Le choix de confier la scénographie au décorateur de théâtre italien Ezio Frigerio, auteur des décors et des costumes du ballet *La Bayadère*, en collaboration avec sa femme, la costumière Franca Squarciapino (Opéra de Paris 1992), s'inscrivait d'emblée dans la volonté de mettre en images l'exotisme, avec un grand luxe de détails, de formes et de couleurs.

Pour préserver une cohérence d'ensemble de la présentation, Ezio Frigerio, dont c'est la première réalisation pour un musée, a opté pour des fonds peints qui évoquent les représentations de l'exotisme et leurs variations dans le temps. Ces décors fonctionnent comme autant de touches d'exotisme, réparties en onze « salles » qui découpent l'espace d'exposition du XVIIIe siècle à nos jours. Les peintures, tendues sur des châssis, se développent à l'intérieur et à l'extérieur des vitrines, en formant des courbes et des contre-courbes qui animent le parcours de la visite.

Les sujets représentés, en majorité des paysages, donnent à voir l'exotisme dans sa dimension imaginaire. Ils fournissent un contrepoint aux œuvres exposées. Ainsi le papier peint panoramique *Isola Bella*, paysage tropical luxuriant édité en 1843 par la manufacture Zuber, a connu un très grand succès commercial au XIXe siècle. Il a été repris par Ezio Frigerio, sous une forme adaptée, pour servir de fond à la « salle » des années 1800-1845.

Certains décors offrent, de plus, des correspondances avec l'univers de la mode. La jungle du douanier Rousseau, figurée dans la vitrine rassemblant les créations de Paul Poiret antérieures à 1914, a servi de décor à la première boutique parisienne de Kenzo, en 1970, lui inspirant le nom de sa griffe, *Jungle Jap*. Quant aux décors de Léon Bakst pour les Ballets russes, représentés pour la période qui précède la guerre de 1914-1918, ils ont fortement influencé Yves Saint Laurent pour sa célèbre collection haute-couture de l'hiver 1976-1977, consacrée à ce thème.

À travers la scénographie d'Ezio Frigerio, la mise en scène des signes vestimentaires de l'exotisme et des imaginaires auxquels ils renvoient trouve ainsi sa parfaite expression.

SYLVIE LEGRAND-ROSSI

Notes
1. Jean-Pierre Hassoun, Anne Raulin, « Homo exoticus », Autrement, mars 1995, p. 119-120.
2. Elle, n° 2706, 10 novembre 1997.
3. Dépêche Mode, n° 108, mai 1997, p. 99.
4. Elle, n° 2683, 2 juin 1997, p. 80-81.

I

Matières, techniques et décors, XIVe-XVIIIe siècles

I

Matières, techniques et décors, XIVe-XVIIIe siècles

21 Exotismes et soieries
   Jean-Paul Leclercq

41 Les indiennes : origine et diffusion
   Véronique de Bruignac-La Hougue

1

Damas gros de Tours broché soie et métal à décor « bizarre » inspiré de l'Inde
Vers 1700
MMT, coll. UCAD
Inv. 997-1-2

2

*Taffetas à trame double
broché filé or
(lamelle organique dorée),
dessin d'inspiration chinoise*
Lucques, milieu du XIVe siècle
MMT, coll. UCAD
Inv. 14570

3

*Lampas fond satin,
lancé, broché or
(lamelle organique dorée),
dessin ogival à fleurs
de lotus d'inspiration
chinoise et pseudo-
inscriptions arabes,
rangées de médaillons or
avec un lion ou un aigle*
Italie, XIVe siècle
MMT, coll. UCAD
Inv. 14571

Exotismes et soieries

Jean-Paul Leclercq

Les Grecs anciens usaient du terme de « barbare »[1] pour qualifier ce qui n'était pas grec. Homère pourtant avait chanté les richesses de la ville de Priam, Hérodote décrivit les merveilles de la Mésopotamie et de l'Égypte, Xénophon a romancé Cyrus : le barbare, l'exotique disons-nous en reprenant un autre mot grec, peut susciter des sentiments opposés, dont l'admiration pour une civilisation plus brillante, vivante ou connue par ses vestiges. À leur arrivée au bord de la Méditerranée, les premiers Grecs semblent eux-mêmes avoir ressenti un sentiment d'étrangeté au spectacle de la mer, puisqu'ils l'ont désignée d'un mot pour eux indigène[2], devenu *thalassa*, ou en féminisant leur mot d'origine indo-européenne désignant le sel, *hals*. L'aspect d'une contrée, sa flore et sa faune, ses produits, ses naturels et leur civilisation, villes, objets ou pratiques, cérémonies, religions et costumes : les sources de l'étrange sont multiples.

Alexandre le Grand a établi l'art grec sur les rives de l'Indus et ouvert la route maritime de l'océan Indien en faisant revenir Néarque par la mer[3]. L'Islam a introduit en terre ibérique son exotisme — dérivé du monothéisme chrétien —, et ramené, entre 1190 et 1230, avec les commentaires d'Averroès, le corpus aristotélicien retraduit en latin à partir de l'arabe[4], avant de refluer d'Espagne, alors que la prise de Constantinople par les Turcs en 1453 conduisait à Venise les manuscrits byzantins, achevant l'effet du sac de 1204 par les Croisés. Le mûrier et le *Bombyx mori* de Chine sont au XVe siècle en Italie à l'origine de quelques-unes des plus belles soieries jamais produites. Le Taj Mahal doit son décor floral de pierres dures à des artistes florentins[5], l'engouement pour les toiles peintes de l'Inde est tel en France à la fin du même XVIIe siècle qu'en 1689 l'importation en est interdite. Le commerce triangulaire conduit aux Amériques le coton de l'Orient et les esclaves pris à l'Afrique, grâce à quoi les Anglais exportent en Inde les tissus fabriqués en Grande-Bretagne avec des fibres et des procédés

4
*Lampas fond sergé chaîne,
trois lats de lancé,
décor hispano-mauresque
fait d'entrelacs
et d'inscriptions arabes*
Grenade, XIVᵉ siècle
MMT, coll. UCAD. Inv. 6019

5
*« Nappe de Pérouse »,
bayadère barrée, chevrons,
louisine et toile lancée,
lin et coton, décor dérivé
des tissus sassanides*
Ombrie, XVᵉ siècle.
MMT, coll. UCAD. Inv. 36060

qu'ils lui ont empruntés. La société créole — création européenne — devient assez exotique pour inspirer le *Paul et Virginie* de Bernardin de Saint-Pierre, et Oberkampf en fait le sujet du décor d'une toile de coton imprimée à la planche de cuivre.

Les foyers de rayonnement sont instables. Les emprunts s'enracinent dans d'autres civilisations, au point de devenir identitaires de leur patrie d'accueil, tels le christianisme en Europe occidentale ou la soierie à Lyon. L'exotisme remonte en droit aux premiers pas faits par un groupe humain hors du lieu et du milieu de formation de l'espèce.

La haute productivité des machines textiles et les délocalisations industrielles, l'essor de biens de type nouveau, comme l'automobile ou l'informatique, et le déplacement des dépenses somptuaires comme de la thésaurisation vers d'autres domaines, tendent à faire oublier la place éminente que détenait la production textile dans la vie économique, le commerce et le patrimoine des pays d'Europe occidentale jusqu'au début du XXᵉ siècle. Les étoffes rares ont été des cadeaux princiers, leur prestige en a fait l'ornement des puissants (ill. 8), des vêtements liturgiques (ill. 7) et l'enveloppe des reliques. L'origine longtemps extra-européenne des plus précieuses d'entre elles et leur provenance de contrées lointaines et nécessairement prestigieuses en avaient fait l'un des supports de choix de l'exotisme dans ses multiples modalités, qui s'enrichirent au XVIᵉ siècle avec l'ouverture de routes maritimes directes entre l'Europe et l'Extrême-Orient : achat d'objets finis adaptés ou non pour l'exportation, achat de la matière première ou introduction de sa production en Europe ou dans ses colonies, imitation des objets importés ou de leur vocabulaire ornemental (ill. 2), figuration de ces objets (ill. 13), représentation de sujets exotiques d'après l'image que l'Orient faisait de lui-même sur ses objets, ou d'après le regard du voyageur européen ou par reconstitution imaginaire mêlant des sources diverses (ill. 15).

L'Europe romaine a surtout connu la laine, ainsi que le lin et, dans une moindre mesure, le chanvre, introduits de longue date en Europe, même si des étoffes de coton ont pu être importées de l'Inde ou de la Perse, et des soieries de Chine. Il existe de nombreuses espèces de cotonniers. Le *Gossypium herbaceum* L. est l'espèce indienne, aujourd'hui la plus largement cultivée, y compris dans le sud de l'Europe et aux États-Unis. Le *Gossypium arboreum* L.[6], du sud de l'Égypte, ne semble y avoir été exploité que tardivement. Les Indiens d'Amérique tiraient parti de cotonniers locaux bien avant l'arrivée des Européens[7]. Mais,

6

Velours coupé façonné, trois corps, fond satin, broché filé or, dessin aux armes des Médicis, intermédiaire entre le décor de grenade et les entrelacs hispano-mauresques
Florence, XVe siècle
MMT, coll. UCAD
Inv. 14574.A

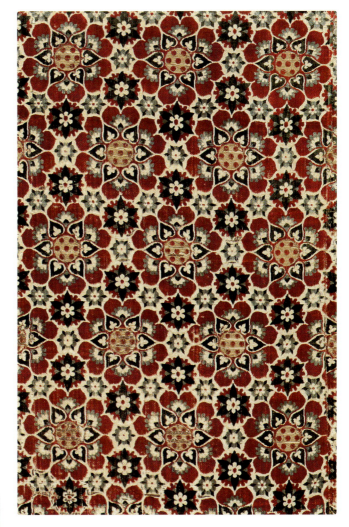

7

Chape en velours ferronnerie à décor de grenade
Italie, dernier quart du XVe siècle
L'orfroi est moderne
MMT, coll. UCAD
Inv. 10831

8
Velours ciselé, lancé, bouclé or et argent par la trame, décor de grenade
Italie ou Espagne
Milieu du XVIe siècle
MMT, coll. UCAD
Inv. 14590

9
Damas satin de cinq bicolore, rosaces de grenades et de tulipes dans des compartiments losangés aux côtés faits de rayures de tigre, élément du motif çintemani
Turquie
Milieu du XVIe siècle.
MMT, coll. UCAD
Inv. 997-2-17-1

bien que tissé en Italie dès le moyen âge[8], ce n'est guère qu'à partir du XVIIe siècle, avec la création des Compagnies des Indes, que le coton, pourtant d'origine moins lointaine que la soie, a été en vogue en Europe, par le dessin, la vivacité et la permanence des coloris des toiles imprimées ou peintes importées de l'Inde ou de la Perse.

Inversement, les moralistes latins avaient blâmé la mollesse que dénotait l'usage des soieries, l'indécence de leur transparence et les dépenses inconsidérées qu'occasionnait l'achat de ces étoffes importées de l'Orient lointain par Palmyre. Malgré la similitude du cocon du *Bombyx mori* avec celui de nombreuses espèces de papillons nocturnes appartenant à la faune d'Europe, la nature de la fibre chinoise était demeurée longtemps incertaine, et Strabon la croyait d'origine végétale. Pausanias (seconde moitié du deuxième siècle après Jésus-Christ) en dévoila le mystère, qu'auraient dû lever déjà les indications d'Aristote[9] à propos de l'emploi de la soie produite par des chenilles de l'est du bassin méditerranéen. Le décor chinois semble être resté sans influence, et la soie chinoise a été importée aussi sous forme d'écheveaux plus probablement que réutilisée après détissage[10] ; onéreuse, on en faisait des étoffes mélangées (avec du lin notamment), ou entièrement en soie (*holoserica*) ; en 301, un édit de Dioclétien établit une différence de prix sur ce point[11].

Introduit de Chine, l'élevage du ver à soie semble avoir été pratiqué dès la fin du IIIe siècle dans les oasis du bassin du Tarim, puis en Sogdiane, et dès l'époque de Justinien (milieu du VIe siècle) dans l'Empire byzantin, alimentant une production de soieries façonnées au décor dérivé de celui des soieries sassanides, à médaillons perlés ornés d'animaux fabuleux. Les tissus coptes sont plus généralement des tapisseries de laine pour les parties ornées, et appartiennent à une tout autre famille technique. Aux IXe et Xe siècles, Bagdad était réputée pour ses soieries façonnées. Au XIIe siècle, la soie était produite en Syrie dans la plaine de l'Oronte, alimentant les ateliers de Damas, d'Antioche et de Tripoli. Peu après la conquête de l'île par les Normands, Roger II de Sicile créa à Palerme un atelier de tissage d'étoffes de soie, en 1147, avec des tisserands byzantins ; mais le manteau dit de son couronnement, aujourd'hui conservé à Vienne (Autriche), est daté de 1133-1134 par une inscription en arabe[12]. Les Croisades, le sac de Constantinople par les Croisés en 1204, l'établissement des royaumes francs de Terre Sainte, furent l'occasion de contacts multiples avec les étoffes précieuses que produisait l'Orient, proche ou lointain. Comme le montre le voyage de Marco Polo (1271-1295), les routes terrestres ou maritimes de la soie ne furent pas abandonnées sous l'effet de l'implantation d'une production de soie et d'étoffes de soie au Moyen-Orient puis dans les pays méditerranéens.

Saint Bernard de Clairvaux, tonnant dans l'*Apologia de vita et moribus religiosorum* (où il prend parti dans la controverse surgie en 1126 entre Clunisiens et Cisterciens sur l'observance de la règle de saint Benoît) contre la profusion du décor dans les églises romanes [13], paraît n'y lire qu'un vocabulaire décoratif dépourvu de toute signification morale ou symbolique. De même, il semble bien qu'il faille voir dans l'évolution du dessin des soieries façonnées de fréquents emprunts devenus purement graphiques, imitation locale de motifs présents sur des étoffes très recherchées ou sur d'autres objets comme les céramiques — que l'on ait tenté de tromper sur l'origine de la marchandise ou voulu tirer parti d'une vogue en produisant sur place l'équivalent de ce qui était importé.

L'absence d'information associée à la plupart des pièces conservées dans les musées rend difficiles datations et attributions. Il est instructif de se pencher sur ce qui a été dit successivement d'un même tissu ; lorsqu'il se trouve partagé entre plusieurs institutions, la diversité des assertions reflète souvent celle des dates auxquelles les fiches ont été rédigées : on y retrouve l'évolution de ce qui était admis par les spécialistes, comme la céramique d'Iznik (la Nicée hellénistique) a été attribuée successivement à la Perse, à Rhodes, à Damas, à la Corne d'Or...[14] Les fouilles archéologiques apportent souvent des indications précieuses, et permettent de préciser que le tissu s'est trouvé enfoui à tel endroit et à telle date ; il reste à prouver qu'il n'est pas plus ancien et à déterminer où il a été produit, fibres, colorants et tissage n'ayant pas nécessairement la même provenance et les ateliers pouvant s'être déplacés.

Lorsque les textes ne manquent pas, leur interprétation demande d'autant plus de circonspection qu'il est exceptionnel d'avoir à la fois le texte et le tissu mentionné, et que le texte se borne souvent à des énumérations dont on ne peut extraire de définition fiable. L'appellation des textiles est elle-même souvent trompeuse : une dénomination apparemment technique, fibre ou contexture, ne note qu'une similitude d'aspect ; un nom avec mention d'origine signifie tissu produit au lieu mentionné ou bien importé de cet endroit mais sans garantie sur la localisation de la production, ou encore étoffe imitant un tissu appartenant à l'un des deux cas précédents.

Développant dans l'*Origine des espèces cultivées*, paru en 1883, un chapitre de sa *Géographie botanique raisonnée*, parue en 1855, le botaniste Alphonse de Candolle mettait de même en garde contre l'utilisation du nom des plantes, particulièrement des noms doubles ou composés [15], qui dénotent souvent un double à-peu-près : le grenadier, *malus punica* des Latins, *Punica granatum* Linné, est botaniquement bien loin du pommier et n'est occasionnellement carthaginois que par son introduction depuis la Perse ; etc. Le sens varie aussi selon les époques, le domaine technique et la compétence ou les intentions de l'auteur.

Inversement, si l'on se penche sur l'exotisme, l'étude de l'appellation des fibres et des tissus est un domaine de choix. Le chanvre de Manille botaniquement n'a rien du chanvre — il s'agit d'une espèce de bananier (*Musa textilis*) des Philippines[16] —, mais il fournit aussi une fibre, que l'on assimile à celle du chanvre, et l'on ajoute une mention de provenance pour l'en distinguer. On peut juste en inférer que la plante n'était guère connue en Europe autrement que par ses propriétés textiles et l'appellation est à comprendre comme « ce qui vient de Manille et dont on peut faire le même usage que celui du chanvre ». La nécessité de nommer ce dont on allait avoir l'emploi ou ce dont on voulait pouvoir parler et pour quoi l'on n'avait pas de nom, met en jeu les modes de désignation métaphoriques ou métonymiques qui sont au cœur même de la création lexicale [17]. Il ne faut pas s'attendre à une précision plus grande que celle du langage courant : rentrer à la maison signifie à Paris regagner son appartement, mais le terme employé n'est pas indifférent dans une annonce immobilière. Il suffit que dans l'usage que l'on avait des choses sur le moment les mots aient pourvu aux distinctions nécessaires. C'est ainsi que l'on peut expliquer la persistance du flou dans l'emploi du mot Indes alors même que l'on savait que les Amériques n'étaient pas une partie inconnue de l'Asie indienne. Au-delà du bassin méditerranéen, tout est bien quelque peu indois, à l'ouest comme à l'est, et au sud aussi, comme on le voit par le costume d'« Indois Africain » dans l'*Habitus Variarum Orbis gentium. Habitz de Nations estranges. Trachten mancherley Völcker des Erdskreß* (le titre est trilingue, comme le légendage des planches) de Jean-Jacques Boissard, paru en 1581, et qui figure pourtant en frontispice, nommées, les quatre parties du monde : l'Europe et l'Asie, dames vêtues, l'Afrique et l'Amérique, dames qui le sont moins, indice probable de moindre considération.

Si l'on élargit le propos, l'exotisme correspond en fait à l'une des modalités fondamentales de l'expérience humaine et du fonctionnement de l'esprit, et il faut songer au *thaumazein* des philosophes grecs, l'étonnement comme moteur de la pensée et de la découverte scientifique.

L'étrange (« qui est d'ailleurs », en français, étymologie de même sens que celle du mot grec *exotikos*) est étonnant en grec (*thaumaston*) et contraire aux habitudes en latin (*insolitum*) : on peut ainsi, passant d'une langue à l'autre et les explorant, répertorier les différents regards que peut susciter la vue de l'exotique.

Au début du XIVe siècle, la production de soieries en Italie est concentrée dans le nord, à Venise, Gênes et Lucques – bientôt concurrencée par Florence –, et c'est à partir de cette période qu'à travers la collection du musée de la Mode et du Textile nous essaierons de suivre de tissu en tissu quelques-unes des multiples formes d'exotisme que l'on peut tenter de lire avec des yeux d'Européens dans le décor textile, soieries façonnées principalement jusqu'à l'essor des toiles imprimées dans la seconde moitié du XVIIIe siècle.

La formule issue des médaillons des étoffes sassanides et byzantines à animaux mythiques adossés ou affrontés céda le pas à des compositions plus libres, inspirées parfois directement du dessin de soieries chinoises [18]. On voit sur des tissus actuellement considérés comme produits à Lucques au XIVe siècle des décors de dragons et de phénix chinois (ill. 2), mais les fils or y sont un filé sur membrane organique translucide et non pas une lamelle de papier doré selon la pratique chinoise. Cette proximité des modèles chinois et des tissus occidentaux qui s'en inspirent doit être considérée non pas comme un indice d'ancienneté, mais comme la conséquence d'une reprise des contacts entre la Chine et l'est du bassin méditerranéen à la suite des conquêtes de Gengis Khan au XIIIe siècle. Les influences furent partiellement réciproques. Aux animaux mythiques, les tisserands italiens ajoutèrent des enroulements à décor de feuille de vigne, fréquents de 1320 à 1360, mais dont il est difficile de dire s'il faut y voir un ornement issu de la présence de la vigne en Italie et dans la symbolique chrétienne, ou repris des arts décoratifs de l'Orient où ce thème est aussi présent. A côté de l'influence chinoise persistait celle de l'art musulman, et les tisserands italiens reprirent ainsi comme motif décoratif, plus fréquemment que les entrelacs, le graphisme de l'écriture arabe (ill. 3).

Dès la fin du XIVe siècle apparaît le velours façonné. Le XVe siècle est la grande époque des velours au décor à la grenade – les animaux s'effacent –, qui se présente sous la forme d'agencements divers [19], le rapport de dessin atteignant parfois près de deux mètres de hauteur et s'étendant alors à la largeur du lé, avec une disposition volontiers asymétrique, oblique ou sinueuse. Dans le velours ferronnerie (ill. 7), le dessin est dû à l'interruption de l'effet velours pour laisser apparaître étroitement le fond de l'étoffe, plus clair, qui forme un dessin linéaire en creux. Dans le velours relevé et broché, le poil du velours est coupé à deux hauteurs différentes, si bien que le dessin tend à se dédoubler, dessin broché or et dessin en velours haut cerné de velours coupé bas, le fond de l'étoffe cessant alors d'être visible. Dans les velours les plus luxueux, la trame or est utilisée aussi pour produire des boucles à l'endroit du tissu, boucles lâches et dispersées se détachant en général sur le velours coupé haut (effet *alluciolato*), ou boucles serrées les unes contre les autres, la chaîne poil restant en fond (ill. 8).

Dès lors, la production italienne était en état de rivaliser avec celle de l'est du bassin méditerranéen. Venise commerçait avec l'Empire ottoman, les achats furent réciproques et les influences se croisèrent. Le décor à la grenade (ill. 7-8) semble issu de la fleur de lotus de l'art décoratif chinois, incomprise en Italie, et graphiquement diversifiée en motifs décoratifs, coexistant souvent sous plusieurs formes dans le dessin d'un même tissu. On peut tenter d'y retrouver, mais de façon rarement certaine, la grenade, fermée ou ouverte, de haut en bas ou transversalement, mais tout aussi bien, dans certains cas, des pommes de pin (mais il n'y a pas d'aiguilles pour le confirmer) et surtout des capitules de chardons ou d'artichaut, plantes méditerranéennes aux feuilles découpées comme celles que l'on voit sur les velours, alors que le grenadier a des feuilles simples, bien peu intéressantes décorativement il est vrai. C'est probablement ici un exemple de contamination avec stylisation et perte de sens. L'apparence de l'ananas, que l'on croit parfois y voir aujourd'hui, est une coïncidence fortuite puisque les ananas sont d'origine américaine et n'étaient pas encore connus dans l'Ancien Monde. Il est vrai que l'ananas apparaît parfois au XVIIIe siècle avec un graphisme voisin sur des soieries façonnées ou des toiles imprimées. La production florentine comprit également des velours polychromes (ill. 6) à l'aspect troublant et que l'on peut lire par référence au décor à la grenade comme aux entrelacs de l'art hispano-arabe.

La Renaissance est arrivée tôt en Espagne, le commerce se faisait notamment par Gênes, et il demeure souvent impossible, en l'état actuel des connaissances, de déterminer si l'on est en face d'un tissu italien ou espagnol. Le lieu de production même, d'ailleurs, n'est pas très significatif, puisque l'on sait que des tisserands se sont déplacés. La broderie suivit plus que les soieries façonnées l'évolution du décor architectural, du gothique tardif à la Renaissance.

L'afflux des métaux précieux au XVIe siècle, à la suite de la découverte de l'Amérique, est sans doute pour beaucoup dans l'extension de l'emploi des fils métalliques aux dépens de l'effet velours dans les velours au décor à la grenade de la première moitié ou du milieu du XVIe siècle (ill. 8). Le velours n'y forme plus qu'un dessin secondaire, et de même le fond du tissu n'apparaît qu'en liseré dans les brocatelles espagnoles à décor *alluciolato* et bouclé par la trame de dessin similaire. De même que le décor des soieries chinoises était resté sans influence sur l'art romain antique, l'art précolombien semble ne pas avoir pénétré l'art européen de l'époque de la Renaissance. Aux XVIe et XVIIe siècles, le Nouveau Monde est surtout pourvoyeur de métaux précieux et de plantes ou d'animaux, acclimatés en Europe comme le coq d'Inde ou dindon, que l'on voit avec le cobaye ou cochon d'Inde, américain lui aussi, chez Jan I Brueghel, dit de Velours, dans *Le Christ jardinier* (ill. 12), ou comme le tabac, la pomme de terre et la tomate. Les Européens diffusèrent aussi des plantes d'un continent à l'autre, au point que la provenance des espèces cultivées était déjà très confuse à l'époque de Linné. C'est ainsi qu'en 1542, dans *De historia stirpium*[20], Leonhardt Fuchs avait publié le maïs – pourtant d'origine américaine et récemment découvert, mais parvenu selon lui en Allemagne par la Grèce et l'Asie – sous le nom de *Turcicum frumentum*, blé turc.

Mais les voyages au-delà des mers n'ont pas supplanté les voies plus anciennes : amateurs de plantes d'ornement, les Ottomans communiquèrent leur fièvre aux Européens, qui importèrent de Turquie de nombreuses plantes à bulbe, qu'elles en aient été originaires ou qu'elles y aient été introduites, mais plus commodes à cultiver en Europe que les espèces tropicales. Tulipes, œillets et jacinthes ont une importance majeure dans les arts décoratifs turcs (ill. 9). On sait assez l'engouement pour la tulipe au XVIIe siècle en Europe, jusqu'à susciter un effondrement financier en 1637[21], mais raillé encore par La Bruyère. La seconde moitié du XVIe siècle et le début du XVIIe siècle sont marqués par l'essor de la botanique, qui devient une science d'observation, et par celui des jardins de plantes médicinales et de plantes rares comme ceux de Pise (1544), de Leyde (1577) et de l'université de Montpellier (1593), qui précèdent de plusieurs décennies la création à Paris du Jardin du roi par Guy de la Brosse (1635)[22]. Les cabinets de curiosités[23], qui furent aussi en vogue au XVIIe siècle, réunissaient aux antiques les objets exotiques et les curiosités de la nature, les herbiers complétant les jardins, mais la zoologie peinait encore marginalement à distinguer le réel du merveilleux. Inversement, l'ornithorynque fut considéré d'abord comme une supercherie.

Bien que principalement floral, le dessin des soieries façonnées, cependant, demeure généralement très stylisé, et ne suit que de très loin les passions botaniques de l'époque. La dentelle, création européenne, est encore en partie tributaire du réseau orthogonal de sa structure primitive. C'est à Jean Vallet, brodeur du roi, que l'on doit le recueil de planches gravées publié en 1608, sous le nom du *Jardin du Roi très chrétien Henri IV*, avec des espèces récemment découvertes : il était ami du botaniste Jean Robin. Plus libre dans son dessin et dans le choix de ses nuances, c'est la broderie qui exploite à cette époque l'arrivée des fleurs nouvelles, trouvant dans ces apports successifs des atouts pour soutenir le commerce. Se développe alors, dans les broderies les plus somptueuses comme certains devants d'autels, un système décoratif réunissant trois genres : une flore ornementale, stylisée, avec un grand emploi de la feuille d'acanthe, en camaïeu or, argent ou de couleurs conventionnelles, le bleu ou le brun notamment, pour structurer la composition ; une ornementation de fleurs brodées au naturel, avec un souci d'exactitude botanique dans les formes et les couleurs même si l'agencement est plus souvent décoratif, la précision anatomique ne diminuant que pour les oiseaux et surtout les insectes, réduits dans l'un et l'autre cas à un rôle mineur ; et enfin des sujets historiés en médaillons, encore traités parfois en or nué.

La fleur qu'il est le plus intéressant de suivre est peut-être la couronne impériale, *Fritillaria imperialis* Linné (ill. 10-12). Peu variable, bien caractérisée, cette plante peut être identifiée avec certitude au niveau de l'espèce quelles que soient les limitations de la représentation textile, ce qui n'est le cas ni des tulipes, ni des iris, ni des narcisses, fleurs de provenance européenne pour certaines espèces et alors cultivées en de multiples variétés. Provenant des confins de l'Himalaya, elle a été introduite en Europe par Charles de l'Ecluse, directeur des jardins de Maximilien II à Vienne, vers 1570, en provenance de Constantinople. Dans son traité publié en 1601 à Anvers, *Rariorum plantarum historia*, il la décrit la première parmi les plantes à bulbe en raison de sa beauté. Sa grande taille, son port à peu près symétrique, sa forme de motif de couronnement, en ont fait oublier l'odeur fétide, si bien qu'elle apparaît très constamment et en bonne place dans tout ce qui est représentation de fleurs au XVIIe siècle : elle est la fleur axiale de bouquets ou de cadres floraux, position qu'elle occupe sur le tableau traité comme une planche de botanique où l'a figurée Girolamo Pini vers 1614 (ill. 11). C'est elle encore que Nicolas Robert a peinte en 1640 au début de *La Guirlande de Julie*, célèbre manuscrit lié au cercle de l'hôtel de Rambouillet et récemment acquis par la Bibliothèque nationale de France. Il l'a peinte encore sur l'un des vélins aquarellés du Muséum national d'histoire naturelle (alors collection de Gaston d'Orléans, dont le jardin était

10
*Damas satin de cinq,
vase de fleurs à bouquet
ordonné autour
de la couronne impériale
ou Fritillaria imperialis*
Fin du XVIe siècle
ou début du XVIIe siècle
MMT, coll. UCAD
Inv. 9450

celui du château de Blois). Elle occupe l'un des quatre angles de la plus belle des trois tables de marbre à incrustation de pierres dures que possède le Muséum national d'histoire naturelle, fabriquée à Florence dans le premier quart du XVIIe siècle d'après un carton du peintre Jacopo Ligozzi et offerte par Ferdinand II de Médicis au cardinal Antonio Barberini, neveu du pape Urbain VIII[24].

Bien que transmise à l'Europe par la Turquie, la couronne impériale semble absente de l'art ottoman, textile ou céramique, vaisselle ou carreaux de revêtement mural. De même, la céramique d'Iznik influença la majolique italienne, alors qu'au palais de Topkapi la cour raffolait de la porcelaine chinoise, ce dont témoignent les archives ottomanes[25] et l'état actuel des collections du palais. Après avoir menacé Vienne en 1683, la Turquie eut, aux XVIIIe et XIXe siècles, le goût des choses européennes, jusqu'à l'européanisation imposée par les réformes de Mustafa Kemal après la proclamation de la République turque en 1923, qui survenaient alors même que le goût orientaliste persistait en Europe.

Négligeant toujours la représentation de la flore exotique acclimatée en Europe, les soieries du début du XVIIIe siècle abandonnent la symétrie, même lorsque le dessin est répété dans la largeur de l'étoffe, et figurent de savants jeux de courbes et contre-courbes, où se mêlent des motifs végétaux, des ornements, des objets, des meubles parfois ou des architectures, décor étrange, souvent confus, au point qu'il est convenu d'appeler ces soieries du nom de « bizarres ». Certains modèles semblent être à rechercher du côté de l'Inde[26] (ill. 1), aux dessins asymétriques, traduisant une flore inconnue des Européens et dès lors reçue comme une incitation à donner libre cours à l'imagination, ce dont ceux-ci ne se privèrent pas : même si l'impulsion a pu être donnée par le commerce des compagnies des Indes, l'inspiration orientale n'est que partielle et souvent syncrétique.

Dans la collection de dessins du XVIIIe siècle pour soieries façonnées que possède le musée, ce que les historiens de l'art appellent lampas à décor de dentelle (ill. 14) est nommé « persienne » (plusieurs mentions des années 1720). Le terme se trouve encore en 1765 dans *Le Dessinateur pour les fabriques d'étoffes d'or, d'argent et de soie*, où Joubert de l'Hiberderie loue ces étoffes bien que passées de mode. L'origine du terme est probablement à chercher dans le caractère du dessin, ressenti comme dans le goût de la Perse, qui était aussi un pays de transit pour les étoffes venues de l'Inde, d'où certaines confusions. La Perse alors était à la mode, c'est l'époque des *Lettres persanes* de

11

Girolamo Pini
Étude de botanique
(d'une série de trois),
Huile sur toile
Vers 1614
MAD, Paris
Inv. A 125

Au centre, la couronne impériale, *Fritillaria imperialis* Linné dans la nomenclature actuelle, introduite en Europe par Charles de l'Écluse vers 1570, en provenance de Constantinople (plante originaire de l'Himalaya).

12

Jan I Brueghel,
dit de Velours (paysage)
et Hendrick Van Balen
(personnages),
Le Christ jardinier
Huile sur bois,
début du XVIIe siècle.
MAD, Paris
Inv. Gr. 837

Bien qu'il s'agisse ici d'une scène du Nouveau Testament, le paysage n'a rien d'orientalisant, et se borne à refléter le goût alors répandu en Europe pour les animaux et les plantes rares, d'introduction ancienne ou récente, par voie de terre ou par voie de mer. C'est un exotisme indirect, issu de l'observation *in vivo*, mais non dans leur milieu d'origine, d'espèces acclimatées en Europe. Le paon, luxe déjà reproché à Périclès, ailleurs attribut de Junon dans la mythologie gréco-romaine et ainsi culturellement européanisé, redevient ici exotique par sa présence parmi les nouveautés rapportées des voyages aux Indes et aux Amériques.

14
Lampas fond satin, liseré, lancé, broché soie polychrome et métal, décor de dentelle, appelé « persienne » au XVIIIe siècle
Vers 1725
MMT, coll. UCAD
Inv. 13220.A

Montesquieu (1721), et Antoine Galland venait de publier sa traduction des *Mille et Une Nuits* (1704-1717).

La décennie suivante est marquée par un changement de style complet, même si certains des plus beaux lampas des années 1730 à 1740 sont techniquement voisins des lampas à décor de dentelle, conservant l'opposition entre un fond satin et deux effets différents : un effet taffetas par une trame liserée et une chaîne de liage très dense, et un effet sergé trame — liserée, lancée ou brochée — lié par la chaîne de liage ou par la chaîne pièce. Le dessinateur pour soieries le plus connu est Jean Revel (1684-1751), considéré comme l'instaurateur d'un style souvent qualifié de « naturaliste », ce qui paraît impropre lorsque l'on se réfère à l'exactitude botanique de la broderie de fleurs du XVIIe siècle (ou lorsque l'on regarde les soieries de Spitalfields — à côté de Londres — dessinées par Anna Maria Garthwaite à la fin de la décennie suivante [27]). Il demeure peu fréquent que l'on puisse identifier les fleurs, qui sont imaginaires plutôt que stylisées, mais rendues en volume par des dégradés, ombres et lumières, le nombre de nuances étant accru par l'interpénétration des flottés de trame à la limite de leur emploi (effet de berclé). L'exotisme floral y est limité ou peu évident (ill. 16), le dessin végétal ne s'inspirant pas non plus de l'art décoratif des pays d'Orient. Tout au plus peut-on lire ici ou là un palmier, une grenade éclatée (ill. 15), ou encore des citrons. La représentation y apparaît à petite échelle, en médaillons de forme irrégulière — c'est l'époque rocaille — et souvent traités en camaïeu par opposition à la polychromie du décor floral, qui est dessiné à une tout autre échelle. L'opposition se retrouve dans d'autres domaines des arts décoratifs, éventails, céramique ou boiseries. C'est dans ces médaillons qu'apparaissent des paysages et des personnages chinois (ill. 15). Inversement, les soieries à fond sombre, brun noir, et dessin à la polychromie restreinte, ou combinant avec les nuances de la soie un camaïeu or et argent, peuvent être considérées comme inspirées des laques, très en vogue à l'époque dans le mobilier selon le goût de madame de Pompadour, que le dessin soit oriental par son sujet ou ne le soit que par son style (ill. 17). Illustré par Boucher et Pillement, ce goût pour les chinoiseries, où l'art chinois et l'art japonais sont souvent mêlés, n'était pas nouveau. Mazarin déjà en avait fait une mode. Dans la seconde moitié du XVIIe siècle, on s'était plu à poser des vases chinois sur le piétement des consoles, à servir les fruits dans des plats japonais. De Delft, de Rouen, de Sinceny ou de Nevers, la céramique abonde en inspiration chinoise.

La prohibition des indiennes, levée en 1759 seulement en France, avait laissé aux soieries l'inspiration des fleurs de l'Inde, dont on

13 (ci-dessous)
Lampas fond satin, deux lats de liseré, broché soie et métal, décor « bizarre » à meubles en laque, inspiré de l'Extrême-Orient
Vers 1710
MMT, coll. UCAD. Inv. 14390

16 (ci-dessus)
Cannetillé fantaisie, broché soie et métal, décor de plumes d'autruche bleues et jaunes avec terrasses or et végétation imaginaire
Vers 1740
MMT, coll. UCAD. Inv. 997-1-1

15 (à droite)
Dessin pour soierie, avec grenade ouverte, palmier, paysage en camaïeu bleu avec Chinois ou Malabar
Vers 1735
Collection Arthur Martin
MMT, coll. UCAD
Enr. 18577, DD 97-1

trouve quelques beaux exemples lorsque se constitue au milieu du siècle le dessin à méandre (ill. 18), préconisé symétrique (à retour) pour l'ameublement et les ornements liturgiques, répété (suivi) pour les vêtements, par Joubert de l'Hiberderie. L'exotisme n'y est qu'occasionnel et ne change en rien la typologie du dessin ni les procédés textiles. Les plumes, d'autruche ou de paon, y remplacent parfois les fleurs, dont le rendu est simplifié. Des méandres figurent souvent de la fourrure au lieu de guirlandes de fleurs, de rubans ou de dentelles, mais l'exotisme est ici celui de la pelleterie russe, plus rarement celui des félins tachetés des régions chaudes de l'Ancien Monde et du Nouveau.

Dès la fin du règne de Louis XV, les soieries destinées à l'habillement féminin sont surtout des tissus rayés à petits dessins chinés à la branche ou produits par des flottés de chaîne associés ou non aux flottés de trames brochées, souvent des pékins. Marie-Antoinette se détourna des soieries façonnées, au point de susciter les protestations des fabricants lyonnais. L'exotisme vestimentaire se porte vers les toiles peintes, et la reine met à la mode en 1783 la robe en chemise, robe légère en mousseline reprise de la mode créole, persistant pour la coiffure dans son goût pour les plumes d'autruche. Les robes d'apparat ont alors un décor brodé plutôt que tissé, où l'on voit des plumes de paon mêlées à la grammaire décorative néo-classique. Il est vrai que le paon était connu dès l'Antiquité, au point d'être devenu l'attribut de Junon.

Inversement, le dessin des soieries d'ameublement atteignit de très grandes dimensions (s'organisant en panneaux sous le Directoire), suivant un rythme et des compositions ornementales en plusieurs lés, en se rapprochant des autres formes du décor d'architecture, stucs ou lambris, ou succédanés comme la peinture en trompe-l'œil et certains papiers peints. Le tissu perdait alors son autonomie graphique. L'exotisme se réfugiait dans quelques oiseaux plus ou moins anciennement introduits en Europe, les faisans (ill. 19) ou les paons, comme Philippe de Lasalle en avait dessiné déjà vers 1773 pour Catherine II de Russie, mais désormais au sein de compositions néo-classiques ou arabesques – rencontre linguistique non sans rapport avec les fluctuations géographiques et chronologiques de l'exotisme.

Sans dominer aucunement, l'exotisme trouvait davantage sa voie dans deux domaines : le décor des gilets, brodé parfois d'un décor de chinoiserie, ou tissé à disposition en écho à l'actualité, comme la représentation de *Tarare* en 1787, l'opéra de Salieri sur un livret de Beaumarchais d'après un conte persan traduit par Hamilton, et d'une façon bien plus marquée, les toiles imprimées à la planche de cuivre

17 (ci-dessus)
Satin liseré, broché, chinoiserie à polychromie réduite sur fond brun noir, probablement inspirée des meubles ou objets en laque
Vers 1740
MMT, coll. UCAD
Inv. 16869

18 (à droite)
Lampas fond taffetas changeant, liseré, lancé, moiré, décor à méandre en double camaïeu, crème et rose, avec fabriques chinoises et fleurs
Vers 1765
MMT, coll. UCAD
Inv. 3168

19

Lampas, fond satin, lancé, broché, décor d'oiseaux dont un faisan, sous un dais en fourrure de panthère, élément d'un meuble ou ensemble pour ameublement (tenture avec sa bordure, revêtement de sièges)
Attribué à Philippe de Lasalle
Vers 1775-1780
MMT, coll. UCAD
Inv. 997-2-12

pour l'ameublement, où l'on trouvait des chinoiseries d'après des dessins de Pillement, les attributs exotiques du thème des quatre parties du monde – ancien de plus de deux siècles –, l'actualité de l'hommage de l'Amérique à la France, ou l'exotisme créole de *Paul et Virginie*, avant l'éclipse provoquée par le retour à l'antique, gréco-romain ou égyptien.

Notes

1. Le mot lui-même est une onomatopée, notant un parler incompréhensible, et visait particulièrement les Mèdes (cf. Pierre Chantraine, *Dictionnaire étymologique de la langue grecque*, Paris, Klincksieck, 1968, réimpr. 1990, t. I-II, p. 164-165).
2. André Meillet, *Aperçu d'une histoire de la langue grecque*, 7ᵉ éd., Paris, Klincksieck, 1965, p. 12-13.
3. *À la rencontre de Sindbad*, Paris, musée de la Marine, 1994, p. 64. Le récit de son voyage nous a été conservé par Arrien.
4. Marie-Hélène Tesnière, in *Tous les savoirs du monde*, Paris, Bibliothèque nationale de France, 1996, p. 70.
5. Henri-Jean Schubnel, *Trésors du Muséum*, numéro spécial de la *Revue de gemmologie* A.F.G., sept. 1993, p. 12.
6. Décrit de l'Île de Bahreïn par Théophraste (371-287), qui mentionne aussi la présence de cotonniers en Inde (*Recherches sur les plantes*, IV, 7, 7-8). Voir l'édition critique établie par Suzanne Amigues, Paris, Les Belles Lettres (Collection des Universités de France), t. II, 1989, p. 86-87 et notes p. 259. Le nom du genre, *Gossypium*, est repris de Pline l'Ancien.
7. Alphonse de Candolle, *Origine des espèces cultivées*, Paris, Librairie Germer Baillière et Cⁱᵉ, 1883, p. 323-330.
8. F. Fennel Mezzaoui, *The Italian Cotton Industry in the Later Middle Ages 1100-1600*, Cambridge, 1981.
9. *Histoire des animaux*, 551b, 10-15 (livre V). Pline l'Ancien (*Histoire naturelle*, livre XI, XXVI-XXVII/76-78) reproduit Aristote, en juxtaposant des compilations confuses.
10. Le texte de Pline l'Ancien (note préc.), à partir d'Aristote, confond dévidage du cocon et détissage de l'étoffe.
11. Paulo Daffinà, in *La Seta e la sua via*, Rome, Palazzo delle Esposizioni, 1994, p. 21.
12. Anna Muthesius in Jennifer Harris, *5000 ans de Textiles*, Londres, British Museum Press, 1994, p. 165.
13. Chap. XI.
14. Nurhan Atasoy, Julian Raby, *Iznik. La Poterie en Turquie ottomane*, Paris, éditions du Chêne, 1996, p. 71.
15. Voir note 7 supra, p. 16.
16. J. R. Harlan, *Les Plantes cultivées et l'Homme*, Paris, Presses universitaires de France, 1985.
17. Voir Henri Morier, *Dictionnaire de poétique et de rhétorique*, Paris, P.U.F., 4ᵉ éd., 1989, p. 722-724.
18. Lisa Monnas, in Jennifer Harris, *5000 ans de textiles*, Londres, British Museum Press, 1994, p. 167.
19. Rosalia Bonito Fanelli, « Il disegno della melagrana nei tessuti del Rinascimento in Italia », in *Rassegna della Istruzione Artistica*, Anno III, n° 3, 1968, p. 27-51.
20. Leonhardt Fuchs, *De historia stirpium*, notice p. 824, fig. p. 825.
21. Jack Goody, *La culture des fleurs*, Paris, Le Seuil, 1994, p. 216.
22. Yves Laissus, in *Tous les savoirs du monde*, Paris, Bibliothèque nationale de France, 1996, p. 206.
23. Antoine Schnapper, *Le Géant, la Licorne et la Tulipe*, Paris, Flammarion, 1988.
24. Béatrix Saule, *Revue de gemmologie* A.F.G., n° 73, déc. 1982.
25. Nurhan Atasoy, Julian Raby, *Iznik. La Poterie en Turquie ottomane*, Paris, éditions du Chêne, 1996, p. 14-15.
26. Vilhelm Slomann, *Bizarre Designs in Silks. Trade and Traditions*, Copenhague, Ejnar Munksgaard, 1953.
27. Natalie Rothstein, *Silk Designs of the Eighteenth Century*, Londres, Victoria and Albert Museum, 1990, p. 206-207 notamment.

Les indiennes : origine et diffusion

Véronique de Bruignac-La Hougue

« **Indienne** : *Robe de chambre pour les hommes et les femmes faites de ces toiles de coton peintes de diverses couleurs et figures qui viennent des Indes orientales.*
On appelle aussi Indiennes les toiles mêmes dont ces robes de chambre sont faites, soit qu'elles ayent été fabriquées et peintes aux Indes, soit qu'elles ayent été fabriquées en Europe. »

Cette définition du *Dictionnaire universel du commerce* de Savary des Bruslons, publié à Paris en 1723, est confortée par l'exclamation, antérieure d'une cinquantaine d'années, que Molière place dans la bouche de son *Bourgeois gentilhomme* (1670) : « Je me suis fait faire cette indienne-ci. Mon tailleur m'a dit que les gens de qualité étaient comme cela le matin. »

L'étoffe inventoriée sous le numéro 51790 (ill. 1) correspond tout à fait à ce type de tissu. Pour partie peinte à la main, pour partie imprimée à la planche de bois, la toile utilisée et les colorants employés révèlent un travail indien. La finesse des motifs trahit l'emploi du calame, instrument avec lequel l'artisan trace le trait sur l'étoffe. Parvenue au musée des Arts décoratifs avec le fonds documentaire du fabricant de papier peint parisien Jules Desfossé, son lieu de fabrication nous demeure inconnu. Cependant, une origine pondichérienne est confortée par la grande parenté de cette indienne avec les échantillons accompagnant le manuscrit intitulé *Manière de fabriquer les toiles peintes dans l'Inde, telle que monsieur de Beaulieu, capitaine de vaisseau, l'a fait exécuter devant lui à Pondichéry* actuellement conservé à la bibliothèque du Muséum national d'histoire naturelle [1], première description technique précise du procédé de fabrication des indiennes enrichie d'échantillons exécutés devant l'officier qui fut chargé en 1736 par Dufay, de l'Académie des sciences, de « s'informer de tout ce qui était relatif à la manière de peindre les toiles [2] ».

1

Indienne
Début XVIIIe siècle
Côte de Coromandel
MMT, coll. UCAD
Inv. n° 51790

La figure pyramidale formée d'ondulations et d'éléments végétaux qui accompagne le décor floral de cette indienne est une réminiscence des tertres des étoffes aux arbres de vie, ornement fréquent dans l'indiennage.

Même s'il est impossible de citer, dans le contexte de cet article, la totalité des pages que le maître-dominotier parisien, Jean-Michel Papillon, consacre aux indiennes [3] dans son *Traité de la gravure en bois*, il est intéressant de relever ces quelques lignes :

« À la Chine, au Japon, dans l'Indostan, ou l'Empire du Grand Mogol, au Pegu [4], aux îles Maldives, et autres îles de la mer indienne, dans la Perse et chez plusieurs autres peuples orientaux, de temps immémorial l'on y imprime et l'on y frappe le trait des dessins sur les étoffes, toiles peintes ou indiennes, avec des planches de bois gravées par bouquets détachés et par rentrées. »

Papillon explicite ensuite ce qu'il vient de dire sur « la manière de frapper ce trait » et décrit l'impression des étoffes. Pour ce faire, dit-il, il faut appliquer la planche du côté où elle est gravée dans un châssis garni d'un morceau de drap imbibé de la couleur qu'on désire employer ; puis, il faut poser la planche, chargée en couleur, sur l'étoffe à décorer. Et, aussitôt que la planche de bois est correctement placée sur la toile, elle-même fixée sur une table d'impression garnie de plusieurs épaisseurs de tissu, il faut appuyer fermement sur la planche avec la main, ou, si cela est nécessaire, avec le manche d'un maillet, afin de favoriser le transfert de la couleur sur l'étoffe à ennoblir. Puis, après avoir ainsi imprimé le tracé du dessin, il faut appliquer les rentrées, ou rentrures du motif, de la même façon, en prenant la précaution de poser les planches des rentrées à leur place exacte à l'aide des marques, ou picots, laissés lors de l'impression du trait.

Jean-Michel Papillon constate que, pour imprimer les grandes surfaces de rentrures dans une même teinte, les Indiens et les Persans ont l'habitude d'incruster, dans la planche gravée en creux, des morceaux de feutre, qui, une fois imbibés de couleur, favorisent son transfert sur la toile, facilitant ainsi grandement l'impression et assurant une qualité constante du travail.

Le procédé d'impression sur étoffe décrit demeure valable de nos jours, tant en Orient qu'en Europe. Il est juste nécessaire de souligner l'emploi, en indiennage, de colorants suffisamment solides pour résister aux lavages successifs, ce qui fut une cause essentielle du succès que rencontrèrent les cotonnades imprimées en Europe occidentale.

Il est à remarquer que Jean-Michel Papillon évoque aussi, dans son texte, l'existence de toiles peintes. Il le fait à juste titre car cette manière d'orner les tissus, cotonnades ou soieries, était également pratiquée par les Orientaux.

Il est d'ailleurs souvent bien difficile, dans les sources anciennes, de savoir à quel mode de décoration se réfèrent les auteurs, l'usage des

Les indiennes : origine et diffusion

2
Indienne
XVIIe siècle
Côte de Coromandel
MMT, coll. UCAD
Inv. n° 12132
Il s'agit d'un *kalamkari*, sorte d'étoffe qui établit à juste titre la réputation des Indes du Sud.

deux procédés décoratifs sur une même étoffe étant chose fréquente autrefois comme on l'a vu sur la toile déjà citée, ou comme cela se remarque sur une splendide indienne conservée au musée de la Mode et du Textile (inv. 12132). Cette indienne (ill. 2) est richement ornée de maisons et palais, de personnages vêtus à l'européenne ou d'Indiens, de trois-mâts dont l'un bat pavillon hollandais, de barques, de poissons et crustacés, de fleurs et d'arbustes, d'oiseaux et d'animaux. De grandes dimensions, elle mesure un mètre quatre-vingt-dix sur deux mètres soixante-quatorze, elle porte le tampon de la *French East India Company*, et date du XVIIe siècle. Ce fut l'un des fleurons de l'exposition « Miniatures persanes » organisée par l'Union centrale des arts décoratifs, au pavillon de Marsan, en 1912.

Dans le domaine de l'histoire, la plus ancienne citation concernant l'indiennage est due à Hérodote [5]. Puis, au début de notre ère, Pline l'Ancien [6] parle des étoffes peintes dans ses écrits sur l'Égypte.

Les indiennes : origine et diffusion

En Chine, enfin, les fouilles récentes du Turpan ont permis d'exhumer des tissus imprimés à réserve sur coton datables des IV-VIe siècles[7].

Les étoffes décorées par impression[8] d'origine asiatique, dont les techniques de fabrication et d'ennoblissement furent longtemps méconnues et mystérieusement protégées, gagnent peu à peu l'Occident au gré des flux migratoires de populations et grâce aux routes de la soie ouvertes par Alexandre. Appréciées dès l'Antiquité en Perse et en Asie mineure, elles ont vraisemblablement retrouvé les voies de l'Occident à la faveur des Croisades. Les cotons, comme les soies, deviennent alors l'enjeu d'un commerce lucratif et empruntent la route maritime de Marseille.

Le commerce de luxe de Marseille, et plus particulièrement celui des étoffes, des accessoires de toilette et des vêtements, est soutenu par de nombreuses petites manufactures de dimension souvent familiale qui produisent des toiles piquées et peintes (ill. 3). Ces petites unités industrieuses doivent souvent leur propre évolution à l'arrivée d'étrangers détenteurs de providentiels secrets de fabrication capables de régénérer ou bien d'induire de nouvelles transformations parmi les produits textiles.

De fait, Marseille a su, la première en Europe occidentale, adapter les indiennes aux besoins de son commerce et de ses fabrications, soit en les important directement des Échelles du Levant, soit en les manufacturant elle-même. Introduites en Perse par la route de la garance, les étoffes pinceautées étaient distribuées par le commerce arménien. Dès le XIIIe siècle, les indiennes levantines ou bien originaires des Indes, acheminées par caravane, satisfont une demande de plus en plus élargie jusqu'au déclin des échanges avec le Levant, sous le règne de Louis XIII et la minorité de Louis XIV.

Entre 1648 et 1678, des associations de maîtres-cartiers et de maîtres-graveurs se créent à Marseille. Grâce à la franchise du port octroyée par Louis XIV, en 1669, les Arméniens permettent aux fabricants de cartes à jouer marseillais qui se définissent d'ailleurs comme « maîtres-peintres d'indiane », d'améliorer la qualité des étoffes imprimées qu'ils produisent. En effet, ils s'adjoignent des peintres arméniens qui promettent de leur enseigner tout ce qu'ils savent de leur métier. Ils s'aident également de rapports qui confinent à l'espionnage industriel, tel celui que fournit Roques à la Compagnie des Indes sur la manière d'indienner à Ahmedabad, en 1678[9] afin de lancer sur le marché des toiles en étroit rapport avec la demande de la clientèle qui souhaitait que soit utilisé tel ou tel vocabulaire décoratif. Ainsi, les « perses », qui faisaient l'objet de demandes spécifiques de la part de

3
Jupon en piqué
XVIIIe siècle
MMT, coll. UFAC
Inv. UF 58-57-1

4

Papier peint
1789
Manufacture Réveillon, Paris
MAD
Inv. n° 50409

Une indienne semblable fut imprimée à Jouy-en-Josas. Elle relève de la tradition des « perses » et témoigne de la vogue des plantes exotiques sous le règne de Louis XVI.

5

Dessin sur papier
Manufacture Oberkampf,
Jouy-en-Josas
CDMT, coll. UCAD
Inv. AA24/1

Dessin utilisé pour l'impression sur toile. Les grosses branches noueuses sont caractéristiques des perses. Les oiseaux et les fleurs trahissent une relecture occidentale du vocabulaire décoratif.

6

Modèle de papier peint et de sa bordure
1781 et 1782
Manufacture Réveillon, Paris
MAD
Inv. n°s 50536 ; 50455

Ils existent également en toile de Jouy. Les éléments floraux et les cornes d'abondance sont typiques de la flore orientale si appréciée des Occidentaux du XVIIIe siècle.

l'actuel Iran, reprenaient les décors et « arabesques » en usage sur les tapis. La Perse, première imitatrice des Indes, réalisa même des toiles peintes plus belles et plus fines que les indiennes, mais peu connues en Europe. Elles furent cependant largement copiées par les Occidentaux comme le prouvent le modèle de papier peint imprimé par la manufacture parisienne de Jean-Baptiste Réveillon (ill. 4) ou le dessin de la manufacture de Jouy-en-Josas (ill. 5). Quant aux commandes pour l'Europe, ou « indiennes », elles étaient réalisées à partir du répertoire des herbiers introduits par les pères jésuites à la cour moghole. Le papier peint, imprimé également chez Réveillon (ill. 6), illustre cette source iconographique.

Avignon, en raison de son statut de cité papale, suivit Marseille sur la voie de l'indiennage : on y imprime des étoffes dès 1677. Mais les manufacturiers lyonnais et nîmois obtiennent, en 1731, l'interdit des objets manufacturés à Avignon et dans le Comtat. Le concordat de 1734 qui s'ensuit ruine la fabrication des indiennes sur le territoire pontifical, fabrication qui ne renaîtra, modestement, qu'en 1793 pour s'arrêter définitivement en 1882.

Pour ce qui est des indiennes marseillaises, il y a tout lieu de croire qu'il s'agissait de fines toiles pinceautées et mordancées, héritées de celles produites à Masulipatam, dans les Indes orientales.

Les deux planches, intitulées *Toiles de coton peintes à Marseille 1736 Indiennes ou Guinées*, conservées à la Bibliothèque nationale de France, dans la collection du maréchal de Richelieu[10], sont des documents uniques en leur genre car elles permettent de se faire une idée de la production phocéenne en pleine époque de prohibition (ill. 7).

La prohibition des toiles peintes et des indiennes, fut, en effet, instaurée en 1686 et allait durer jusqu'en 1759. Cette interdiction nous a privés de bien des informations sur cette industrie naissante. Ainsi, en 1723, Savary des Bruslons évoquait l'indiennage d'une manière allusive : « On ne parle point de toiles de coton peintes ou imprimées, dont il se faisait autrefois en France un commerce et une consommation considérables, soit de celles qui y étaient apportées par la Compagnie des Indes orientales, soit celles qui se tiraient en contrebande de Hollande, d'Angleterre et de Genève, le négoce et l'usage de ces sortes de toiles ayant été absolument défendu, pour favoriser les manufactures des étoffes de soie et de laine établies dans le Royaume. »

« L'on ne peut cependant ne pas dire ici que l'obstination des marchands pour débiter ces toiles, et celle des particuliers pour les acheter et pour s'en servir, ont toujours été et sont encore si grandes, que près de quarante-cinq années et plus de trente-cinq arrêts n'ont pas pu guérir les uns et les autres de cet entêtement de contrebande[11] ».

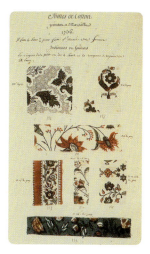

7
Planche consacrée à l'indiennage marseillais
Cabinet des estampes, Bibliothèque nationale de France

Ce document illustre l'activité phocéenne en pleine période de prohibition, en 1736.

MATIÈRES, TECHNIQUES ET DÉCORS, XIVe-XVIIIe SIÈCLES

8
Toile de Jouy
MMT, coll. UCAD
Inv. n° 22104

Les écailles relèvent
du vocabulaire des indiennes
et rappellent les tertres
des arbres de vie.
Le chef de pièce figurant
au bas de l'étoffe permet
de la dater des années
1783-1787.

9
*Toile imprimée
à la planche de cuivre*
1783
Manufacture Petitpierre,
Nantes
MMT, coll. UCAD
Inv. 18251

Le motif illustre le combat
du *Héros*, vaisseau de 74
monté par Suffren,
contre le *Superbe*, également
vaisseau de 74 de la marine
anglaise, commandé
par l'amiral Hughes, devant
Trinquemalé (île de Ceylan)
le 3 septembre 1782.
Les accessoires qui
accompagnent le sujet
principal sont relatifs
à la Compagnie des Indes.

La contrebande bat en brèche la prohibition. En voici pour preuve, le témoignage de l'indienneur bâlois Jean Ryhiner [12], « La France ne laissait pas entrer les toiles peintes pour favoriser les fabriques de Rouen qui faisaient des toiles rayées ; mais, de porter des indiennes n'était pas défendu, on les vendit clandestinement ; l'entrée s'en faisait à la suite des équipages des grands seigneurs, qui fournirent leurs hôtels pour magasins, et eux ou leurs intendants étaient intéressés au commerce. »

Comme Mulhouse, alors ville libre, voyait passer une foule d'acheteurs d'indiennes, qui se plaignaient de ne pas trouver assez de marchandises à Bâle, Samuel Kœchlin, Jean-Jacques Schmalzer et Jean-Henri Dollfus firent appel, en 1746, à des capitaux bâlois et montèrent la première indiennerie mulhousienne. Devant leur réussite, les Anthès, Hofer, Risler et d'autres créèrent à leur tour leurs propres entreprises, de sorte qu'en 1760 on dénombrait seize sociétés et que cette activité drainait plus de cinq cent mille francs. En Suisse, – à Neuchâtel, Genève, Zurich, Berne, Saint-Gall, Schafhouse et Appenzell – des fabriques se montèrent, et tout le monde trouva à écouler sa marchandise. Les principaux acheteurs étaient les Français.

« La France se voyant inondée de ces articles tâcha d'y remédier. À cet effet, on permit l'entrée de ces toiles, mais on y mit de si gros droits qu'il était impossible de les payer pour les impressions communes. Les marchands tâchèrent d'éluder ces droits, et malgré une foule de gardes qui étaient postés sur la frontière, il s'établit une grande contrebande. On faisait passer quelques impressions sur toiles fines par les bureaux, en payant les droits, mais on plomba clandestinement les impressions communes en Lorraine, et les contrebandiers les passèrent en France où on les vendit librement.

« Les grandes maisons de Lorraine établirent des bureaux et des magasins à Versailles, et peu à peu toutes les affaires se firent par les maisons françaises. »

Comme on vient de le voir, l'indiennage résiste à tous les interdits, grâce aussi, il est vrai, à l'existence d'enclos privilégiés dans lesquels se créent des ateliers d'impression. Ainsi, Jean-Rodolphe Vetter, Suisse installé à Marseille de 1744 à 1755, tente fortune à Paris dans l'enclos du Temple, avant de venir s'installer à Orange en 1757 où il exercera son activité jusqu'en 1766.

À son arrivée en France, Jean-Christophe Oberkampf, initié à l'impression sur étoffes en Suisse et à Mulhouse, travaille, lui aussi, dans des lieux privilégiés avant de créer son propre atelier, en 1760, à Jouy-en-Josas (ill. 8).

10

Papier peint
1789
Manufacture Réveillon, Paris
MAD, inv. n° 50402

Ce papier peint illustre le répertoire des motifs hérités de la Perse, également exploités par la manufacture de Jouy-en-Josas, et grandement appréciés par la clientèle de la fin du XVIIIe siècle.

11

Papier peint
1789
Manufacture Réveillon, Paris
MAD, inv. n° 50386

Il existe une toile de Jouy identique à ce papier peint. Vêtements ou « meubles » furent fréquemment taillés dans de semblables étoffes.

12 (page de droite)

Ensemble caraco et jupe cotonnade imprimée
Fin XVIIIe siècle
MMT, coll. UFAC
Inv. 58-50-2AB

La voie maritime, vivifiée par les Compagnies des Indes, est une autre source d'approvisionnement en indiennes. Ces étoffes, un des principaux articles du grand commerce des Indes, commencèrent à être à la mode dans les années 1660-1670. De par sa situation géographique, Nantes occupe une place privilégiée, et, de simple importateur en toiles et en indiennes dans les débuts, la ville devient un centre de production à l'aube de la levée de la prohibition (1758) (ill. 9).

Le terme de *Guinées* figurant sur les planches marseillaises de la collection du maréchal de Richelieu est une allusion directe au commerce triangulaire, à la traite des noirs qui participa grandement à la fortune de Nantes. En effet, les navires français, chargés d'étoffes et de bimbeloterie, faisaient voile vers la côte africaine, particulièrement vers la Guinée, où ils échangeaient leurs marchandises contre des esclaves qu'ils acheminaient ensuite jusqu'aux Antilles et aux Amériques. En conséquence de cet important trafic, le mot *guinée* désigna bientôt ces étoffes aux coloris chatoyants et aux motifs rudimentaires, et, par extrapolation, une pièce de monnaie.

La lecture du *Dictionnaire universel du commerce* de Savary des Bruslons (1723) nous apprend que par « Étoffes des Indes, de la Chine et du Levant – On comprend ordinairement (...) toutes les étoffes qui sont apportées d'Orient, soit par les vaisseaux des Compagnies des nations d'Europe (...), soit par la voie du Caire, de Smirne, de Constantinople et des Echelles du Levant où ces nations font commerce » (ill. 10).

Si la seconde route a été largement évoquée dans cet article avec Marseille et Avignon par contre, la première, abondamment commentée dans la plupart des écrits consacrés au début de l'indiennage [13], mérite qu'on s'y arrête quelque peu. Outre le rapport du capitaine de Beaulieu cité plus haut, plusieurs témoignages nous éclairent sur l'art de l'indiennage : ceux du père Cœurdoux, missionnaire à Pondichéry, datés du 18 janvier 1742 et du 13 octobre 1748, publiés dans les *Lettres édifiantes et curieuses* écrites des missions étrangères par quelques missionnaires de la Compagnie de Jésus à Paris en 1743 et 1758, et repris dans l'article « Toile peinte des Indes » de l'*Encyclopédie* de Diderot et d'Alembert, ou les *Recherches sur la méthode suivie par les fabricants indiens de la côte de Coromandel dans la peinture des toiles de coton* rédigées par le Lyonnais Pierre Poivre en 1760, ou encore le *Traité sur les toiles peintes* du chevalier de Quérelles paru à Paris en 1760 (ill. 11).

Des récits des voyageurs, que ce soit ceux de Tavernier en 1676, de Thévenot en 1689, de Pitton de Tournefort en 1718 ou de Chardin en 1735, et d'autres encore, mentionnent les toiles du Levant, perses ou indiennes.

13
Toile peinte portant le tampon de la **French East India Company**

Les indiennes : origine et diffusion

L'indienne conservée au musée de la Mode et du Textile et inventoriée sous le n° 29432 est un exemple pertinent de cette industrie orientale par son iconographie et son mode de fabrication bien spécifiques (ill. 13). Elle porte le tampon de la *French East India Company* et peut être datée du XVIIe siècle.

La richesse et le succès de l'indiennage est illustré par le témoignage d'un Jean-Michel Papillon qui se souvient « avoir vu, il y a plus de quarante ans, chez M. le Maréchal d'Estrées, un magnifique lit d'indienne, entièrement complet, d'une finesse et d'une beauté charmante, où ses armes étaient placées au milieu du dossier avec tous les attributs maritimes et de Vice-Amiral. Tous les ornements et les fleurs étaient parfaitement bien dessinés, les couleurs admirables et charmantes. Cette garniture de lit avait été faite exprès dans l'intérieur de l'Inde, je ne puis dire à quelle ville, sur les dessins que M. le Maréchal avait fait fournir. Elle avait coûté deux ou trois mille écus. » Il poursuit : « Les plus belles chites ou toiles peintes des Indes se fabriquent à Seronge, ville de l'Empire du Grand Mogol. Pendant la saison des pluies, qui durent quatre mois, les ouvriers impriment leurs toiles. Quand la pluie est cessée, et qu'elle a troublé l'eau de la rivière qui passe à Seronge, ils y lavent les toiles qu'ils ont imprimées. Cette eau trouble a la vertu de faire tenir les couleurs et qu'elle leur donne plus de vivacité. Plus ces toiles sont lavées par la suite, plus elles deviennent belles... » (ill. 14).

Toutes les sources concordent pour reconnaître que l'art de l'impression trouve son origine aux Indes orientales. Les Hollandais, s'étant frayé la route des Indes, furent les premiers à imprimer des toiles et à en faire un commerce considérable, dans les années 1650. Les Brêmois et les Hambourgeois suivirent rapidement leur exemple. La France, l'Allemagne et l'Italie leur achetèrent alors des toiles imprimées à une ou deux couleurs. Et comme, en Hollande, les toiles imprimées et les toiles peintes des Indes se vendaient dans les mêmes magasins, chaque année, lors de la vente de la Compagnie des Indes, les acheteurs s'approvisionnaient en toiles blanches, puis les remettaient aux imprimeurs hollandais en leur indiquant les dessins à exécuter.

Dès le XVIIe siècle, le Portugal, l'Espagne, la France, l'Angleterre, le Danemark, la Prusse et les villes hanséatiques équipèrent à leur tour des flottes, érigèrent des compagnies, soutinrent contre les Hollandais des guerres sanglantes et parvinrent à participer à ce vaste commerce.

Au XVIIIe siècle, enfin, les Suisses créèrent des manufactures qui concurrencèrent celles de Hollande. Les commerçants italiens et lorrains trouvèrent alors un avantage considérable à vendre des toiles tissées

14

Empreinte
1760 à 1790
Manufacture Oberkampf,
Jouy-en-Josas
MMT, coll. UCAD
Inv. n° AA22/2

Cette empreinte est conservée dans un album portant l'indication suivante : « Dessins copiés d'après d'anciennes toiles peintes ou indiennes de la Perse et de l'Inde provenant d'Oberkampf, fabrique de Jouy, 1760 à 1790. » Il existe un papier peint de la manufacture Réveillon au motif identique (inv. 50463).

dans le canton de Berne et imprimées à Bâle plutôt que de se rendre en Hollande.

Le succès des indiennes est dû tout à la fois à leur grande facilité d'entretien, à leurs couleurs chatoyantes, à l'agrément de leur port, mais aussi à leur interdiction. Il est sûr qu'en 1759, à la levée de la prohibition, l'indiennage réussit à s'imposer définitivement en France, tant dans le vêtement que dans la décoration intérieure (ill. 15). Produit éminemment séducteur du fait de ses qualités d'entretien et de la variété de ses motifs, le tissu imprimé et le savoir-faire qui l'accompagne demeureront malgré les aléas de la mode. Certes, les techniques d'ennoblissement évolueront au cours des ans : à l'aube du XIXe siècle, l'impression en taille douce, à la planche et au rouleau de cuivre, puis, au XXe siècle, les impressions au cadre, succèderont à l'impression à la planche de bois et au pinceautage des premiers temps. Et, à l'instar des autres tissus et des arts décoratifs en général, les motifs suivront les goûts du moment. Les étoffes imprimées refléteront l'Extrême-Orient et l'Orient originels, se chargeant de fleurs, d'animaux et de personnages mais aussi de la fameuse palmette de Cachemire et de tous les phantasmes nés du rêve et de l'imagination des dessinateurs.

Notes

1. Ms 1931 et Ms 1932
2. Henri Clouzot, « Les toiles peintes au pavillon de Marsan », *Gazette des Beaux-Arts*, p. 282-294.
3. Jean-Michel Papillon, *Traité de la gravure en bois*, Paris, 1756, « L'impression des toiles et des étoffes de soie et de coton, des Indes, de la Chine, du Japon, de la Perse et autres peuples de l'Orient », Paris, 1756, p. 67 à 72.
4. Le royaume du Pégu avait pour bornes : au Nord, l'Arakan et l'Ava, et, à l'Est, le Martaban et le golfe du Bengale. Il fut réuni à l'Empire birman en 1757.
5. Hérodote, dans les *Histoires*, à propos des habitants du Caucase.
6. Pline l'Ancien, *Histoire naturelle*, XXXV, 42.
7. Micheline Viseux, *Le Coton, l'Impression*, Thonon-les-Bains, 1991, p. 38.
8. Marie-José Beaumelle, *Les Arts décoratifs en Provence du XVIIIe au XIXe siècles*, Aix-en-Provence, 1993, p. 79-80.
9. Paul-Raymond Schwartz, « L'impression sur coton à Ahmedabad (Inde) en 1678 », *Bulletin de la Société industrielle de Mulhouse*, I, 1967.
10. Bibliothèque nationale de France, Cabinet des estampes, cote LH 45, vol. I, fol· n° 28.
11. Savary des Bruslons, *Dictionnaire universel du commerce*, Paris, 1723, « Mousseline & coton ».
12. Jean Ryhiner, *Traité sur la fabrication et le commerce des toiles peintes*, 1760, manuscrit, Bibliothèque du musée de l'Impression sur étoffes, Mulhouse ; et Dollfus-Ausset, *Matériaux pour la coloration partielle des étoffes*, Paris, 1865 p. 1 à 147.
13. Paul-Raymond Schwartz, « La fabrication des toiles peintes aux Indes au XVIIIe siècle », *Bulletin de la Société industrielle de Mulhouse*, IV, 1957 ; Paul-Raymond Schwartz, « Les toiles peintes indiennes », *Bulletin de la Société industrielle de Mulhouse*, IV, 1962 ; Micheline Viseux, *Le Coton, l'Impression*, Thonon-les-Bains, 1991, p. 144.

15

Dessin
Ateliers de Jouy-en-Josas
CDMT, coll. UCAD
Inv. n° AA43, planche 160

Ce dessin illustre le thème du chinois largement utilisé par les arts décoratifs au XVIIIe siècle.

II

Accessoires, confections et bijoux du XIXᵉ siècle

II

Accessoires, confections et bijoux du XIXe siècle

61 Châles cachemire indiens et français : un chassé-croisé d'influences
SYLVIE LEGRAND-ROSSI

83 Les nouveautés exotiques à travers les catalogues commerciaux
BÉATRICE JUILLARD

97 Les influences exotiques dans le bijou
ÉVELYNE POSSÉMÉ

12
(détail)
Projet de châle burnous par Gonelle Frères
1862
MAD, Cabinet des dessins
Inv. CD 5304-11

Châles cachemire indiens et français : un chassé-croisé d'influences

SYLVIE LEGRAND-ROSSI

Le Thibet est à cette heure sur le boulevard des Italiens[1]. (1856)

Rapportés comme présents par les officiers de l'armée d'Egypte qui, sur les tableaux de l'époque, les portent noués en ceinture à la manière des cavaliers mamelouks, les châles cachemire indiens sont mis à la mode à Paris en 1798 par Joséphine Bonaparte et ses amies. Ils rencontrent un très grand succès dès le début du XIXe siècle et donnent naissance à une industrie châlière florissante en France et en Angleterre. Jusqu'à la fin du Second Empire, les dessinateurs de châles français créent des styles originaux, imités par leurs concurrents anglais, viennois ou allemands, qui visent à occidentaliser le modèle indien : « Le principal mérite du châle cachemire indien, c'est de briller par l'éclat, la variété et l'harmonie des couleurs ; mais le dessin est souvent bizarre, et presque toujours uniforme (...). Ne peut-on pas, en conservant le caractère et la richesse du nuancé, en varier la composition, lui donner plus d'élégance, la rajeunir par le goût français ?[2] ». Si le châle des Indes demeure prisé des élégantes jusqu'aux années 1860, il subit dès les années 1830 des influences européennes, principalement françaises.

L'origine du motif de la palme cachemire ou *boteh* (de l'indien *buta*, qui signifie fleur) est obscure. Franck Ames a tenté d'en retracer l'évolution stylistique depuis l'époque des empereurs moghols, qui annexent le Cachemire, province du nord-ouest de l'Inde, en 1586 (Ames 1997, p. 81-117). Dès les années 1620-1630, le motif floral est omniprésent dans tous les domaines de l'art de cour moghol. Cette prédilection esthétique est traditionnellement rattachée au voyage entrepris au Cachemire en 1620 par l'empereur Jahângîr (1605-1627). Face à la nature verdoyante de cette province excentrée, qui n'a rien de commun avec les plaines poudreuses et brûlantes de l'Hindoustan et du Deccan où les Moghols partent guerroyer, il éprouve une sorte de ravissement

[1]
Châle burnous
1862
MAD, Cabinet des dessins
Inv. DOC 12

qui lui fait comparer le Cachemire à « un jardin où règne un éternel printemps ». Des fleurs d'une grande précision botanique, aux subtiles harmonies colorées, parsèment les robes des empereurs et des dignitaires moghols, ainsi que les châles et les extrémités brochées de fil or des ceintures ou *patkâs*. À partir du troisième quart du XVIIIe siècle, selon une filiation difficile car les châles de la première moitié du siècle sont très rares, le motif de la plante fleurie devient une sorte de cône à pointe recourbée, nommée palme en Occident. Ornée de grosses fleurs et de feuillage, posée sur un vase à pied, son contenu se modifie au début du XIXe siècle : des racines remplacent le vase, tandis qu'à l'intérieur de la palme s'en inscrit une autre qui en contient une troisième. La tête de la palme se divise en plusieurs pointes ; à sa base on distingue deux branches qui se détachent d'une tige centrale. L'évolution du *boteh*, liée à celle du châle cachemire indien, est par la suite indissociable des influences de la mode occidentale.

La collection du musée de la Mode et du Textile est le reflet de ces interactions entre l'Orient et l'Occident : sur environ quatre-vingt-dix châles, elle compte une quantité égale de pièces françaises et indiennes, estimée à une trentaine. Deux ou trois châles semblent de facture anglaise. S'y ajoutent une quinzaine d'écharpes et de châles cachemire imprimés sur laine et quatre étoles brodées en Inde. Une vingtaine d'albums de dessins et d'empreintes complète cet ensemble.

❧ De l'imitation du châle indien au style floral

Fabriqués au Cachemire, mais aussi au Pendjab, province limitrophe où se réfugient dès 1810 un grand nombre de tisseurs chassés par une fiscalité trop lourde, les châles indiens sont exportés vers l'Europe par voie de terre en suivant les « routes de la soie » ou par voie de mer. Le tissage des châles est une activité ancienne et lucrative au Cachemire, déjà décrite en 1664-1665 par François Bernier, premier voyageur européen à visiter cette province. Le duvet de laine des chèvres tibétaines, qui possède des qualités de finesse et de légèreté exceptionnelles, constitue la matière première des châles. Une fois filé au rouet, il est espoliné. Cette technique de tissage est semblable à celle de la tapisserie : le décor est obtenu par des trames partielles de couleurs, dont les fils sont enroulés sur de petits fuseaux ou « espolins ». Sur l'envers, ces trames sont crochetées entre elles pour assurer la solidité de l'ensemble, ce qui produit une mince crête aux lignes de jonction (ill. 2). Le châle des Indes diffère cependant de la tapisserie par l'armure : on le tisse en sergé 2 lie 2. L'espolinage permet d'exécuter en une seule pièce

2 (en haut à gauche)
Écharpe espolinée indienne
fin XVIIIe
MMT, coll. UCAD
Inv. 15831

3 (en haut à droite)
Écharpe espolinée française à décor de palmettes florales
Vers 1812
MMT, coll. UCAD
Inv. 28268

des châles aux dessins de toutes grandeurs, dans une infinie variété de couleurs. Mais il nécessite beaucoup d'heures de travail, ce qui rend cette technique d'un coût prohibitif en Europe. Jusqu'en 1870, les fabricants parisiens essayeront pourtant tour à tour de reproduire le procédé de l'espolinage indien : en dépit d'efforts de rationalisation, ces entreprises ne seront jamais rentables. Le manufacturier Guillaume Ternaux (1763-1833) présente ses premiers châles espolinés à l'Exposition des produits de l'industrie de 1801. Le musée de la Mode et du Textile possède une rare écharpe qui lui est attribuée, à fond blanc et décor de fleurs « au naturel » : les palmes indiennes « cailloutées »[3] sont remplacées par des bouquets et des guirlandes florales dans l'esprit des dessins du peintre Isabey, réalisés en 1811 pour une commande impériale exceptionnelle de douze châles français espolinés passée à Guillaume Ternaux (ill. 3).

Articles de très grand luxe, importés en fraude en raison du Blocus continental, les châles indiens sont, dès 1805, copiés sur métier à la tire en France. À la demande de Napoléon Ier, Guillaume Ternaux fabrique

4
Châle au lancé découpé
Vers 1800-1810
MMT, coll. UFAC
Inv. 51-12-29

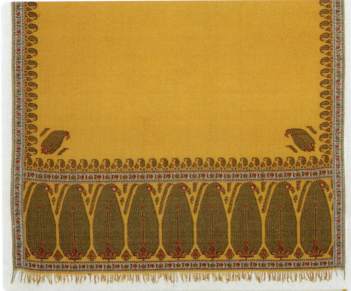

5
Écharpe au lancé découpé
Vers 1810
MMT, coll. UCAD
Inv. 997-7-2

des châles sur chaîne soie, tramés et brochés en laine à 4 ou 5 couleurs : ces matières sont utilisées en remplacement du soyeux duvet de cachemire. Ternaux met au point un nouveau procédé, le lancé découpé, qui consiste à lancer les fils de trame faisant décor sur toute la largeur du tissu, pour couper ensuite les flottés au revers afin de diminuer le poids de la pièce (ill. 4 et 5). Sous l'Empire, les bordures de palmes, les bordures montantes et le fond uni des châles français sont tissés séparément, puis cousus ensemble. En 1818, la mécanique Jacquard appliquée à la production châlière se substitue à l'ancien système du métier à la tire. Elle permettra notamment d'exécuter des dessins beaucoup plus grands. Désireux de s'émanciper du modèle indien, quelques fabricants parisiens se spécialisent dans les « châles floraux » au lancé découpé, dont la production surtout destinée à l'exportation se poursuit jusque vers 1840 : « M. Rey fabrique des châles à fleurs françaises, que les dames de France n'adoptent pas, et dont les beautés d'Asie acceptent la mode : dans les deux pays, les femmes préfèrent avant tout le mérite de l'étrangeté [4]. » Au sein de la collection, un châle carré à fond blanc et bordure de bouquets peut être rattaché à cette catégorie.

Pour contenter une clientèle plus modeste, les industriels de Mulhouse produisent au cours du premier tiers du XIXe siècle des « mouchoirs schals » ou fichus carrés en coton imprimé de motifs cachemire sur fond « rouge turc » ou « bleu lapis », qui obtiennent un large succès. Cette fabrication utilise les techniques d'enlevage par produits rongeants mises au point par le chimiste alsacien Daniel Koechlin à partir de 1810. Le procédé consiste à imprimer sur un tissu déjà teint une pâte rongeante qui détruit la couleur du fond : si le rongeant ne contient pas de colorant, on obtient un enlevage blanc ; si, au contraire, il contient un colorant résistant à l'élément rongeant et susceptible de se fixer sur le tissu, on obtient un enlevage coloré. Près de Paris, à Jouy-en-Josas, la manufacture Oberkampf commence dès 1766 à imprimer le motif de la palme cachemire, vraisemblablement d'après des indiennes d'importation. Le frontispice d'un album de dessins conservé au musée mentionne : « La plupart ont été copiés sur les premiers châles et écharpes qui furent introduits en France au commencement de ce siècle (1800) par les officiers de l'armée d'Égypte » [5]. Les décors cachemire ne semblent pas apparaître avant 1808 dans la production de la manufacture de Jouy. À Nantes, la fabrique Favre Petitpierre imprime sur des mouchoirs et des fichus de coton des palmes fleuries aux couleurs vives (ill. 6).

6

Album de dessins pour mouchoirs imprimés à motifs cachemire
Nantes, Favre Petitpierre
1770-1822
MMT, coll. UCAD
Inv. 3768

Les écharpes cachemire chaudes et moelleuses accessoirisent avec bonheur les robes « à l'antique », en mousseline ou en soierie légères adoptées en 1795. Dès le début du Premier Empire, les cachemires font partie des cadeaux déposés par le futur époux dans la corbeille de mariage. Vers 1820, les gravures de mode présentent des robes et des capes taillées dans des châles à bordures de palmes « cailloutées » des années 1800-1810. Le musée possède une robe en mousseline blanche, ornée d'une large bande tissée au lancé découpé de fleurs roses et de festons bruns, qui évoque ce remploi de châles plus anciens. Motif à succès, le semis de palmettes cachemire figure sur les albums d'échantillons de soieries façonnées de la manufacture lyonnaise Beauvais Frères, sous l'Empire, ainsi que sur l'unique robe redingote de la collection, vers 1815, en sergé de soie beige broché (ill. 7). L'album de dessins et de poncis pour dentelles de M. Brulé présente une parenté étroite avec les motifs des châles cachemire[6].

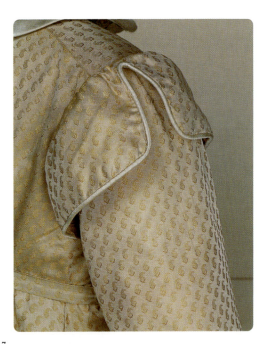

7
Robe-redingote
en sergé de soie beige,
broché de palmettes
cachemire
1810-1815
MMT, coll. UFAC
Inv. 56-60-6

Châle **Nou-Rouz**
au lancé découpé
dessiné par Amédée Couder,
fabriqué par Gaussen
Vers 1839
MMT, coll. UCAD
Inv. 18715

❧ Le style renaissance et ses répercussions sur le châle des Indes

Vers 1825, les perfectionnements apportés à la mécanique Jacquard primitive permettent de fabriquer des châles d'une seule pièce. La technique du « châle au quart », où le décor se compose de quatre parties semblables qui sont inversées gauche/droite et haut/bas selon deux axes de symétrie, se diffuse à partir de 1834. L'appellation de « cachemires français » désigne les châles réalisés en pure laine de cachemire pour la chaîne et les trames de fond et de décor. Cette matière première, importée de Russie, provient du duvet des chèvres kirghizes d'Asie centrale. Le musée conserve une version carrée du célèbre *Nou-Rouz*, un châle au quart de format long tramé à 12 couleurs. Dessiné par Amédée Couder et présenté à l'Exposition des produits de l'industrie de 1839 par le fabricant parisien Gaussen, cette

9
(détail)
***Châle au lancé découpé
français ou anglais***
Vers 1820-1830
MMT, coll. UFAC
Inv. 70-24-91

pièce au décor très nouveau figure des édifices montrés en perspective avec des personnages, des animaux et des plantes (ill. 8). Amédée Couder écrit à son propos : « Le *Nou-Rouz* est la plus grande solennité qu'il y ait en Perse, c'est à la fois la Fête des fleurs, et celle du Nouvel An ; les Orientaux faisaient commencer l'année, sans doute avec plus de raison que nous, à ce réveil de la nature. » (Lévi-Strauss 1987, p. 38-39). Couder avait dessiné en 1834 un projet pour un autre châle au quart dénommé *Ispahan*, au décor inspiré par l'art islamique et persan. Ces deux œuvres marquent la production châlière de leur époque en introduisant un goût pour la pureté des courbes au jeu renforcé par des motifs architecturaux aux formes sinueuses. Ce style appelé renaissance, en écho au goût néo-médiéval européen, connaît dès 1834 une mode passagère, marquée ensuite par un retour au modèle du châle indien, mais modifié : la taille des palmes s'est accrue ; les bordures montantes et transversales ont gagné en largeur ; aux quatre coins du champ central figurent des palmes d'angle. Une galerie a été ajoutée aux bordures pour doubler l'encadrement du fond uni, complétée en ensuite par une surgalerie (ill. 9). Aux extrémités des châles de qualité apparaît désormais une lisière arlequinée, composée de rectangles polychromes unis et frangés, qui fournissent un précieux élément de datation pour la production française (Lévi-Strauss 1987, p. 193).

Les châles des Indes subissent en retour l'influence occidentale : hommes et dessins circulent entre l'Orient et l'Europe. L'éditeur Fleury Chavant publie en 1837 *Le Cachemirien*, un album à parution périodique dans lequel il reproduit quantité de motifs cachemire originaux susceptibles d'inspirer les dessinateurs et les fabricants. Les marchands français partent au Cachemire et au Pendjab commander des châles aux tisseurs indiens. Ils suscitent de nouveaux décors et influent sur le style local, notamment par l'introduction de formes galbées inspirées par la mode des châles renaissance. Vers 1836, le champ central des châles indiens est envahi par les palmes et les palmettes. Ces pièces sont composées de plusieurs morceaux afin d'accélérer la production : on tisse sur une même chaîne de couleur toutes les parties dont le fond appelle cette couleur, puis on les assemble en respectant l'armure du sergé. On notera que les châles français ont suivi curieusement une évolution inverse : d'abord fabriqués en plusieurs morceaux cousus ensemble, ils sont ensuite exécutés d'un seul tenant sur métier à tisser équipé d'une mécanique Jacquard.

En France, la mode du châle cachemire imprimé sur laine prend son essor vers 1840, au moment où décline celle des « mouchoirs schals » en coton. Destiné à une clientèle aisée, cet article de haute nouveauté permet une imitation quasi parfaite du modèle tissé : des lignes obliques, en surimpression noire, donnent l'illusion de l'armure sergé. Les industriels mulhousiens, Thierry Mieg en tête, occupent la première place sur ce marché grâce à la mise au point d'un procédé de fixage des couleurs à la vapeur. Ces châles de format carré qui comportent un grand nombre de coloris sont imprimés à la main au moyen de planches de bois gravées en relief. La finesse et la complexité des dessins nécessite fréquemment l'utilisation d'une technique de gravure particulière, le clichage : les éléments de décor sont fabriqués par moulage, au moyen d'une matrice en bois finement pyrogravée dans les creux de laquelle est coulé un alliage métallique ; ils sont ensuite cloués sur un support en bois, planche ou rouleau, pour former le motif à imprimer. Rapidité d'exécution, finesse des détails, coût modéré : le clichage constitue une solution technique bien adaptée aux fluctuations de la mode. Pour les pièces qui doivent être frangées, les bordures sont arrachées puis peignées à la main. Le musée possède quinze écharpes et châles cachemire imprimés sur laine, datés entre 1840 et 1870. Ces articles ont connu un grand succès en raison de leur prix modique (comparé à celui des pièces tissées) et de la perfection de leurs dessins. Les laines fines nécessaires à leur production proviennent essentiellement de Picardie, région textile où sont fabriqués une grande

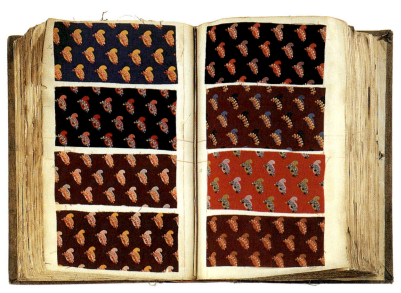

10
Album d'échantillons de lainages imprimés cachemire
Maison « H.C.C. »
1844
CDMT, coll. UCAD

partie des châles tissés parisiens de qualité ordinaire. C'est d'ailleurs à Bohain que la maison « H. Coignet et Cie » de Paris produit des « cachemires d'Ecosse »[7] imprimés en 1844 (ill. 10).

La mode des manches gigot et des jupes en cloche des années 1830 s'accommode du châle cachemire enveloppant de format carré, porté plié en pointe. Le châle long reparaît à partir de 1839, lorsque la silhouette retrouve une certaine ampleur. Le musée de la Mode et du Textile possède une exceptionnelle cape à pèlerine pour femme de 1830 environ, taillée dans un châle cachemire brodé en Inde vers 1825 (ill. 11). Cette pièce témoigne du développement pris par la broderie au Cachemire durant les années 1820-1830 : pour répondre à la demande européenne, les tisseurs indiens développent la broderie à l'aiguille sur tissu uni en remplacement ou en complément du tissage espoliné. Quatre châles de la collection ont été ainsi brodés à la main en Inde, entre 1830 et 1850. Les décors de palmes cachemire envahissent par ailleurs les robes de cotonnade imprimée dont la vogue dure une vingtaine d'années, de 1825 à 1845. Le fonds d'albums d'échantillons du musée comprend environ deux cents volumes du milieu du XIXe siècle, sans mention de provenance, qui rendent compte de l'extraordinaire variété des motifs cachemire imprimés sur coton, sur laine ou sur soie. Parmi les séries remarquables, on citera une vingtaine d'albums de tissus pour gilets d'homme, entre 1840 et 1862.

11
Cape à pèlerine pour femme
en sergé de laine teint
en rouge, puis en noir,
en réservant l'emplacement
des broderies cachemire
1830
MMT, coll. UCAD
Inv. 995-2-1

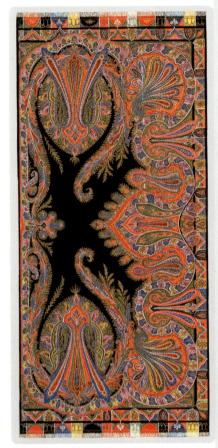

12
***Projet de châle burnous
par Gonelle Frères***
Gouache sur papier
1862
MAD, Cabinet des dessins
Inv. CD 5304-11

13
***Châle au lancé découpé
dessiné par Antony Berrus,
fabriqué par Frédéric Hébert***
1862
MMT, coll. UCAD
Inv. 997-7-1

L'apogée du style français et le déclin de la production indienne

C'est le dessinateur de châles Antony Berrus (1815-1883) qui crée le style cachemire français le plus répandu, dérivé du « châle végétal » au décor foisonnant des années 1849-1851 : « Il résolut d'élargir le champ de la décoration du châle, qui jusqu'alors se bornait le plus souvent à reproduire les palmes des tissus indiens, en donnant au cachemire français le caractère de notre civilisation, sans lui enlever le style originaire de l'Orient. En conséquence, il adopta la palme comme motif principal d'ornement, mais en l'effilant à l'infini, par des enroulements s'entrecroisant dont il empruntait les détails à son imagination inépuisable[8]. » Attesté par un projet de 1862 conservé à la fondation Ratti de Côme (Italie)[9], l'unique châle de la collection dessiné par Berrus porte en son centre la marque du châlier parisien Frédéric Hébert (ill. 13). Le motif de grecques à l'intérieur des volutes accolées aux bordures montantes figure également sur un album de pochades de 1861-1862, conservé au Cabinet des dessins du musée des Arts décoratifs (ill. 14). Les dessins d'Antony Berrus dominent la création châlière de 1848 à 1878 environ, non seulement en France, mais aussi en Europe et même au Cachemire où ses maquettes servent de modèles. Parmi les autres châles français de la collection, deux relèvent de fabricants parisiens connus : un « châle des quatre saisons », non signé, est attribué à Frédéric Hébert qui l'a peut-être réalisé pour l'Exposition universelle de Londres en 1851 ; un châle long, vers 1865-1870, porte aux quatre coins les initiales tissées « LF » qui sont celles des fabricants Lion Frères.

À la suite de l'Exposition universelle de 1855 à Paris, qui offre aux visiteurs une profusion de produits exotiques, les châles nord-africains sont mis à la mode : le châle Mouzaïa de Tunisie, aux rayures vertes et rouges ; le châle d'Algérie, bleu rayé blanc ; le châle burnous en poil de chèvre orné de glands[10]. À partir de 1860, l'atelier des dessinateurs parisiens Joseph et François Gonelle produit des châles burnous en cachemire au lancé découpé avec un décor décentré, qui permet de les porter de trois manières différentes (ill. 12).

Pour rivaliser avec la production châlière européenne dont les prix baissent, les tisseurs indiens doivent augmenter leur rendement après 1860. Les châles espolinés, exécutés à la hâte avec des fils plus gros pour en accélérer la fabrication, se composent de plusieurs morceaux cousus bord à bord à la manière de patchworks (ill. 16). Les élégantes se détournent d'abord des châles indiens, devenus lourds et grossiers,

14
Album de Pochades
Antony Berrus
Dessin au crayon
1861-1862
MAD, Cabinet des dessins,
Inv. XX47 (2)

puis des châles européens : « Le châle, c'est évident, n'est plus comme dans un passé peu éloigné l'article dominant de la toilette de la femme ; il faut encore avoir un châle, mais ce n'est plus le vêtement préféré. Cependant, on peut objecter que si les classes fortunées ne portent plus autant de châles français, l'aisance se répandant de plus en plus dans nos populations, bien des femmes qui n'auraient pas osé porter un châle broché il y a quelques années, en portent aujourd'hui [11] ». Les coloris des châles français s'uniformisent aussi en raison de l'emploi prédominant de la couleur jaune dans les années 1860. Les dessins ne se renouvellent guère : ceux d'Antony Berrus conçus entre 1862 et 1874 constituent des variations sur le thème de la double palme, associées à un orientalisme de convention. La fabrication en série aboutit à la production de « châles tapis » au décor surchargé, envahi de palmes géantes, que caractérise une petite réserve noire en X.

Tout en s'efforçant de reproduire la grammaire décorative du châle tissé, le cachemire imprimé se constitue en genre distinct. Un recueil de la maison « Georges Hooper, Carroz et Tabourier » présente, vers 1850, des volants en mousseline de soie imprimée à disposition de roses interprétées en rangées de palmettes cachemire (ill. 17). Ce décor hybride connaît une vogue passagère au milieu du siècle et semble répondre à l'appellation de « cachemire-Pompadour » (*La Mode du châle cachemire en France*, 1982, p. 71). On connaît à la même époque le « taffetas-Pompadour », soierie façonnée à motifs de bouquets qui fait référence au tissu employé sous Louis XV pour confectionner les robes à la Pompadour, négligés coquets mis à la mode par la célèbre marquise (Bezon, tome IV, 1861, p. 192). Sous le Second Empire, les palmes indiennes sont associées à une grande variété de motifs qui évoquent les garnitures des riches toilettes habillées : rubans, dentelles, plumes, passementeries, volants festonnés… Orné de motifs *sertis* les uns à côté des autres à la manière de pierres précieuses enchâssées dans une monture, le décor cachemire prend ainsi valeur de *bijou*. Les tons jaune orangé dominent l'harmonie colorée comme autant de riches métaux. Ce traitement en quelque sorte orfévré, cloisonné, est caractéristique du genre cachemire imprimé à cette époque (ill. 15).

Avant 1860, la crinoline ronde favorise le châle carré qu'on porte plié en pointe. Avec la crinoline volumineuse et projetée en arrière, le châle rectangulaire long de près de quatre mètres est en vedette. Sa réserve centrale est parfois bicolore pour permettre de varier les effets drapés. Dans le châle-burnous au décor décentré par rapport aux deux lisières, il est possible de s'envelopper entièrement comme dans une

15 (ci-dessus)
Châle imprimé cachemire
Vers 1870
MMT, coll. UFAC
Inv. 65-7-20

16 (à gauche)
Châle espoliné indien
Vers 1850-1860
MMT, coll. UFAC
Inv. 87-09-2

17
Album de mousseline de soie imprimée à disposition de palmettes cachemire
Maison « G.H.T. et C. »
Vers 1850
CDMT, coll. UCAD

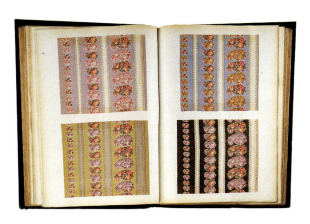

18 (à droite)
Robe en percale marron imprimée de motifs cachemire
Vers 1885
MMT, coll. UCAD
Inv. 995-85-1 (1,2)

19 (double page suivante, à gauche)
Visites taillées dans des châles cachemire
1870-1890
MMT, coll. UFAC
Inv. 84-28-1 et 56-16-1

20 (double page suivante, à droite)
Visites taillées dans des châles cachemire
1870-1890
MMT, coll. UFAC
Inv. 49-32-63 et 50-6-5

cape, sans pliage préalable (ill. 1). Au milieu du siècle, les palmes cachemire ornent les volants des robes à disposition comme en témoignent les albums d'échantillons de barège imprimé, une gaze de soie tramée laine qui connaît un large succès à partir de 1840. Un recueil exceptionnel provenant de la manufacture parisienne Croco, daté de 1855, présente ses spécialités de tissus cachemire pour gilets d'homme en laine et soie, accompagnées de notations précieuses de la main même du fabricant. Les scènes figuratives imitant la peinture font par ailleurs la réputation des cachemires pour gilets de la fabrique de Paris (Bezon, tome IV, 1861, p. 67-69).

Le châle cachemire, passé de mode après 1870, est remplacé par la « visite », un vêtement cintré tenant à la fois de la cape et du manteau trois-quarts, qui entrave presque complètement les bras et épouse à l'arrière la cambrure des reins pour dégager la tournure. Le musée possède une quarantaine de visites des années 1870-1890 qui rend compte de l'engouement extraordinaire suscité par cette mode (ill. 19 et 20). Une quinzaine d'entre elles sont coupées dans des châles cachemire usagés ou ornées d'applications de palmes sur tissu uni. La plus belle pièce est entièrement brodée de motifs cachemire en fils de soie et d'or. Ces chefs-d'œuvre expriment la quintessence du style tapissier, à l'honneur dans le domaine de la décoration : couleurs chatoyantes, riches tissus façonnés, somptueuses passementeries de soie.

À l'aube du XXe siècle, le châle cachemire tissé est définitivement abandonné après cent ans de gloire. Le jury de l'Exposition universelle de 1878 rédige ce constat : « Jamais peut-être la ville de Cachemyr et celle d'Amretseyr* ne nous avaient envoyé de plus beaux produits. Quoique ces deux villes fassent partie de l'Inde anglaise, Paris est le centre principal du commerce des châles de l'Inde, et les représentants des grandes maisons de Paris exercent une influence prépondérante sur le mode de fabrication, le dessin et le coloris (...). C'est tout ce qui nous reste de cette grande industrie du châle, si essentiellement française, et qui a jeté tant d'éclat sous la Restauration, dans un temps où toute femme riche avait son cachemire des Indes, et toute petite bourgeoise son Ternaux ou son châle boiteux**. »[12] Dans les intérieurs bourgeois de la fin du XIXe siècle, le châle cachemire est remployé en portière, dessus de piano ou dessus de lit. En milieu rural, la coutume se maintient jusqu'au début du XXe siècle d'offrir un cachemire à la mariée, qui bien souvent le conserve précieusement dans sa boîte sans même le revêtir, ou d'en envelopper l'enfant nouveau-né pour le porter sur les fonts baptismaux.

*La ville d'Amritsar est située au Pendjab.

**Le châle boiteux est un châle cachemire usagé qu'on a amputé d'une de ses bordures de palmes.

Le décor cachemire survit néanmoins par le canal de l'impression. Les palmes caractéristiques, souvent traitées en monochromie, abondent durant les années 1880 sur les plastrons, cols et revers des robes, comme sur les écharpes qu'on drape sur les jupes. Le musée possède un bel ensemble de ce type en percale marron imprimée (ill. 18). Au cours du XIXe siècle, les interprétations de la palme indienne, toutes techniques confondues, ont été innombrables : « Ainsi, on l'a combinée tour à tour avec des formes gothiques, orientales, etc., des dessins genre *rocaille*, des fleurs naturelles ou des fleurs idéales, des formes genre rustique, des dessins *fouillis* etc. » (Bezon, tome V, 1861, p. 69). Le genre cachemire est désormais assimilé par le goût occidental. Véhiculé jusqu'à nos jours par l'impression, il est périodiquement remis à l'honneur par les créateurs de mode et de textile au XXe siècle, pour lesquels il représente une source d'inspiration inépuisable.

Notes

1. André Lavertuton, *Monographie des produits de la Gironde au Palais de l'industrie*, Bordeaux, 1856, p. 144.
2. *Exposition des produits de l'industrie française en 1844*. Rapport du jury central, Paris, 1844, p. 207.
3. Ce terme désigne le *boteh* de la fin du XVIIIe siècle, caractérisé par des motifs floraux compacts, semblables à une mosaïque.
4. *Rapport du jury central sur les produits de l'industrie française en 1834*, Paris, 1836, tome I, p. 142.
5. *Dessins copiés sur d'anciens châles et écharpes de Cachemire*, provenant d'Oberkampf, Fabrique de Jouy. Centre de documentation de la mode et du textile, UCAD.
6. M. Brulé, *Dessins et poncis pour dentelle*, 1811-1840. Centre de documentation de la mode et du textile, UCAD.
7. Il s'agit essentiellement de mousselines de laine imprimées. L'appellation peut porter sur la provenance de la matière première, comme il est fréquent dans la terminologie des fabricants du XIXe siècle.
8. *Revue des Arts décoratifs*, 1889-1890, tome X, p. 221-222.
9. *Album Berrus*, 1862, juillet 1862, p. 86. Côme, Fondation Ratti, inv. G 3701 (Lévi-Strauss 1995, p. 165-167).
10. René Lafargue, *L'Impératrice Eugénie et ses femmes*, Hachette, 1938, p. 119.
11. *Rapport du jury international de l'Exposition universelle de 1867*, tome IV, 1868, p. 225. Par châle broché, il faut entendre ici châle au lancé découpé.
12. *Rapport du jury international de l'Exposition universelle internationale de 1878 à Paris*, Paris, 1880, p. 288.

(ci-contre)
Robe de chambre japonaise
Voir légende p. 83

CAPRICE

Écharpe en cachemirienne, toutes nuances, garnie d'effilés cordonnet **18f 50**

Longueur 2m 10 — Largeur 0m 48

Avec Broderie ton sur ton, Jardinière, camaïeu, ciel, rose, or, cardinal.

Les nouveautés exotiques à travers les catalogues commerciaux

BÉATRICE JUILLARD

À côté des tissus et des vêtements vendus par les marchands de nouveautés parisiens, les clients peuvent se procurer, dès le milieu du XIXe siècle, des articles exotiques tels que les châles cachemire, les éventails, les tapis et les meubles orientaux, etc. Le dépouillement de plus de deux cents catalogues commerciaux du magasin Au Petit Saint-Thomas, effectué pour la période 1844-1910, permet de suivre cette évolution qui se vérifie aussi dans d'autres maisons commerciales comme À Pygmalion, Au Gagne-Petit, À la Place Clichy et Au Louvre. Des documents publicitaires, des factures de clients, ainsi que des articles de journaux, notamment ceux de *Femina* et de *L'Illustration* rendent compte de l'intérêt porté aux nouveautés exotiques. Ce sont surtout les archives du Petit Saint-Thomas, magasin important au XIXe siècle, qui ont servi de référence à cette étude.

1 (page précédente)
Robe de chambre japonaise
Vers 1890
Taffetas gris, broderies de soie rose et blanche.
MMT, coll. UCAD
Inv. PR 998-2-1

2 (page de gauche)
Publicité du Petit Saint-Thomas pour le « Caprice-Echarpe »
S.d.
CDMT, coll. UFAC

3
Facture de la maison Gagelin
3 janvier 1841
CDMT, coll. UFAC

Mode, parure et exotisme

Siméon Mannoury, fondateur vers 1814 du Petit Saint-Thomas situé à l'angle des rues du Bac et de l'Université, s'associe à partir de 1830 avec son beau-frère : Eugène Emery [1]. Cette petite entreprise familiale ouvre en 1844, au sein du magasin, deux comptoirs de châles, l'un pour les cachemires indiens d'importation et l'autre pour les créations françaises [2]. Un fabricant de châles comme Gagelin possède quant à lui un important magasin où il commercialise sa production (ill. 3).

Ces marchandises bénéficient d'emplacements vastes et lumineux au sein du Petit Saint-Thomas : les « salons des châles » [3]. Les clientes peuvent faire déplier sur des tables les châles rangés dans de grandes armoires ou les admirer confortablement installées dans des fauteuils ou sur des canapés. L'éclairage à la fois naturel (de grandes fenêtres) et artificiel (des lustres) leur permet d'apprécier toutes les nuances des coloris. Les châles provenant de l'Inde représentent des produits de luxe. En 1853, au Petit Saint-Thomas, un tel article coûte entre 180 et 4 000 francs alors qu'une cliente peut se procurer un châle français pour la modique somme de 19 francs ! [4] Malgré leur prix élevé, les châles indiens remportent un vif succès. En 1868, la société Weydemann, Bouchon & Cie, administratrice du Petit Saint-Thomas envoie « dans les Indes un acheteur spécial, avec mission de rechercher sur les grands marchés d'Umritsir (vraisemblablement Amritsar) et de Kachemyr (Cachemire), les pièces de premier choix et de meilleur goût ». Les gérants ajoutent : « Par ce moyen, nous sommes assurés de ne recevoir que des Châles irréprochables comme fabrication et comme fraîcheur, et nous trouvons néanmoins une différence de prix d'au moins vingt pour cent sur ceux qu'il faudrait payer aux ventes publiques de Londres » [5].

Un grand choix de châles est offert aux clients, si l'on considère les différents coloris, motifs, longueurs et qualités de ces articles : rayés, à bouquets rouges, brodés, etc.[6] En 1868, les tons jaunes des châles français ne font plus recette au Petit Saint-Thomas et de nouvelles nuances « fines et douces » sont créées [7]. C'est à la même époque que les châles « tartans » anglais sont mis à la mode. Les patrons du Petit Saint-Thomas font appel aux grandes fabriques de Glasgow, Perth et Paisley afin d'en obtenir des assortiments importants [8]. En 1879, un nouveau modèle fait son apparition : le « Caprice-Echarpe ». Selon Elise de Marcols, journaliste à *L'Illustration* : « Cette gracieuse nouveauté, évidemment appelée, par son cachet et son remarquable bon marché, aux grandes faveurs de la Mode, est en cachemirienne, garnie d'effilé cordonnet et réversible frangé, avec broderies ton sur ton, camaïeu et

4
Catalogue du Bon Marché
Été 1879.
CDMT, coll. UFAC

jardinière. Le Caprice-Echarpe se fait sur vingt-quatre nuances de fond, en noir, en saphir, en rose, en crème, etc. Cette ravissante création vaut réellement plus de quarante francs et ne se vend que dix-huit francs cinquante. Dans quelques jours elle sera adoptée par tout le monde élégant. Avis aux retardataires ! » [9] (ill. 2).

À partir de 1890, les cachemires font place à des châles et des pèlerines en tricot, ou à des collets, voire à des étoles, des cache-nez et des cache-col en flanelle pure laine et en laine des Pyrénées, plus rarement en velours de soie, mais de toute façon de prix plus abordables.

Comme nous pouvons le voir sur les modèles du Bon Marché, le tissu cachemire, ce tissu fin en poil de chèvre mêlé de laine, s'utilise pour la confection de manteaux.

Dès 1862, les dirigeants du Petit Saint-Thomas commercialisent des ombrelles et des « en-cas », sorte d'ombrelle assez grande pouvant servir de parapluie [10]. En silésienne, en andrinople, en dentelle Chantilly ou en soie, ces articles aux couvertures parfois agrémentées de franges, aux manches d'ivoire, d'écaille ou de bois précieux de plus en plus ornés, sont de fabrication française. Au début de la diffusion de l'ombrelle, la silésienne est importée d'Allemagne, et, jusqu'en 1913, c'est aussi le cas de certains tissus comme les soieries [11]. La forme bombée de l'ombrelle « à la chinoise », adoptée par les élégantes dès le début du XIXe siècle est toujours à la mode un siècle plus tard [12]. D'autres marchands préfèrent proposer des ombrelles aux motifs exotiques (ill. 5).

En 1892, des éventails et des écrans apparaissent sur les rayons du Petit Saint-Thomas [13]. Leur arrivée correspond aux importations massives d'éventails en provenance du Japon dans les années 1890-1900. En 1913, la France fait venir ces accessoires principalement du Japon, mais aussi d'Espagne et d'Autriche, pour une somme de 600 000 francs. Certains, de coloris très brillants, imprimés de sujets variés, sont destinés à la ville et au théâtre [14], d'autres, en papier, servent surtout de supports publicitaires pour les grands magasins notamment (ill. 6-9).

Outre les accessoires, quelques vêtements exotiques font leur apparition dans la garde-robe féminine et enfantine tels que le boléro espagnol en crêpe ou en jersey de laine et le burnous arabe fait de fil de qualité inférieure, provenant de bourre et de déchets de soie [15]. Les robes d'intérieur et les peignoirs librement inspirés du kimono sont déjà en vente depuis 1853 au Petit Saint-Thomas [16]. Avec la vogue du japonisme, la « kimonomania » s'empare des parisiennes de la Belle Epoque. En 1890, un comptoir est créé dans le magasin pour ces marchandises en molleton de laine, drap satin ou veloutine [17]. Ces vêtements confortables que l'on porte chez soi ou à l'occasion de bals

5
Gravure de mode tirée du **Magasin des Demoiselles**
10 mai 1892
CDMT, coll. UFAC

Un des modèles porte un ensemble noir et gris, une visite noire et une ombrelle chinoise.

6

*Éventail brisé
à découpe japonaise*
23 cm de long
Papier et bambou
Vers 1900
MMT, coll. UFAC
Inv. 67-32-137

costumés connaissent un franc succès dans la capitale [18]. C'est aussi à cette époque que des robes de chambre en soie, molletonnées et piquées, fabriquées au Japon, sont exportées avec succès vers l'Europe et l'Amérique (ill. 1).

Certaines robes de chambre créées par l'artiste japonaise Sada Yacco, et portant son nom, sont vendues par le magasin Au Mikado, situé 14, avenue de l'Opéra. La gamme de prix de ses kimonos, de douze francs pour un modèle en crépon à quatre-vingt-cinq francs pour un autre en satin en soie, rendent ce vêtement accessible à tous. La publicité parue dans le journal *Femina* entre 1903 et 1911 facilite la diffusion de cet article. Pour les petits garçons, le magasin de la Place Clichy, situé à l'angle des rues d'Amsterdam et de Leningrad, propose des costumes de zouaves et de tirailleurs algériens en feutre. Aux filles sont destinées des tenues de cantinières de zouaves composées d'une veste, d'un gilet, d'une ceinture, d'une chéchia et d'une jupe courte plissée portée avec des guêtres en drap façon cuir [19].

Les produits de toilette et les cosmétiques utilisent largement le registre de l'exotisme oriental. Sur les rayonnages du Petit Saint-Thomas, les éponges viennent de Syrie. Les savons sont au riz, au musc, au patchouli, à l'œillet du Bengale, au benjoin (résine aromatique provenant d'un arbre indien) ou à l'opopanax (appelée souvent à tort « opoponax », cette plante des régions chaudes d'Europe et d'Asie produit une gomme-résine parfumée). La poudre de riz, fabriquée à partir de cette matière première en provenance d'Indochine, est parfois parfumée à l'œillet du Bengale. Cette plante et le patchouli font leur apparition en parfumerie, de même que la violette d'Espagne ou la primevère de Chine pour les eaux de toilette [20].

7

*Éventail plié
en forme de papillon*
20 cm de long
Papier et bambou
Vers 1910
MMT, coll. UFAC
Inv. 55-57-20

8

*Éventail plié publicitaire
importé du Japon
et offert par les grands
magasins du Louvre*
21,5 cm de long
Papier calque et bois
Vers 1900
MMT, coll. UCAD
Inv. 30078

9

*Éventail plié publicitaire
offert par les grands
magasins du Bon Marché*
20,5 cm de long
Papier calque et bois
Vers 1900
MMT, coll. UFAC
Inv. 73-28-197

Décoration et tapis orientaux

Dans les années 1860, le mobilier conserve un style français, mais les tissus d'ameublement répondent à des appellations traduisant une origine exotique, supposée ou véritable, comme le damas des Indes. À partir de 1875, dans les pages des catalogues du Petit Saint-Thomas, un petit salon oriental est mélangé aux lits Louis XVI et aux salles à manger Renaissance [21]. Apparaissent ensuite, dans les années 1890, des petites tables dont quelques-unes en « laque de Chine » et en bambou pour le thé, des guéridons, des étagères, des porte-chapeaux en bambou et des paravents chinois ou japonais d'importation [22]. Les clients peuvent aussi acheter un ameublement de salon dénommé le « Yarkand » [23], du nom d'une ville du Turkestan chinois, des « voiles de l'Inde » avec la spécification « origine authentique », des coussins aux broderies or et argent de Constantinople [24]. Vendus au Petit Saint-Thomas, des ameublements de salon tapissés d'un velours ancien et composés de chaises, de canapés et de poufs, les *scurati*, du nom d'une

10

Pages de catalogue du magasin du Petit Saint-Thomas
1900
CDMT, coll. UFAC

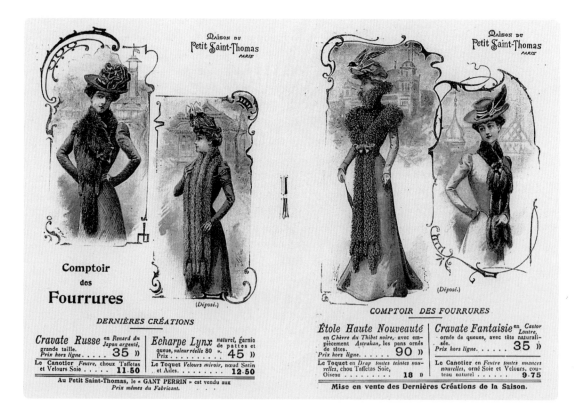

ville de Turquie, ainsi que des rideaux, des portières et des fauteuils aux dénominations exotiques de « Teheran » ou « Kurdistan », sont décorés de motifs et coloris orientaux [25].

Jusqu'au milieu du XIXe siècle, les tapis vendus au Petit Saint-Thomas sont fabriqués dans les ateliers du magasin [26]. En 1878, le choix de tapis de Smyrne, de Perse, du Caucase et d'Inde, notamment en provenance des villes de Lahore et de Mirzapoor, est considérable [27]. S'y ajoutent, le « tapis mouton » du Tibet et celui de « chèvre de Chine » [28]. À la fin du siècle, les petits tapis qui se mettent devant les cheminées et les carpettes sont fabriqués en France, mais avec des dessins de style oriental sur fond rouge turc, ivoire ou bleu persan [29]. Le magasin À la Place Clichy se spécialise dans la vente des tapis d'Orient (de Perse, de Turquie, d'Algérie ou du Maroc) et se félicite d'être la « première maison du monde pour les tapis orientaux et français » [30]. Ceux provenant de la ville algérienne de Timgad présentent la particularité d'être dessinés par mademoiselle Beaudeneau, « peintre de talent et savant technicien de couleurs » [31].

Des appellations « venues d'ailleurs »

Les catalogues commerciaux fourmillent de termes relatifs aux provenances lointaines, supposées ou véritables, des produits présentés. Ainsi les indiennes commercialisées par Siméon Mannoury et Eugène Emery dès 1844 font référence aux toiles peintes ou imprimées importées d'Inde au XVIIIe siècle, mais sont en réalité produites pour le magasin en France même, à Rouen ou en Alsace [32]. Les plus belles soieries sont lyonnaises et le satin de Chine, utilisé entre autres pour les pardessus d'homme, est aussi fait dans l'Hexagone [33]. Le « nagpoor » et le « kaboul », tissus pur cachemire pour tuniques et costumes, sont conçus spécialement pour le Petit Saint-Thomas en 1874 [34]. Mais qu'en est-il exactement de la moire orientale, du reps africain ou indien, de la gaze d'Argentine, du gros d'Amérique, des Indes ou d'Afrique, des surahs parfois brésiliens ou des corahs chinois ? La liste de ces appellations exotiques est fort longue et l'absence d'échantillons de tissus annotés ne permet que de s'en tenir à des suppositions, dans les meilleurs des cas.

La mode de la fourrure prend son essor à la Belle Époque. Les marchands de nouveautés se procurent des peaux à l'étranger et réalisent des cols, des étoles, des écharpes, des cravates, des manchons, des vestes et des manteaux de coupe occidentale. La provenance des fourrures est toujours mentionnée sur les catalogues pour mieux en signaler la rareté et le caractère luxueux. Pour les plus belles créations du

Petit Saint-Thomas, on s'approvisionne directement sur les marchés de Nijni-Novgorod en Russie, de Leipzig en Prusse et de Londres, c'est-à-dire sans intermédiaire à des prix intéressants [35]. On utilise le castor d'Océanie, l'astrakan, le caracul (variété de mouton d'Asie centrale), l'opossum de Birmanie (petit marsupial), le renard sitka (renard de Sibérie) ou du Japon, les loutres d'Asie et d'Océanie, les chèvres du Tibet et de Mongolie, le chinchilla d'Asie, etc. Certaines fourrures viennent aussi de Colombie, du Chili, de Virginie, du Canada et d'Alaska [36].

Stratégies commerciales et exotisme

Sur les pages des catalogues du Petit Saint-Thomas, les nouveautés exotiques se trouvent mélangées aux autres articles. Ce magasin s'adresse à une clientèle riche et traditionnelle dans ses goûts, qui vit dans le périmètre de l'aristocratique faubourg Saint-Germain. À l'inverse, le magasin À Pygmalion se trouve sur le boulevard de Sébastopol et touche un milieu plus populaire. Les produits exotiques sont mis en avant dans les catalogues, notamment sous forme d'illustrations : en 1909, des scènes japonaises annoncent une vente de soieries [37] (ill. 12). En 1911, une fumeuse japonaise qui a déposé son écran à ses pieds figure en couverture et le nom du magasin est transcrit dans le style calligraphique nippon [38] (ill. 11). Ces catalogues, richement illustrés, proches des guides touristiques, rompent avec les parutions précédentes et donnent envie d'être feuilletés, voire lus attentivement.

Suivant l'emplacement des magasins, les stratégies commerciales sont donc très différentes. Au Gagne-Petit, avenue de l'Opéra, les en-têtes de factures font mention de châles cachemire, d'indiennes et d'autres produits exotiques. Ceux-ci sont proposés, sans publicité particulière, au même titre que les rouenneries et les draps d'Elbeuf [39]. La maison Cheuvreux-Aubertot, à l'angle de la rue Poissonnière et du boulevard du même nom, vend des cachemires de l'Inde et de France, ainsi que des indiennes [40]. C'est l'exemple suivi par beaucoup de commerçants qui, pour ne pas choquer leur clientèle, proposent discrètement des articles exotiques sans les imposer.

Si certains magasins arborent une enseigne au nom exotique comme Les Deux Magots — en référence à la pièce de théâtre *Les Deux Magots de la Chine* de Sewrin, représentée pour la première fois à Paris en 1813 [41] — ou À la Compagnie des Indes ou encore À la Ville de Bombay, l'atmosphère des lieux est cependant des plus traditionnelles quand on franchit le seuil. L'exotisme n'y est pas plus prononcé qu'ailleurs.

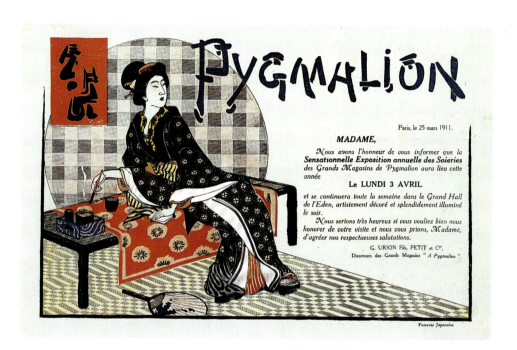

11

Couverture de catalogue du magasin À Pygmalion
1911
CDMT, coll. UFAC

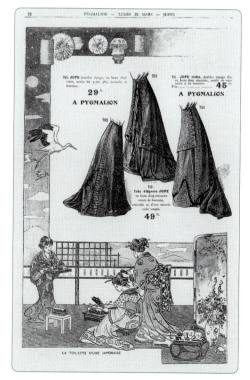

12

Page de catalogue du magasin À Pygmalion, intitulée Les Soieries illustrées
22 mars 1909
CDMT, coll. UFAC

Les expositions à thème exotique

Les marchands de nouveautés réservent parfois une place de choix aux produits exotiques en organisant des expositions à thème, qui connaissent un grand succès au début du XXe siècle. Celles réalisées au Louvre sont la garantie d'un véritable dépaysement. En 1860, le magasin invite ses clients à un voyage en Orient en leur proposant des tissus qui proviennent des bazars de Syrie et d'Anatolie, des tapis du Tibet, etc.[42] Les gérants du Petit Saint-Thomas vantent leurs articles importés de Chine et du Japon : encriers, assiettes, plats, tasses, soucoupes, théières et bouilloires, bonbonnières, brûle-parfums, vases, jardinières, boîtes à ouvrages et cabinets en marqueterie du Japon, boîtes à jeux et lampes. Les matériaux exotiques, ainsi que les décors et les coloris, transportent les clients dans le monde asiatique[43].

En 1884, tout le mois de décembre est consacré à la présentation d'objets anciens et modernes de la Chine et du Japon[44]. Cette initiative devient une tradition, puisqu'une exposition annuelle de tapis, d'ameublement et d'objets de Perse, de l'Inde, de la Chine et du Japon a lieu régulièrement[45]. Dès la fin du siècle, les articles exotiques se diversifient : les broderies de pays asiatiques font leur apparition dans les catalogues[46]. En 1892 s'ouvre le comptoir réservé aux articles chinois et japonais[47]. La clientèle du magasin À la Place Clichy, peut également acheter ce type de produits à partir de 1894[48]. Une de ses spécialités est la vente de thé Souchong (thé noir de Chine très estimé), de qualité supérieure[49].

Les expositions thématiques associent le plaisir de la découverte d'horizons lointains au mercantilisme. Il faut donner au public l'envie de venir au magasin et d'acheter ces marchandises exotiques. Pour attirer la clientèle, la publicité se multiplie sous forme de catalogues, d'affiches et de réclames publiées dans les journaux. Si la Place Clichy présente des jouets étrangers (ill. 13), le Petit Saint-Thomas met l'accent sur les ombrelles et les éventails assortis aux tenues féminines. Les enfants reçoivent des chromolithographies où figurent ces accessoires[50].

Les marchands de nouveautés deviennent ainsi des marchands de rêve, qui offrent aux Parisiens l'occasion de s'évader de la monotonie du quotidien, de voyager tout en restant dans la capitale. En ce sens, ils s'inscrivent dans la droite ligne des expositions universelles dont les pavillons coloniaux et les attractions indigènes rencontrent un succès grandissant au cours du XIXe siècle. Aujourd'hui encore la formule des expositions exotiques fait toujours recette chaque année dans les grands magasins parisiens. Aux Galeries Lafayette, après l'Afrique du

13
Affiche du magasin
À la Place Clichy
Réalisée par
Jean de Paléologue
1900
Musée de la Publicité

Sud et l'Inde en 1995, la Chine en 1996, ce sont « l'Asie cachée » et « Acapulco et les produits du Mexique » qui se succèdent durant l'année 1997. En 1991, le Bon Marché, à travers l'exposition intitulée « Parfums et merveilles », fait découvrir à ses clients les parfums orientaux et la beauté de leurs flacons. En 1995, c'est « le Vietnam », et devant le succès remporté, une seconde exposition sur ce pays est réalisée en 1996. Des meubles en bambou, des objets en laque et des kimonos sont mis en vente. En 1997, la destination est « Java-Bali » avec la présentation de batiks et de tous les trésors de l'Indonésie. Pour le début de l'année prochaine, l'Asie est encore à l'honneur avec l'exposition « Inde, Terre des Princes ».

Notes

1. Acte de société, Mannoury Beaupré & Cie, 7 octobre 1830, Archives de Paris, D31U³, carton n° 47, acte n° 851.
2. Catalogue, Au Petit Saint-Thomas, 1844, B.N.F., Recueils, 4' Wz 3230.
3. Catalogues, Au Petit Saint-Thomas, 1866 et 1868, B.N.F., Recueils, 4' Wz 3230.
4. Catalogue, Au Petit Saint-Thomas, 1853, B.N.F., Recueils, 4' Wz 3230.
5. Catalogue, Au Petit Saint-Thomas, 1868, *op. cit.*
6. Catalogue, Au Petit Saint-Thomas, 1862, B.N.F., Recueils, 4' Wz 3230.
7. Catalogue, Au Petit Saint-Thomas, 1868, *op. cit.*
8. Catalogue, Au Petit Saint-Thomas, 1868, *op. cit.*
9. *L'Illustration*, 22 mars 1879.
10. Catalogue, Au Petit Saint-Thomas, 1862, *op. cit.*
11. Rapport et mémoires sur l'industrie française, préparés sous la direction de Léon Guillet, résultats du travail du Comité des arts et manufactures, 1913, C.A.R.A.N, F¹², carton n° 8054.
12. Catalogue, À Pygmalion, 1909, centre de documentation de la Mode et du Textile, UFAC.
13. Catalogue, Au Petit Saint-Thomas, 1892, B.N.F., Recueils, 4' Wz 3230.
14. Henry A la pensée, 1905, Centre de documentation de la Mode et du Textile, UFAC.
15. Catalogues, Au Petit Saint-Thomas, 1868 et 1905-1906, B.N.F., Recueils, 4' Wz 3230.
16. Catalogues, Au Petit Saint-Thomas, 1853, 1862, 1865, 1866, 1868, 1874 et 1876, B.N.F., Recueils, 4' Wz 3230.
17. Catalogue, Au Petit Saint-Thomas, 1890, B.N.F., Recueils, 4' Wz 3230.
18. *Femina*, mars 1902, p. 4, et 1904, centre de documentation de la Mode et du Textile, UFAC. Publicité, À Pygmalion, 1903, centre de documentation de la Mode et du Textile, UFAC.
19. Catalogue, À la Place Clichy, 1908, B.N.F., Hémicycle, 4' Wz 3234.

20. Catalogues, Au Petit Saint-Thomas, 1884 et 1893, B.N.F., Recueils, 4° Wz 3230.
21. Catalogue, Au Petit Saint-Thomas, 1875, B.N.F., Recueils, 4° Wz 3230.
22. Catalogues, Au Petit Saint-Thomas, 1892 et 1895, B.N.F., Recueils, 4° Wz 3230 et 1899, archives départementales de l'Aveyron, J 517.
23. Catalogue, Au Petit Saint-Thomas, 1894, B.N.F., Recueils, 4° Wz 3230.
24. Catalogue, Au Petit Saint-Thomas, 1899, *op. cit.*
25. Catalogues, Au Petit Saint-Thomas, 1892 et 1893, *op. cit.*, et 1898, archives départementales de l'Aveyron, J 517.
26. Catalogues, Au Petit Saint-Thomas, 1870 et 1872, B.N.F., Recueils, 4° Wz 3230.
27. Catalogue, Au Petit Saint-Thomas, 1878, B.N.F., Recueils, 4° Wz 3230.
28. Catalogue, Au Petit Saint-Thomas, 1898, *op. cit.*
29. Catalogue, Au Petit Saint-Thomas, 1898, *op. cit.*
30. Catalogues, À la Place Clichy, 1904, 1909, 1913, et s. d, B.N.F., Hémicycle, 4° Wz 3234, Publicité et catalogue, À la Place Clichy, s. d., B.N.F., Hémicycle, 4° Wz 3234.
31. Carte publicitaire, À la Place Clichy, s. d, B.N.F., Hémicycle, 4° Wz 3234.
32. Catalogue, Au Petit Saint-Thomas, 1844, *op. cit.*
33. *Rapport du jury central sur les produits de l'industrie française exposés en 1849*, Paris, 1850, p. 86.
34. Catalogue, Au Petit Saint-Thomas, 1874, B.N.F., Recueils, 4° Wz 3230.
35. Catalogue, Au Petit Saint-Thomas, 1868, *op. cit.*
36. Catalogues, Au Petit Saint-Thomas, 1866, 1868, 1872, 1874, 1900, 1904, 1909 et 1910, B.N.F., Recueils, 4° Wz 3230 et 1898, *op. cit.*
37. Catalogue, À Pygmalion, 1909, *op. cit.*
38. Catalogue, À Pygmalion, 1911, centre de documentation de la Mode et du Textile, UFAC.
39. Factures, Au Gagne-Petit, XIXe siècle, collection Debuisson.
40. Factures, maison Cheuvreux-Aubertot, 1861, centre de documentation de la Mode et du Textile, UFAC et XIXe siècle, collection Debuisson.
41. Sewrin, *Les Deux Magots de la Chine*, comédie en un acte, mêlée de couplets, Paris, Barba, 1813, B.N.F.
42. Bernard Marrey, « Les débuts du marketing », *Le Monde*, 27 novembre 1993.
43. Catalogues, Au Petit Saint-Thomas, 1892, 1894, et 1895, B.N.F., Recueils, 4° Wz 3230 et 1899, *op. cit.*
44. Catalogue, Au Petit Saint-Thomas, 1884, *op. cit.*
45. Catalogues, Au Petit Saint-Thomas, 1892, 1894 et 1895, *op. cit.* et 1899, *op. cit.*
46. Catalogues, Au Petit Saint-Thomas, 1892, 1894 et 1895, *op. cit.*
47. Catalogues, Au Petit Saint-Thomas, 1892, 1893, 1894, 1895 et 1899, *op. cit.*
48. Catalogues, À la Place Clichy, 1894-1895, 1895, 1896-1897, 1908 et 1913, B.N.F., Hémicycle, 4° Wz 3234.
49. Catalogues, À la Place Clichy, 1894-1895, *op. cit.*
50. Chromolithographie, Au Petit Saint-Thomas, s.d., document personnel.

Les influences exotiques dans le bijou

ÉVELYNE POSSÉMÉ

L'exotisme, cet intérêt pour les pays lointains, pour les civilisations autres, existe depuis toujours. Tout mouvement artistique se nourrit d'un ailleurs, que ce soit le Moyen-Orient pour l'Europe des Croisades, le Nouveau Monde aux XVe et XVIe siècles ou l'Extrême-Orient de la Compagnie des Indes ou des Portugais au siècle de Louis XIV. Au XIXe siècle, le mouvement romantique retourne aux sources du passé national, mais il sait aussi se régénérer au contact des autres civilisations que des événements politiques contemporains ramènent dans l'actualité européenne, ainsi de la civilisation islamique du pourtour méditerranéen ou de la culture japonaise, pratiquement inconnue jusqu'alors. Ces événements, ces découvertes ou redécouvertes, marquent l'évolution des arts décoratifs, et plus spécialement de la bijouterie.

Au début du XIXe siècle, l'exotisme est lié au romantisme. Bernardin de Saint-Pierre est un précurseur lorsqu'il publie en 1787 son roman *Paul et Virginie*, qu'il situe à l'île Maurice, et dont le thème sera repris pendant tout le XIXe siècle dans les arts décoratifs : panoramiques, papiers peints, décors de céramique, miniatures, bijoux. Ce nouvel intérêt pour les îles lointaines est lié bien sûr à la colonisation et il en est de même pour les pays de l'Afrique du Nord. L'Égypte pharaonique révélée par la Campagne d'Égypte de Bonaparte en 1798 a prélude à la découverte de la civilisation islamique, intérêt qui sera renouvelé pendant tout le siècle et même au-delà par les événements politiques ou culturels : l'érection de l'obélisque de Louxor sur la place de la Concorde en 1836, les fouilles de Mariette en Égypte, le décryptage des hiéroglyphes par Champollion, l'inauguration du Canal de Suez en 1869, et enfin la découverte du trésor de Toutankhamon en 1922. Chacun de ces événements a amené la production de bijoux « égyptiens »[1] que l'on retrouve présentés dans les Expositions universelles dès 1867.

1
*Ornement de corsage
« Œillet »*
Argent, grenats,
topazes, émeraudes
France
Première moitié
du XVIIIe siècle
Haut. : 7,7 cm ; larg. : 6,6 cm
MAD
Inv. 8822

⊚ Les bijoux de style mauresque

Au début du XIXe siècle, les écrivains — Flaubert, Byron —, les peintres — Delacroix, Fromentin - voyagent beaucoup, découvrent les pays du bassin méditerranéen et une civilisation différente et notamment musulmane, en Grèce, en Afrique du Nord. Ils assouvissent ainsi leur quête de l'ailleurs, leur fuite vers l'inconnu. Les récits de ces voyageurs, les œuvres des peintres orientalistes, la publication de nombreux récits de voyage mettent ces pays, leurs coutumes, leurs costumes et leurs bijoux à la mode. La conquête de l'Algérie et la prise d'Alger par le corps expéditionnaire en 1830, et la domination française qui s'ensuit, font découvrir cette civilisation au grand public. Dès 1849, l'Exposition des produits de l'industrie présente des bijoux dits mauresques et byzantins - l'art byzantin était alors confondu avec l'art des civilisations musulmanes du bassin méditerranéen. En fait, la production de bijoux de style mauresque apparaît dès les années 1840 en France. Le modèle le plus spécifique est mis au point par Édouard Marchand, qui reprend un ornement utilisé dans la passementerie algérienne et non dans les bijoux d'Afrique du Nord : il s'agit d'un nœud constitué d'une sphère ceinte, dans sa partie médiane, d'un cordon formant des boucles alternées et imbriquées (ill. 2). Ce motif très élégant appelé « nœud algérien » sera utilisé pour orner des boules de corail, de lapis-lazuli ou d'onyx par Édouard Marchand [2], mais aussi par Eugène Crouzet [3] et Eugène Julienne [4] dans des bracelets d'une rare élégance, avant de devenir un ornement classique de la passementerie française [5]. Un autre genre de bijou de même inspiration se caractérise par la présence de nombreuses chaînes pendantes ornées, à leurs extrémités, de pendeloques en forme de coloquintes ou de calebasses que l'on retrouve dans des bracelets de Paul Robin dès 1840, des épingles de Bourdillat en 1845 ou des bracelets de Crouzet [6]. Ce dernier réalise des bracelets algériens ou marocains ornés de nombreuses chaînes pendantes décorées de boules d'onyx, de corail, de lapis-lazuli [7] (ill. 9) et nombreux sont les orfèvres et les bijoutiers parisiens qui, à son exemple, se spécialisent dans la fabrication de pièces de style oriental destinées à l'exportation vers le Proche et le Moyen-Orient (Fontenay, Viette). Le bijoutier Eugène Petiteau réalise des pendants, des broches d'argent orné de filets en émail noir, auxquels pendent des chaînes, des ornements en corail dans un goût mauresque ou indien [8]. Les bracelets, les chaînes s'ornent de cartouches polylobés à décor d'entrelacs où les influences turque, persane, indienne se confondent avec celle des décors mauresques de la Renaissance. Alexis Falize réalise dans les années 1852 des châtelaines ornées de chaînes

2

Paire d'épingles de chapeau « Nœud algérien »
Or, cuivre doré
France
1830-1848
Haut. : 15 cm
MAD
Inv. 24302 A et B

3

Broche « Sultane »
Argent patiné, rubis, émeraude
France, Rudolphi
Vers 1840
Haut. : 4 cm ; larg. : 5,5 cm
MAD
Inv. 24379A

aux motifs d'entrelacs repercés, aux médaillons décorés de méandres empruntés aux céramiques d'Iznik, encadrant parfois des cartouches avec des inscriptions arabes [9]. D'autres bijoutiers moins connus ou inconnus ornent leurs bijoux de turquoises gravées de palmiers dorés ou de calligraphies arabes. Ce style mauresque dans la bijouterie persistera jusqu'au Second Empire pour disparaître ensuite avec l'avènement de l'Art nouveau.

◉ Influences indiennes et chinoises

Après le Moyen-Orient, la seconde moitié du XIXe siècle découvre les civilisations de l'Extrême-Orient : l'Inde, la Chine et le Japon. L'influence de l'Inde sur la bijouterie française se manifeste par l'emprunt de certains motifs ornementaux tels celui de la palme que les Falize représentent dans certains de leurs médaillons en émail cloisonné (ill. 4 et 7). Mais l'indice le plus important de cette influence réside dans les bijoux réalisés, pour la maison Boucheron, par l'émailleur Armand Riffault dans les années 1867. Pour ces parures, ces bracelets, Riffault réinvente la technique de l'émail à jour, oubliée depuis le XVe siècle. Il l'applique à un décor inspiré des émaux indiens, des bijoux réalisés à Jaipur au XVIIIe siècle et que les artisans français du XIXe siècle connaissaient alors grâce à plusieurs publications contemporaines [10] (ill. 7).

4

Médaillon « Palme indienne »
Or, émail cloisonné
opaque, cristal
France, Alexis Falize
Vers 1869
Haut. : 5,2 cm ; larg. : 3 cm
MAD
Inv. 24463C

5

Pendentif
« Papillon et pavot »
Or, émail cloisonné opaque
France, Alexis Falize
Vers 1869
Haut. : 5,2 cm ; larg. : 3 cm
MAD
Inv. 24461B

6

Médaillon
Or, émail cloisonné opaque,
contre-émail turquoise, verre
Japon
Fin du XIXe siècle
MAD
Inv. 30700

Les influences exotiques dans le bijou

7
Collier « Nava-Ratna »
Or, perles, pierres,
émail, soie
Inde, Rajasthan, Jaipur
Fin XVIIIe siècle -
début XIXe siècle
long. : 26,5 cm
MAD
Inv. 20141

8
Épingle de cravate
Or, émail à jour, diamant
France, Armand Riffault
pour Frédéric Boucheron
1880
Haut. tête : 2,8 cm
MAD
Inv. 28868F

L'apport de la Chine dans la bijouterie française de la seconde moitié du XIXe siècle est beaucoup moins évidente mais elle est cependant importante. Cette influence trouva sa meilleure expression dans les bijoux en émail cloisonné opaque que les Falize présentèrent à l'Exposition rétrospective de l'Union centrale des beaux-arts appliqués à l'industrie en 1869[11] (ill. 4 et 5). La redécouverte de cette technique en France est due à l'émailleur Antoine Tard qui avait déjà réalisé pour la maison Christofle des pièces d'orfèvrerie en émail cloisonné à décor persan ou indien qui furent présentées à l'Exposition universelle de 1867[12]. Mais si le décor de ces bijoux, médaillons, boucles d'oreilles, châtelaines, s'inspire directement de certaines estampes ou albums de dessins japonais, la technique des émaux cloisonnés est, elle, d'origine chinoise. En dehors de cette technique, il ne semble pas que l'art chinois ait beaucoup inspiré les bijoutiers français. Henri Vever signale cependant quelques expériences isolées parmi lesquelles la tentative du dessinateur Laisne qui composa pour Fontana à l'Exposition de 1867 une série de bijoux de style chinois en émail peint représentant des personnages du Céleste Empire en somptueux costumes, mais cette expérience ne rencontra semble-t-il, aucun succès[13]. La bijouterie française est cependant redevable à la Chine de sa première utilisation du jade. Henri Vever rapporte cette nouveauté remarquée à l'Exposition de 1867 : « On remarquera plusieurs bijoux faits avec des morceaux de jade vert émeraude rapportés de Pékin après la prise de cette ville par le général Cousin-Montauban, comte de Palikao. À la suite de l'expédition de Chine en 1860, on monta ainsi un certain nombre de bijoux avec du jade provenant du Palais d'Été, et ce fut la première fois, croyons-nous, que des morceaux de cette pierre très dure furent taillés à Paris »[14]. C'est ainsi qu'Eugène Fontenay expose trois broches en forme d'insectes — sauterelle, scarabée — au corps en jade et membres en joaillerie, tandis que d'autres incrustent des plaques de jade d'oiseaux et de branches en joaillerie.

Japonisme et bijoux Art nouveau

Il est inutile de rappeler ici quelle fut l'importance de l'art japonais et des estampes sur l'art occidental et notamment sur la peinture dans la seconde moitié du XIXe siècle, mais il eut également une influence très importante et même déterminante dans les arts décoratifs. Fermé à l'Occident depuis près de trois siècles, le Japon s'ouvre au commerce international à la suite du forcement du blocus japonais par un Américain, le Commodore Perry, en 1853. À partir de cette date, de nombreux échanges commerciaux et culturels s'instaurent entre le Japon et l'Occident. Dès 1867, la participation japonaise aux différentes expositions universelles permet aux artistes européens de découvrir l'art japonais à travers ses estampes, mais aussi ses arts décoratifs. C'est ainsi qu'au cours de la seconde moitié du XIXe siècle, vont se constituer, notamment en France, les collections d'art japonais les plus importantes où se côtoieront des estampes, des albums de dessins, des laques, des grès, des gardes de sabre, des textiles et des pochoirs pour l'impression des tissus. L'apport de l'art japonais à l'art décoratif français de la fin du siècle est primordial et se situe sur plusieurs niveaux : son influence s'exerce aussi bien sur les techniques que sur le choix des matériaux, sur les formes que sur les décors — sujets, couleurs, et leur répartition sur l'objet — mais également sur la manière d'aborder les arts décoratifs et sur leur place par rapport aux arts dits majeurs. Cette dernière notion est inconnue au Japon où l'art doit être présent dans chaque objet de la vie quotidienne, de même que la Nature est la source privilégiée d'inspiration de l'artiste japonais. Dans la bijouterie comme dans les arts décoratifs, l'assimilation de la leçon japonaise, déterminante dans l'apparition de l'Art nouveau, se fait en plusieurs étapes. La première manifestation de cette influence apparaît dans les bijoux en émail cloisonné exposés en 1869 par les Falize père et fils. La technique chinoise s'applique à un décor d'origine japonaise : fleurs, oiseaux volant dans les roseaux, scènes tirés des albums de dessins japonais que Lucien Falize nous dit avoir copiés : « Dès qu'ont paru ces premiers enseignements de l'art japonais, j'ai voulu les épeler : j'ai copié à la pointe et au pinceau les feuilles de ses albums, j'ai calqué, moi aussi, ses modèles... »[15].

À cette première étape succède une période d'assimilation plus profonde où les artistes français, et surtout des bijoutiers tels que René Lalique, Henri Vever et Lucien Gaillard, essayent de saisir l'esprit de l'art japonais tout d'abord à travers leur façon de concevoir et de reproduire la Nature, qui constitue leur première source d'inspiration : « ils

9
Bracelet à boules roses
Dessin
France, Eugène Crouzet
Vers 1860
Paris, Bibliothèque Forney

10
Peigne Muguet
Corne blonde, or,
émail opaque sur or
France, René Lalique
1900
Haut. : 16 cm ; larg. : 9,1 cm
MAD
Inv. 26862

11
***Trois plaques
de « Collier de chien »
Pommes de pin***
Or, émail, chrysoprases
France, René Lalique
Vers 1900
Haut. : 5 cm ;
larg. : 6,2 cm et 3,4 cm
MAD
Inv. 41870

12
*Garde de sabre
Combat de coqs*
Fer ajouré
Japon
XIXe siècle
Haut. : 7 cm
MAD
Inv. 6329

13
Pendentif Deux coqs
Or, émail opaque sur or, diamants, saphir étoilé
France, René Lalique
Vers 1901-1902
Haut. : 6,9 cm ; larg. : 5,1 cm
MAD
Inv. 40103

nous auront appris la poésie de ce monde, sa vie, le charme du croquis saisi au vol. Nous saurons qu'on ne doit pas copier l'oiseau mort, l'insecte desséché, la fleur coupée, le poisson hors de l'eau, mais qu'il faut sortir de la ville et réapprendre en plein air ce vieux, cet éternel style que nous ne savons plus et qui est écrit dans les œuvres de Dieu, qui est dessiné partout et peint des plus splendides couleurs »[16].

L'exemple des gardes de sabre japonais — *tsubas* — est déterminant pour certains artistes avec leur décor plein ou ajouré, appliqué à une forme ronde percée au centre pour laisser passer la lame (ill. 12). Cette conformation peut s'appliquer directement à certaines formes de bijoux européens comme la broche ou la boucle de ceinture. C'est ce que fait René Lalique dès 1888 avec les broches *Carpe et ses carpillons* ou *Amour sur un dragon* et que continuent la maison Vever dans la boucle de ceinture *Eucalyptus* réalisée en 1907, mais aussi Charles Boutet de Monvel et bien d'autres bijoutiers de l'Art nouveau. D'autres fois, ce sont les thèmes de l'art décoratif qui inspirent les bijoutiers, ainsi fleurissent sur les bijoux des insectes, des grues, des coqs affrontés, des chauve-souris, directement issus des albums ou des décors japonais. Le génie décoratif des artistes japonais se manifeste particulièrement par la façon dont ils savent adapter ce décor à la forme qu'il doit orner : ainsi ils plient les fleurs et les plantes à la forme des objets, enroulant les plantes autour des panses des vases et au pourtour des gardes de sabre. Cette leçon, René Lalique l'a particulièrement bien comprise et il va même beaucoup plus loin dans ses peignes quand le décor — gui ou muguet — ne s'inscrit plus dans la forme de l'objet qu'il doit orner, mais en dessine lui-même les contours (ill. 10). L'étude des pochoirs japonais — *katagami* — va également être une source d'inspiration importante pour les bijoutiers de l'Art nouveau (ill. 14). Ces papiers découpés qui servent à l'impression des étoffes, sont importés en masse en Europe où l'originalité et la virtuosité de leur composition, associant les fleurs, les insectes et les objets, stupéfient les créateurs européens. D'ailleurs, de nombreuses publications de cette époque sont la preuve de cet engouement pour ce support où s'inscrivent les qualités de graphistes des artistes japonais[17]. Ce type de composition et d'utilisation de l'ornement sur une surface rectangulaire bien délimitée va profiter à certains types de bijoux tels que les plaques des « colliers de chien », où le décor ajouré s'inscrit obligatoirement dans un cadre rectangulaire. C'est ainsi que René Lalique, Henri Vever et Lucien Gaillard s'en inspireront, allant même jusqu'à présenter des décors coupés par le cadre à la façon des estampes japonaises (ill. 11).

D'autres artistes, pénétrés de l'esprit japonais, choisissent des matières nouvelles inusitées dans la bijouterie – la corne, le bois – et créent des œuvres d'un grand raffinement : épingles de coiffure ou peignes de René Lalique, peignes de Lucien Gaillard, le plus japonais des bijoutiers français. Si Lucien Gaillard a renoncé à se rendre au Japon sur les conseils de son père, Eugène Gaillard, il a réussi à percer les secrets des orfèvres japonais et son atelier emploie plusieurs artisans d'origine nippone dès le début du siècle, ce qui explique peut-être le caractère si particulier de sa production qui, jusque dans les années 1910, poursuit l'une des applications les plus réussies de l'Art nouveau[18] (ill. 15).

Si certains exotismes n'ont été que passagers parce que superficiels, d'autres, comme le japonisme, une fois assimilés, ont permis l'éclosion d'un nouveau mouvement artistique et les caractères importés sont alors devenus des éléments constitutifs de l'identité culturelle nationale ou occidentale. Ces adaptations sont d'autant mieux réussies qu'il n'y a jamais copie ni pastiche mais toujours réinterprétation de détails. Ainsi les bijoutiers ne s'inspirent jamais des bijoux des pays exotiques – le Japon, pour sa part, ne connaît pratiquement pas le bijou – mais de motifs de passementerie de l'Afrique du Nord et de la vision de la nature, du sens décoratif des artistes nippons, de leur façon de « croquer la vie et les êtres vivants » par des instantanés, des raccourcis pleins de vie. Preuve significative de la réussite de l'acclimatation de ces emprunts, nombre de bijoutiers français travaillent pour l'exportation vers les pays orientaux et pour de riches commanditaires étrangers. Ainsi Eugène Fontenay exécuta de nombreuses commandes de joaillerie ou d'orfèvrerie pour le roi du Siam, le shah de Perse, le vice-roi d'Égypte, la cour d'Istanbul ainsi que pour les princes indiens. Quant au japonisme, né de l'influence de l'art japonais sur les arts décoratifs occidentaux, il est aujourd'hui étudié par les chercheurs japonais et les objets issus de ce mouvement sont très appréciés au Japon et ont souvent été à l'origine d'influences croisées.

14
Pochoirs « Katagami »
Papier
Japon
XIXe siècle
Haut. : 37 cm ; larg. : 35 cm
Haut. : 35 cm ; larg. : 30 cm
Haut. : 48,5 cm ; larg. : 39 cm
MAD, cabinet des dessins

Notes

1. Catalogue de l'exposition « Égyptomania », Paris, musée du Louvre, 1994.
2. Vever 1906-1908, t. I, p. 224, Édouard Marchand, période d'activité de 1840 à 1867, 43, rue Coquillière, connu pour ses bijoux ornés de motifs de cuir.
3. Vever 1906-1908, t. II, p. 184, Eugène Crouzet travaille exclusivement pour Fossin jusqu'en 1848, puis pour Boucheron. Il s'associe avec son fils en 1850, reçoit une médaille comme collaborateur de la maison Boucheron à l'Exposition universelle de 1867.
4. Vever 1906-1908, t. II, p. 244 et 247. Eugène Julienne (1808-1875) dessinateur à la manufacture de Sèvres de 1838 à 1848, il publia de nombreux albums de compositions industrielles dont *L'Ornemaniste des Arts industriels* en 1840.
5. Catherine Donzel et Sabine Marchal, *L'art de la passementerie*, Paris, 1992, p. 23, repr.
6. Vever t. 1, p. 154, 204, t. 2, p. 186 et 187, repr.
7. Fontenay 1887, p. 302.
8. Fontenay 1887, p. 372 repr. ; Vever t. 1, p. 231 repr. Les arts de ces différentes civilisations étant peu connus, il y a souvent confusion entre les ornements persans, indiens, maghrébins...
9. Fontenay 1887, p. 469, repr.
10. Certains de ces livres se trouvent encore dans la bibliothèque Boucheron : L^t C^d s. s Jacob R. E. and Surgeon Major T. H. Hendley, *Jeypore Enamel*, Londres, 1886. Thomas Holbein Hendley, *The Journal of Indian Art*, vol. XII, juillet 1909.
11. *Exposition de 1869. A. Falize aîné. Bijoux et émaux cloisonnés*. Album de photographies avec titre manuscrit conservé à la bibliothèque des Arts décoratifs.
12. Henri Bouilhet, *150 ans d'orfèvrerie*, Paris, 1981, p. 108-109.
13. Vever t. 2, p. 312.
14. Vever t. 2, p. 175, repr. p. 158-159 et p. 174. Il faudra attendre les années 1925 pour que l'art chinois et celui des pays extrême-orientaux autres que le Japon, influencent durablement la bijouterie française.
15. M. Josse (pour Lucien Falize), « L'art japonais à propos de l'exposition organisée par M. Gonse, Lettres de M. Josse ». *Revue des Arts décoratifs*, 1882-1883, t. 3, p. 330.
16. *Id.*, deuxième article, p. 363.
17. Recueils de pochoirs de Tuer en 1892 et Recueils de pochoirs de Deneken en 1898.
18. Hélène Andrieux, « Lucien Gaillard. Un orfèvre bijoutier passionné », dans *L'Estampille-L'Objet d'art*, octobre 1993, p. 74-81.

15

Épingle à cheveux
Fleurs de pommier
Bois de gaïac,
or, ivoire, diamants
France, Lucien Gaillard
Vers 1902
Haut. : 15,5 cm ; larg. : 5,5 cm
MAD
Inv. 10305

III

Coupes et vêtements du premier tiers du XXe siècle

III

Coupes et vêtements du premier tiers du XXᵉ siècle

113 Paul Poiret, le couturier explorateur

La révolution de la coupe droite
Sylvie Legrand-Rossi

Ispahan
Rectangle et rectangle
Françoise Cousin

Poiret, rencontre Orient-Occident
Florence Müller

145 Les années folles : l'exotisme dans la mode et le textile
Pamela Golbin

Tissu Fleurs et Éléphants
Satin de soie dit « ondoyant »
Dessin de Raoul Dufy
Édité par la maison
Bianchini-Férier
1920
80 x 150 cm
MMT, coll. UCAD
Inv. 21952
(voir p. 148)

Paul Poiret, le couturier explorateur

La révolution de la coupe droite

Sylvie Legrand-Rossi

Entré en 1901 chez Worth, célèbre maison de couture parisienne qui habille les dernières têtes couronnées d'Europe, Paul Poiret fait scandale en créant un manteau kimono, orné de broderies d'inspiration orientale. Cette pièce, dont aucun exemplaire ne subsiste, nous est connue par la description qu'il en fait dans ses mémoires : « C'était un grand kimono carré en drap noir, bordé d'un biais de satin noir ; les manches étaient larges jusqu'en bas et finissaient par des parements de broderie comme les manches des manteaux chinois. » (Poiret 1974, p. 48-49). Cette citation met d'emblée l'accent sur l'inspiration éclectique du couturier, nourrie à la fois d'influences japonaises et chinoises. Installé dans sa propre maison de couture en 1903, Paul Poiret recrée ce modèle avec succès : « Il devait devenir le type initial de toute une série de créations (...) pendant des années, il domina et inspira la mode. Je l'appelai *Confucius*. Toutes les femmes en achetaient au moins un. C'était le commencement, dans la mode, de l'influence orientale, dont je m'étais fait l'apôtre. » (Poiret 1974, p. 52). Le musée de la Mode et du Costume de la Ville de Paris possède un modèle du manteau *Confucius* de l'hiver 1904-1905, rebaptisé *Révérend* dans la presse de mode de l'époque. Formé d'un grand rectangle de drap bordeaux utilisé dans le sens transversal et replié pour former un dos et deux demi-devants solidaires, il est ouvert aux épaules le long des lisières du tissu. Un médaillon appliqué de même drap, au décor d'inspiration chinoise, délimite sur chaque épaule deux fentes d'inégale longueur. La plus petite sert d'emmanchure. Deux autres médaillons sont appliqués sur le devant et sur chacun des parements intérieurs en soie crème. Prototype d'avant-garde, ce manteau est représentatif du style novateur de Paul Poiret, qui conjugue à la fois simplicité de la coupe et richesse de l'ornementation.

1
Peignoir kimono
Babani, vers 1905
MMT, coll. UCAD
Inv. PR 998-1-2

Mis à la mode par l'Exposition universelle de 1900, le kimono japonais est apprécié des élégantes de la Belle Époque pour son « confort », son « ampleur », « la facilité des mouvements » qu'il autorise. Adopté comme robe d'intérieur fantaisie, il est retenu à la taille par une ceinture lâche en remplacement du obi japonais traditionnel. À Paris, on trouve des kimonos importés chez Babani, qui possède ses propres ateliers à Kyoto et crée des modèles luxueux adaptés au goût occidental (ill. 1). D'autres kimonos d'importation, moins onéreux, sont vendus sous la marque de l'artiste japonaise Sada Yacco, par le magasin Au Mikado situé 35, boulevard des Capucines. Cette mode donne naissance à une vague de vêtements hybrides, reproduits dans la presse féminine : manteau kimono, peignoir kimono, corsage à l'emmanchure kimono… Les « manches japonaises », taillées à même le corps de la blouse ou de la robe, avec une seule couture à la saignée, restituent principalement la ligne basse des épaules du kimono traditionnel[1]. Mais dans ce costume composé de pièces d'étoffe quadrangulaires unies par des coutures, les manches sont rapportées à angle droit. L'introduction de techniques de coupe nouvelles, fondées à la fois sur l'observation et sur la représentation occidentale du kimono japonais, rompt de fait avec la silhouette corsetée de la Belle Époque, obtenue par un vêtement coupé et cousu près du corps. Paul Poiret, chef de file de ces expérimentations, utilise largement la coupe droite et l'emmanchure kimono dans ses créations. Mais il est aussi ouvert à d'autres influences venues d'Orient, qui enrichissent son imaginaire exotique : c'est en rêvant de transformer la femme en nouvelle sultane ou en odalisque de harem qu'il jette paradoxalement les bases de la mode du XXe siècle.

⚜ Orientalisme et folklore

En 1907, Paul Poiret crée une collection de robes à la ligne droite taillées près du corps, qui lui est inspirée par la mode du Directoire. Une ceinture intérieure en gros-grain, à baleines courtes et espacées, remplace le corset. Ces robes à la silhouette résolument passéiste sont enrichies d'emprunts exotiques qui en renouvellent l'aspect[2]. C'est vraisemblablement dans un tissu indien pour sari, une gaze de coton rouge vif brochée de pois or, qu'est taillée la robe du soir *Eugénie* de forme Empire (ill. 2 et 3). Dérivé du modèle *Confucius*, le manteau du soir *Ispahan* de 1907, en velours de soie marron, témoigne d'une connaissance détaillée de la coupe des vêtements d'Asie centrale (ill. 11, 12, 13). La broderie de soie ton sur ton, inspirée du motif indien de la palme cachemire, est exécutée au point de bourdon et par application d'un cordonnet maintenu au point

2
Robe Eugénie
Paul Poiret
1907
MMT, coll. UFAC
Inv. 64-46-2

3
*Deux robes
à impressions cachemire*
Planche extraite de l'album
*Les Robes de Paul Poiret
racontées par Paul Iribe*
1908
CDMT, coll. UFAC

4
Trois manteaux
Planche extraite de l'album
*Les Robes de Paul Poiret
racontées par Paul Iribe*
1908
CDMT, coll. UFAC

Le manteau *Ispahan*
est représenté de dos,
au centre.

de feston. Ce manteau a été donné au musée de la Mode et du Textile par madame Boulet-Poiret, épouse et mannequin vedette du couturier, qui note à son propos dans une lettre appartenant au fonds d'archives de la collection : « Très gros succès hiver et été. Il a été répété en drap et en velours de tous les tons. ». Dans l'album *Les Robes de Paul Poiret racontées par Paul Iribe*, publié en 1908, les manteaux du couturier sont portés avec des bandeaux inspirés par la mode du Directoire (ill. 4).

Le turban indien est adopté comme coiffure féminine à partir de 1909. Paul Poiret raconte dans ses mémoires la genèse de cette mode nouvelle, dont le point de départ est la visite qu'il effectua à Londres dans la section indienne du Victoria and Albert Museum. Ce passage constitue un témoignage rare et précieux sur ses méthodes de travail : « Tous les procédés pour nouer ces coiffures et les assujettir à la tête étaient représentés (…) Il y avait le petit turban serré des Cipayes qui se termine par un pan, négligemment jeté sur l'épaule, et il y avait l'énorme turban des radjahs, monté comme une pelote d'honneur pour recevoir toutes les aigrettes, et tous les bijoux les plus coûteux. J'obtins immédiatement du conservateur l'autorisation de travailler d'après ces exemples magnifiques. Je fus même autorisé à sortir les rubans des vitrines et à les caresser. Je télégraphiai aussitôt à Paris à une de mes premières. Je lui communiquai ma flamme et elle passa huit jours dans le musée à imiter et à copier, à répéter les modèles qu'elle avait sous les yeux ; peu de semaines après nous mettions les turbans à la mode à Paris. » (Poiret 1974, p. 132) (ill. 9).

Paul Poiret puise aussi son inspiration dans les costumes régionaux européens au répertoire décoratif riche et inédit. La pomme de pin ou *koukounara*, symbole de fécondité ornant les robes des mariées grecques de l'Attique du début du XXe siècle [3], est brodée sur les manches de la tunique *Cairo* de 1907, en ottoman de soie beige (ill. 5). La *Robe fleurie*, créée en 1912 au retour de la tournée des capitales européennes entreprise par le couturier et ses mannequins, est brodée d'un croquet rose et vert acheté sur le marché polonais de Cracovie, dans l'esprit des costumes paysans. Une photographie de 1913, prise à New York, représente madame Poiret portant la veste *Moscovite* en duvetine verte, bordée d'un galon fleuri emprunté aux livrées des cochers de Moscou. Ce type de ruban broché, très répandu au demeurant sur les costumes régionaux français, était aussi fabriqué industriellement à Saint-Étienne, voire importé de Tchécoslovaquie. Paul Poiret possédait une collection personnelle d'échantillons de tissus, de broderies et de galons, rapportés entre autres de ses nombreux voyages. Il s'y trouvait certainement des costumes complets, puisqu'une tunique lapone du village de Karesuando a pu être identifiée [4].

5

Détail du motif brodé en forme de pomme de pin (koukounara) de la tunique Cairo
Paul Poiret
1907
MMT, coll. UFAC
Inv. 64-46-16

♦ Le style sultane

En 1909, les Ballets russes font sensation dès leur première représentation au théâtre du Châtelet à Paris. Sur des musiques de Stravinsky, dans des chorégraphies étonnamment modernes, Nijinski et la troupe de Diaghilev déconcertent, scandalisent et passionnent le public. Les *Contes des Mille et Une Nuits* occupent une place de choix dans ce répertoire, notamment *Shéhérazade*. Les décors et les costumes de Léon Bakst, hauts en couleurs, correspondent bien à l'esthétique vigoureuse de Poiret, même si ce dernier se défend dans ses mémoires d'en avoir subi l'influence directe. Dans *La Robe jaune*, planche du célèbre recueil *Les Choses de Paul Poiret vues par Georges Lepape*, paru en 1911, le petit esclave noir est très proche des personnages des dessins de Bakst (ill. 6). Les couleurs appliquées au pochoir selon la technique de l'imagerie populaire produisent des aplats de coloris éclatants. *La Gazette du Bon Ton* reprend ce procédé pour ses illustrations (ill. 8).

6
La Robe jaune
Planche extraite de l'album
*Les Choses de Paul Poiret
vues par Georges Lepape*
1911
CDMT, coll. UFAC

Le 24 juin 1911, le couturier donne une éclatante fête persane dans son hôtel particulier de l'avenue d'Antin, *La Mille et Deuxième Nuit*, pour célébrer le retentissement de la nouvelle traduction française des *Contes* par le docteur Mardrus, parue en seize volumes de 1899 à 1904. Pour cette réception, Paul Poiret déploie tout son sens du spectacle et de la mise en scène : « On m'apercevait au fond, semblable à quelque sultan bistré à barbe blanche, tenant un fouet d'ivoire. Autour de moi, sur les marches de mon trône, toutes les concubines étendues et lascives paraissaient attendre et redouter ma colère (...). Quand mes trois cents invités furent arrivés, je me levai et, suivi de toutes mes femmes, je me dirigeai vers la cage de ma favorite, à qui je donnai la liberté. » (Poiret 1974, p. 139). Le couturier crée à cette occasion pour sa « favorite » (madame Poiret), une tunique abat-jour avec des culottes bouffantes, qui connaît par la suite un grand succès commercial. Cette formule sera reprise sous différentes formes, notamment pour les costumes de la pièce de théâtre de Jacques Richepin, *Le Minaret* (1913).

L'influence conjuguée des Ballets russes et des fêtes persanes, qui se multiplient alors à Paris, met le style sultane à la mode. Paul Poiret rapporte dans ses mémoires : « Oui, je libérais le buste, mais j'entravais les jambes ». La faveur va donc au profil « tonneau » de la taille aux chevilles, aux jupes-culottes véritables ou simulées. Le « pantalon de harem » lancé pendant l'hiver 1910-1911 est réservé à l'intimité de la maison et porté avec un turban. *L'Illustration* reproduit dans son article sur « Les Essais d'une mode nouvelle » du 18 février 1911, quatre croquis schématiques de la main de Poiret intitulés *Des quatre manières de culotter une*

7
Manteau du soir
Paul Poiret
1913
MMT, coll. UFAC
Inv. 70-38-45

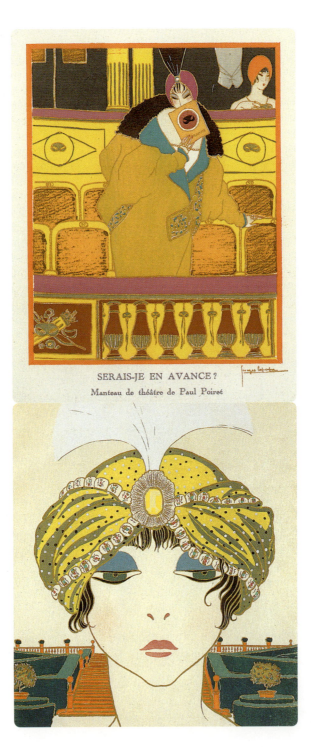

8

Serais-je en avance ?
Planche VI hors texte,
La Gazette du Bon Ton,
n° 2, tome I,
1912-1913
CDMT, coll. UFAC

Le commentaire précise :
« Manteau de théâtre
de Paul Poiret en drap
de soie jaune auréolin
garni de skungs.
Les emmanchures
et l'agrafe sont des
broderies du même ton
qui laissent apercevoir
la doublure de satin vert ».

9

Le Turban
Planche extraite de l'album
*Les Choses de Paul Poiret
vues par Georges Lepape*
1911
CDMT, coll. UFAC

femme. Des modèles de jupes-culottes de la maison Béchoff-David sont également présentés, avec cette précision : « Tandis que M. Poiret crée des jupes-sultanes luxueuses, satin, étoffes légères et brodées de couleurs tendres, pour toilettes d'intérieur, de dîner, de soirée, MM. Béchoff-David, qui ont breveté divers modèles dès le mois de juin dernier, semblent plutôt s'attacher à appliquer le principe de la jupe-culotte au trotteur, à la toilette de promenade [5]. »

Le musée de la Mode et du Textile compte six manteaux du soir des années 1910-1914 qui illustrent l'orientalisme voluptueux et onirique de Paul Poiret. De 1913 date le plus somptueux, en gros de Tours liseré orange à décor broché de filé or et de lames argent évoquant les soieries bizarres du XVIIIe siècle (ill. 7). Un manteau similaire, réalisé dans un tissu légèrement différent et accessoirisé par un chapeau à larges bords et une ombrelle japonaise, est reproduit avec d'autres créations de Paul Poiret dans *L'Illustration* du 9 juillet 1910. Le commentaire souligne l'allure orientale des modèles : « (...) elles vont à pas lents et menus, non avec ces allures gauches de danseuses de corde mal assurées qu'avaient les "entravées" caricaturales d'hier, exagérément captives des étoffes, mais d'une marche glissante, onduleuse, pareille à celle des femmes d'Orient balançant en mesure sur leurs têtes des amphores pleines [6] ». Le manteau *Nénuphar* de 1911, en satin rose fuchsia incrusté de tulle rose brodé, qui se ferme par un gland de fil or rejeté par-dessus l'épaule gauche, est proche du modèle *Au Clair de lune* illustré avec raffinement par Georges Lepape dans *La Gazette du Bon Ton* [7]. Autre luxueuse création de 1912, le manteau en cannelé des Indes changeant rouge cerise et argent, doublé de crêpe de Chine violet qui est garni d'un large col bordé de fourrure et brodé de cannetille violette, rouge, cerise et argent.

Précurseur dans l'expérimentation des coupes nouvelles inspirées de l'Orient, Paul Poiret réalise en 1911 la robe *Lavallière* construite sur un grand rectangle de satin blanc et portée avec une ceinture drapée sur les hanches. Son schéma novateur, prototype de la robe-chemise, jette déjà les bases de la mode féminine des années 20.

Collaborateur épisodique de Paul Poiret, Mariano Fortuny, créateur d'origine espagnole installé à Venise, réalise des manteaux et des tuniques à la coupe droite, taillés dans des soieries luxueuses importées de Chine, d'Inde ou du Japon : pongés de soie, satins légers, voiles, gazes (ill. 10). Pour Fortuny, le décor du tissu se conçoit en corrélation étroite avec la forme du vêtement auquel il est destiné. Toujours exécutés par impression à la planche, ou plus tard au cadre, les motifs sont placés sur le vêtement en fonction de la coupe, voire même après assemblage définitif. Cette conception particulière du rapport dessin/vêtement est empruntée à l'Extrême-Orient, particulièrement au Japon : le décor du kimono est toujours réalisé en fonction de sa coupe. Les techniques d'impression employées par Mariano Fortuny demeurent difficiles à identifier. Sa prédilection va à l'imitation des velours façonnés de la Renaissance italienne figurant des motifs à la grenade ou au chardon, réalisés en vieil or ou vieil argent. Chez Fortuny, l'exotisme est en effet à la fois géographique et temporel. Cette dualité se reflète dans ses vêtements, qui traduisent ses sources d'inspiration éclectiques : chiton grec, tunique copte, kimono japonais, burnous nord-africain, djellabah marocaine ou encore 'aba arabe (ill. 15 et 14). De coupe droite, très modernes, les créations de Mariano Fortuny sont avant tout portées dans l'intimité, comme robes d'intérieur ou déshabillés.

Notes

1. Valérie Guillaume, « Remarques sur la manche japonaise ou l'emmanchure kimono », *Japonisme et Mode*, catalogue d'exposition, musée de la Mode et du Costume, Palais Galliéra, Paris, éditions Paris-Musées, 1996, p. 65-69.

2. Yvonne Deslandres, « L'Influence du costume traditionnel sur les créations de Paul Poiret », *Vêtements et Sociétés*, colloque du musée de l'Homme, 2-3 mars 1979.

3. Angeliki Hatzimichali, *The Greek Folk Costume*, Benaki Museum, Melissa Publishing House, 1979, p. 33.

4. Yvonne Deslandres, « L'influence du costume traditionnel sur les créations de Paul Poiret », *Vêtements et Sociétés*, colloque du musée de l'Homme, 2-3 mars 1979.

5. *L'Illustration*, « Les Essais d'une mode nouvelle », 18 février 1911.

6. *L'Illustration*, « Une leçon d'élégance dans un parc », 9 juillet 1910.

7. *La Gazette du Bon Ton*, n° 9, juillet 1913.

10

Robe tunique
Mariano Fortuny
1910-1914
MMT, coll. UFAC
Inv. 49-16-17

Ispahan

Françoise Cousin

Le nom *Ispahan* donné par Paul Poiret à un manteau qu'il a créé en 1907 désigne l'origine asiatique de son inspiration. Mais si les motifs brodés témoignent incontestablement d'une influence indo-persane, la forme est plutôt à rapprocher de celles de vêtements d'Asie centrale. La comparaison entre la coupe du manteau de Poiret et celle de manteaux provenant de Boukhara, dans l'actuel Ouzbékistan, ou d'Afghanistan devrait nous en convaincre, mais également mettre en évidence les variantes introduites par le couturier, révélatrices de la conception occidentale de la coupe (ill. 12 et 13).

Le manteau du couturier est taillé dans un velours marron et décoré de broderies au point de bourdon et au cordonnet appliqué. Les manteaux d'Asie centrale diffèrent les uns des autres par la combinaison de plusieurs variantes selon leur fonction et leur matière : manteaux légers ou matelassés, en toile de coton rayée ou en soie multicolore... De Boukhara, l'exemple choisi est fait dans une toile de coton rayée, doublée d'une grosse toile écrue.

Dans les deux cas, le principe de base est le même. Deux bandes rectangulaires étroites constituent le corps du vêtement. Devant, une pièce triangulaire est assemblée sur le bord médian et une pièce quadrangulaire est assemblée sur le côté. Derrière, les deux bandes centrales sont cousues l'une à l'autre au milieu du dos, tandis qu'une pièce quadrangulaire identique à celle du devant est cousue sur le côté. Dans les modèles orientaux, un seul morceau constitue parfois cette partie latérale, qui est alors repliée pour rejoindre devants et dos. Des manches trapézoïdales sont fixées au corps du vêtement sur le bord supérieur des panneaux latéraux, tandis qu'un petit soufflet cousu à la manche et aux panneaux latéraux facilite l'articulation à ce point de tension du vêtement.

Poiret semble avoir délibérément souligné la parenté de forme au moyen du décor brodé sur toutes les coutures mettant en évidence les droit-fil et les obliques. De la même manière, il dessine un col qui, dans sa coupe, n'existe pas mais évoque la pièce ajoutée qui forme un parement étroit dans le manteau asiatique. Enfin, il simule une couture à la base antérieure des manches, là même où la forme est taillée d'un seul tenant (ill. 12-b).

11

Manteau du soir
Ispahan
Paul Poiret
1907
MMT, coll. UFAC
Inv. 63-18-2

Venons-en aux principales différences. La première est la présence, dans le manteau de Poiret, de coutures aux épaules. Rendues nécessaires par la nature du tissu, un velours, pour réfléchir la lumière de façon identique devant et derrière, elles sont faites légèrement en biais, imprimant cette ligne au manteau.

Une deuxième différence s'observe dans les manches. Poiret, peut-être du fait de la même contrainte imposée par le velours, les a coupées dans le sens du tissu, c'est-à-dire qu'elles sont montées perpendiculairement au corps du vêtement. En Asie centrale au contraire, et c'est un des éléments caractéristiques des vêtements de cette région, la longueur de la manche est obtenue par la couture, lisière contre lisière, de plusieurs lés de tissu ; la manche étant elle-même cousue au corps du vêtement lisière contre lisière, en un montage que l'on peut appeler parallèle, pour le différencier de l'autre. Associée à l'usage de lés étroits, cette particularité entraîne généralement l'ajout de petites pièces triangulaires pour compléter le trapèze des manches, sur le devant pour l'une d'elles, à l'arrière pour l'autre (ill. 13-b). Alors que cela ne s'imposait pas, Poiret a lui aussi utilisé une petite pièce triangulaire pour terminer la forme de ses manches, mais avec des différences qui, toutes minimes qu'elles soient, paraissent significatives. Les pièces se trouvent toutes deux dans le dos et, on l'a vu, la broderie dessine deux pièces identiques sur le devant.

Enfin, l'ampleur est donnée par la couture des biais des panneaux médians et latéraux sur le droit-fil du corps des vêtements asiatiques, le droit-fil se retrouvant sur le côté, avec ou sans assemblage. Au contraire, le manteau de Poiret montre un assemblage droit-fil sur droit-fil des mêmes morceaux, les coutures sur le biais joignant les panneaux latéraux.

On le voit, tout en désignant avec insistance la source de son inspiration, Poiret a introduit des éléments caractéristiques des coupes européennes, soit qu'ils lui aient été dictés par les matériaux, sens du velours par exemple, soit que les savoir-faire dans ce domaine hautement spécialisé soient tellement intériorisés que les modifications par rapport au modèle se sont imposées d'elles-mêmes au créateur. En tout cas, la comparaison est passionnante par la mise en évidence des modèles conceptuels issus de l'interaction entre matériau, fonction et forme dans le domaine vestimentaire. Elle permet de mieux comprendre le processus de création qui a fait se combiner, chez Paul Poiret, l'imprégnation des lignes vestimentaires asiatiques avec les acquis de sa culture d'origine.

(Ci-contre et page suivante)
Dessins de François Durif.
Relevés de patrons
de Françoise Cousin.

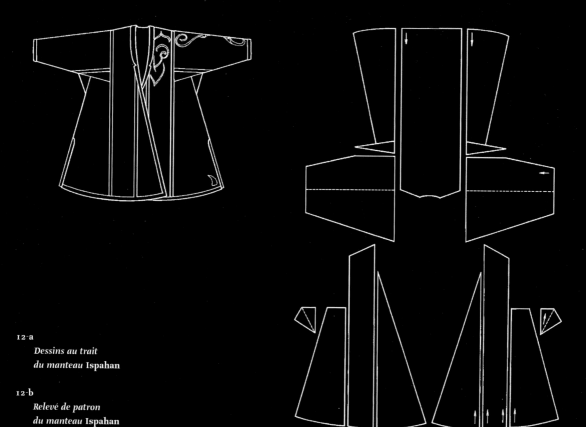

12-a
Dessins au trait
du manteau Ispahan

12-b
Relevé de patron
du manteau Ispahan

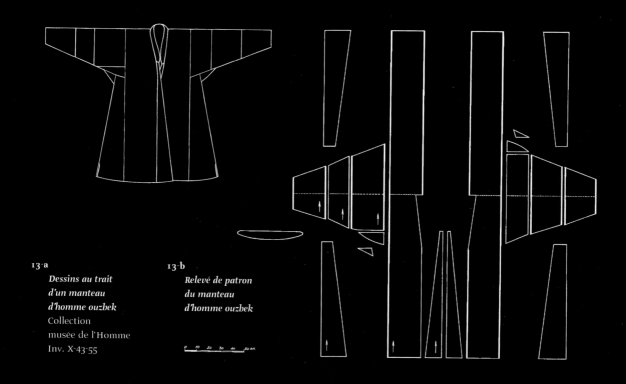

13-a
Dessins au trait
d'un manteau
d'homme ouzbek
Collection
musée de l'Homme
Inv. X-43-55

13-b
Relevé de patron
du manteau
d'homme ouzbek

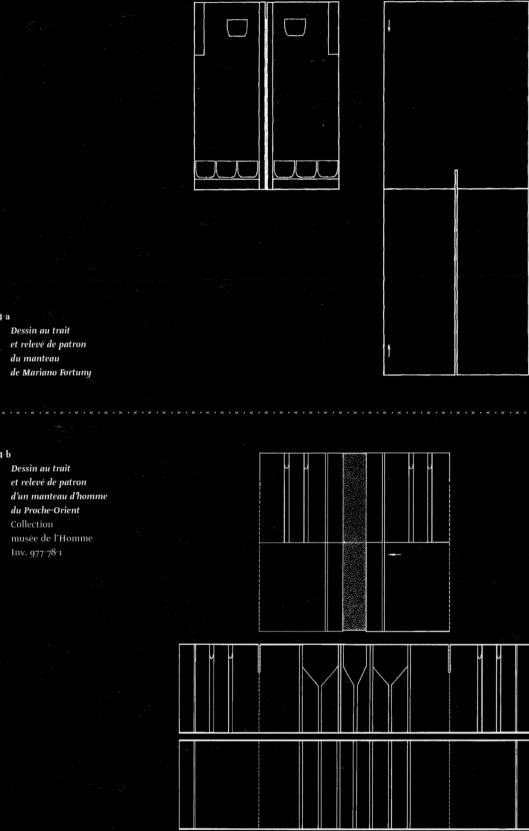

4-a
*Dessin au trait
et relevé de patron
du manteau
de Mariano Fortuny*

4-b
*Dessin au trait
et relevé de patron
d'un manteau d'homme
du Proche-Orient*
Collection
musée de l'Homme
Inv. 977-78-1

Rectangle et rectangle

Françoise Cousin

Le manteau créé par Mariano Fortuny au début du siècle a une coupe des plus simples. Il est fait dans deux rectangles de tissu : l'un pour le dos, l'autre, lui-même coupé en deux, pour le devant. Des coutures horizontales relient le dos et les deux demi-devants sur les épaules, tandis que des coutures verticales les relient latéralement, sous de simples ouvertures qui permettent le passage des bras. Le velours de soie dans lequel il est taillé lui confère une grande souplesse. La forme obtenue rappelle celle de manteaux employés au Proche-Orient par les hommes et connus sous le nom de *'aba*. Mais cette forme elle-même, dans sa simplicité, laisse place à des variations que la comparaison avec un manteau porté par les riches Bédouins du désert de Syrie, présenté à titre d'exemple, va mettre en évidence.

Le patron créé par Fortuny utilise une largeur de tissu de 103 cm, prise verticalement (ill. 14-a). Au contraire, pour le manteau syrien, les deux lés employés sont larges de 60 cm. En reps de soie à décor lamé, ils sont assemblés lisière contre lisière pour former la hauteur du vêtement, c'est-à-dire que le tissu est utilisé transversalement. Le grand rectangle ainsi obtenu est replié pour former un dos et deux demi-devants solidaires, fixés par des coutures d'épaule, tandis que deux fentes aménagées perpendiculairement à la lisière supérieure constituent les emmanchures (ill. 14-b). Une ouverture frontale large d'une quinzaine de centimètres dégage le cou et assure un port confortable du vêtement. Dans le modèle de Fortuny, la mise en place sur les épaules est favorisée par une simple fente sur la nuque, prolongeant dans le dos l'ouverture antérieure. On observe là deux solutions différentes au problème posé par la mise en volume d'un vêtement conçu à plat.

Quant au décor, la présente étude l'aborde uniquement dans son rapport au tissu utilisé et à la coupe, de façon à mettre en évidence des variations qui lui sont liées, indépendamment des différences stylistiques d'autre nature.

Le tissu employé par Fortuny est une panne de velours de soie rose. Un décor imprimé vieil argent, identique devant et derrière et symétrique, comprend des bandes continues et des motifs isolés répétés. Étant donné la largeur du tissu, la forme du vêtement et la technique décorative, le patron aurait pu éviter les coutures d'épaules. Par contre, le velours accroche différemment la lumière selon le sens dans lequel il est pris, il était donc important que devant et dos soient coupés dans le même sens. On se trouve en face d'une contrainte posée par le tissu, liée ici à sa matière, comme c'est le cas aussi pour le manteau *Ispahan* créé par Poiret. Parfois, la contrainte vient du décor proprement dit. En effet, lorsqu'une forme ne nécessite pas de couture aux épaules, l'utilisation d'un tissu aux motifs orientés peut entraîner une inversion dans leur position en passant du devant au dos. C'est pourquoi cette coupe s'accompagne souvent de l'emploi d'un tissu à décor géométrique n'opposant pas le haut et le bas, tel que des rayures ; l'alternative étant que la technique décorative intègre l'inversion du sens du décor en fonction des emplacements. Dans le manteau créé par Fortuny, le respect du sens du velours est doublé de l'orientation des motifs imprimés.

Le manteau syrien témoigne de la prise en compte, au moment de sa confection, du nécessaire raccord : en effet, le décor complexe du lé supérieur et celui, plus simple, du lé inférieur sont tissés de telle manière que les motifs se raccordent lorsque les deux lés sont assemblés. Cette même caractéristique se constate aussi bien dans des manteaux prestigieux comme celui-ci, fait de soie et d'or, que dans des exemples rustiques, où une laine assez rude est employée. Il est à noter que l'ornementation, toujours géométrique, est plus riche et élaborée dans le dos que sur le devant.

On voit ainsi que, même si la forme donnée semble identique, la comparaison met en évidence des variantes qui, des matériaux à leur manipulation, montrent, au-delà de la parenté, la richesse d'expression qui se manifeste dans ces deux manteaux en dépit de la simplicité de leur coupe. L'inspiration orientale est retravaillée pour créer un modèle définitivement original.

15
Manteau
Mariano Fortuny
1910-1914
MMT, coll. UFAC
Inv. 86-42-1

Poiret, rencontre Orient-Occident

FLORENCE MÜLLER

Chercher l'exotisme chez Poiret c'est trouver le fil conducteur de l'œuvre qui fascine près de soixante-dix ans après la fermeture de sa maison de couture. Avant 1914, son style métissé conjuge exotisme et relecture de l'histoire occidentale. Les époques du Directoire et de l'Empire donne un esprit « retour d'Égypte » à ses modèles de tuniques à taille haute portées avec des turbans. Poiret offrait alors de l'inédit en transposant les costumes de théâtre ou de bals travestis en vêtements de ville pour comédiennes ou grandes bourgeoises fascinées par la bohème artiste. Ses histoires d'odalisques et de sultan quitteront rarement les soirées dédiées aux contes persans. Mais après guerre, l'exotisme s'est fondu dans le vocabulaire stylistique de la haute couture et de la décoration : il n'étonne plus ! Les magasins du Printemps présentent une exposition d'art Chinois[1], les couturiers Premet, Jenny et Drecoll interprètent le costume indochinois[2], Rodier vante les mérites de ses tissus « nègres »[3]. Jeanne Lanvin ou Jean Patou répandent à profusion sur leurs robes-tuniques les broderies des pays de l'Est. L'hôtel Ritz de New York ouvre un jardin japonais, rendez-vous des snobs « (...) qui acceptent la mauvaise cuisine pourvu qu'elle soit servie dans un joli décor » (Poiret 1974, p. 202-203). Mais Poiret persiste dans la voie qui est devenue le signe reconnaissable de sa griffe. Est-ce pour s'être ainsi arrêté dans ce vocabulaire d'expression qu'elle donne des signes de faiblesse vers 1925 ? Poiret serait-il dépassé, alors que le nouveau chic pauvre de Chanel détrône les ors, l'encens et la soie ? N'est-il qu'un costumier, pire, un décorateur ?

La carrière de Poiret se situe à une époque de rupture : en abandonnant le corset, base traditionnelle de construction de la silhouette, la couture doit réinventer la structure des vêtements ainsi libérés. Poiret appartient aux deux époques, à l'ancienne par son goût du décoratif et à la nouvelle par ses recherches de coupes originales. Vers 1907, il révolutionne le traitement du vêtement en privilégiant la coupe à plat par opposition à la tradition occidentale du modelage. Mais, après guerre, tous les couturiers ont assimilé ce principe. Les manteaux ou les robes-sac dérivés du kimono habillent toutes les femmes. Poiret crée alors des montages plus étonnants comme la robe *Abbesse*[4] et son corsage

16
Robe **Marrakech**
Paul Poiret
MMT, coll. UFAC
Inv. 56-44-2

17
Tanger
ou les charmes de l'exil
Dessiné par Georges Lepape,
gravure extraite de
La Gazette du Bon Ton, n° 1
1920
CDMT, coll. UFAC

18
Robe Bretonne
Paul Poiret
1919-1925
MMT, coll. UFAC
Inv. 64-46-5

tablier fixé autour du cou, la robe *Exotique* (ill. 22) réalisée à partir d'une pièce de tissu imprimé à disposition ou *Bretonne* (ill. 18) robe donnant l'illusion d'un costume en trois pièces. Poiret se révèle alors maître dans le travail d'interprétation d'un vêtement traditionnel à un usage mondain et citadin. Georges-André Masson analyse la particularité de son travail : « Il faut une personnalité marquée pour porter *Abaï* ou pour oser *Négo*, cette splendeur miroitante d'or terni qui se distinguera de toutes les autres robes partout où on la mettra ; il faut vivre avec ces vestes, ces manches et ces manteaux étonnants que vous fera Poiret, car leur coupe veut dire quelque chose, c'est en vous qu'on doit le trouver, Ô femme qui revêtez tant de beautés [5] ». Luttant contre l'uniformisation du vêtement, il s'insurge contre la tristesse du costume occidental. Lors de son premier voyage d'après-guerre au Maroc il s'enthousiasme pour les fastes de l'Orient, ébloui par l'hospitalité luxueuse offerte par son ami le pacha de Marrakech El Glaoui. Dans ses palais arabes « Un européen y fait triste figure, même quand il arbore ses costumes officiels. Ah ! que j'aurai voulu porter ces gandouras superposées de toile de soie blanche et de mousseline de laine, de linge à beurre... » (Poiret 1974, p. 165). En 1919, ne pouvant « se remettre au travail avant d'avoir repris contact avec quelque élément de beauté vivifiant et pur » Poiret s'était rendu au Maroc (Poiret 1974, p. 169). Certains de ses modèles portent le souvenir de ce voyage merveilleux et d'une croisière qui le conduisit sur les pourtours de la Méditerranée avant-guerre : un manteau à capuche en shantung beige brodé et un manteau très directement inspiré du burnous par sa couleur de terre, son tissu et ses ornements de passementerie [6] (ill. 17) et la robe *Fontaine* en toile blanche brodée bleu et or (ill. 20). Cette dernière lui aurait été suggérée par la vision des fontaines de Fez « la plus belle chose que j'aie vue au monde » (Poiret 1974, p. 171), mais cette évocation de carreaux de faïence pourrait aussi bien provenir d'Andalousie. Dans la robe *Peloute* [7] de velours brodé de jours, le motif évoque plutôt la Turquie et le modèle *Marrakech*, malgré son nom, semble directement issu de la Tunisie (ill. 16). Sa broderie évoque très précisément l'emploi de « tal » tunisien (broderie de lames d'argent ou d'or) et son dessin une tunique de mariage. Le musée du Bardo à Alger conserve une tunique de mariage de la ville de Sfax au motif quasiment identique : décor linéaire sur le plastron, la bande médiane et le bas, décor floral en bandes obliques sur le reste du tissu [8]. La coupe, le montage des emmanchures et de l'épaule, les garnitures et la couleur de la robe diffèrent des tuniques sfaxiennes plutôt roses ou bleues. Une bande de chinchilla, détail de mode, a été ajoutée dans le bas de la robe. S'agit-il d'une reproduction

19
*Photo de copyright,
modèle* Pondichéry, n 10
31 janvier 1923
CDMT, coll. UCAD

de broderie tunisienne, la technique de la broderie en lames de métal étant familière en France ? Ou le modèle de Poiret est-il formé d'un « collage » de plusieurs éléments de broderies tunisiennes ? L'aspect « bricolé » du bas de la broderie (composée de deux bandes brodées l'une froncée sur le devant, l'autre plate dans le dos), et le raccord imparfait de la couture du côté gauche de la robe laissent supposer qu'il s'agit d'un montage de différentes pièces. Paul Poiret aurait-il pu rapporter de voyage des exemples de ces tuniques tunisiennes ? On observe ailleurs des pratiques identiques. Le lien de passementerie qui orne la veste portée par madame Poiret sur la photo prise au Plaza Athénée en 1913 semble une authentique ceinture du Maghreb, comme dans la photo de copyright n 2 du 7 août 1919[9 et 10].

L'ensemble des photos de copyright de Poiret conservé par le musée donnent une bonne idée de l'ampleur du thème exotique dans son travail des années 20. Elles peuvent se répartir en trois groupes d'inspiration : pourtour du bassin méditerranéen, pays d'Europe centrale et Extrême-Orient. S'ajoutent à cela de plus rares influences indoues ou persanes. Les motifs de *Pondichéry* n° 10 (du 31 janvier 1923) (ill. 19) s'apparentent aux tissus de l'Inde ou du Cachemire et le modèle *Abd El Krim* n° 37 (du 4 novembre 1925) évoque le Pakistan[11].

Les influences méditerranéennes se révèlent dans le manteau n° 7 (du 23 juin 1919), dans la robe n° 12 (du 8 juillet 1919), lointain souvenir du costume de l'île de Malte, ou dans la robe n° 2 (du 11 février 1920) dont le décor de tablier s'apparente au costume paysan de l'Italie du Sud. La cape n° 10 (du 11 février 1920) rappellerait le costume espagnol ou portugais. De nombreux sarouals semblent dérivés des modèles turcs (n° 25 du 23 juin 1919) ou algérois. Le tailleur n° 8 (du 2 février 1920) pourrait évoquer le costume algérois berbère par l'utilisation du lainage blanc et du décor noir placé aux coutures. Les structures ou décors du n° 25 (du 1er août 1919) et du n° 5 (du 2 février 1920) rappellent le caftan ; la surrobe du n° 21 (du 9 mars 1926) se rapproche du costume citadin algérois ou tunisien et les broderies de la robe *Irak* n° 93 (du 2 mars 1926) du costume zoroastrien. Le modèle n° 18, d'avril 1925, pourrait dériver d'un châle irakien ou d'Afrique du Nord, l'effet de draperie-tablier du modèle *Sérail* n° 3, du 13 avril 1923, évoque le Maghreb ou l'Asie Mineure...

On ne peut trancher nettement entre certaines sources d'inspiration tant elles se mêlent dans un mixage d'images : comme dans le modèle n° 8 (du 10 février 1920) (ill. 21), ou la robe *Sonia* (n° 6 du 9 mars 1926) évoquant autant la Roumanie que l'Ukraine ou la Yougoslavie[12]. Ailleurs, les motifs soulignant la taille du modèle *Magiar* n° 28 (du 13 février 1923) évoquent la Yougoslavie ; dans les ornements on remarque la ceinture à

20
Robe Fontaine
Paul Poiret
1919-1925
MMT, coll. UFAC
Inv. 61-32-1

21
Photo de copyright n° 8
10 février 1920
CDMT, coll. UCAD

*AEDTA/Paris : Association pour l'étude et la documentation des textiles d'Asie

22
Robe Exotique
Paul Poiret
MMT, coll. UFAC
Inv. 63-18-11

deux plaques de la robe n° 1 (du 22 août 1919) d'un type que l'on trouve aussi bien en Yougoslavie qu'en Grèce. L'effet de gilet de la robe *Slovène* n° 44 (du 14 août 1923) pourrait provenir des Carpathes. La tunique du modèle *Volga* n° 49 (du 14 août 1923) rappelle assez précisément une chemise russe [10].

Enfin, appartenant au thème extrême-oriental se rattachent les modèles dérivés du Japon et de son kimono (n° 21 du 16 juillet 1919, *Mikado* n°s 9, 10, 11, du 13 février 1924, *Mikado* n°s 38, 39, du 29 janvier 1924). Les motifs de tissus par leur disposition (notamment le placement espacé du n° 12 (du 10 février 1920) ou leur thème, comme les branches de fleurs de pruniers de *Mandchou* (n° 24 du 11 août 1921) s'apparentent aux textiles japonais [13]. Celui du manteau n° 2 (du 19 février 1920) rappelle les motifs des tissus chinois des XVIIe et XVIIIe siècles (ill. 23). Certains motifs combinent l'inspiration japonaise et chinoise : le traitement mi-partie de *Degas* (n° 44 du 9 mars 1926) et le goût pour l'asymétrie d'esprit Japonais, tandis que les motifs seraient une libre interprétation d'écriture ancienne chinoise. Dans *Corée* (n° 61 du 2 août 1924) les nuages appartiennent plutôt au Japon et les vagues à la Chine. Les tissus d'inspiration chinoise reprennent les motifs des ondulations et des vagues (n° 5 du 16 février 1920), du médaillon associé à la vague (*Han* n° 37 du 13 février 1923), du médaillon et des entrelacs (*Wishnou* n° 27 du 11 août 1921), de l'écriture préhistorique (*Hara Kiri* n° 29 du 1er février 1923), ou encore des vagues et des montagnes (*Mikado* n° 56 du 14 août 1923) [14]. Des motifs assez similaires à ceux du manteau *Assuerus* (n° 2 du 16 septembre 1921) apparaissent sur une robe chinoise du XIXe siècle conservée dans les collections de l'AEDTA/Paris*. Les modèles *China* (n° 16 du 29 février 1928) ou *Céleste* (n° 14 du 29 février 1928) appartiennent à la Chine par leur système de fermeture. Le style baroque du modèle *Foujita* (n° 49 du 6 février 1924) l'apparente aux kimonos d'exportation. Dans le modèle *Mikado*, plus que la manche de style kimono c'est la coupe asymétrique du modèle qui évoque le Japon. L'ampleur et l'aspect ostentatoire de *Tou-Zchéou* (n° 32 du 3 août 1923) rejoint le style des kimonos de théâtre. Certaines coupes évoquent explicitement la Chine comme la veste *Samouraï*, malgré son nom (n° 80 du 6 août 1924), ou la robe *Talisman* (n° 23 de 1925).

À ces modèles d'origine identifiable s'ajoutent les exotismes d'inspiration plus fantaisie, comme le modèle n° 21, du 2 juin 1919, à effet d'étole de prêtre orthodoxe. Dans cette catégorie, les plus beaux modèles présentés sur Renée, le mannequin favori de Poiret, s'apparentent

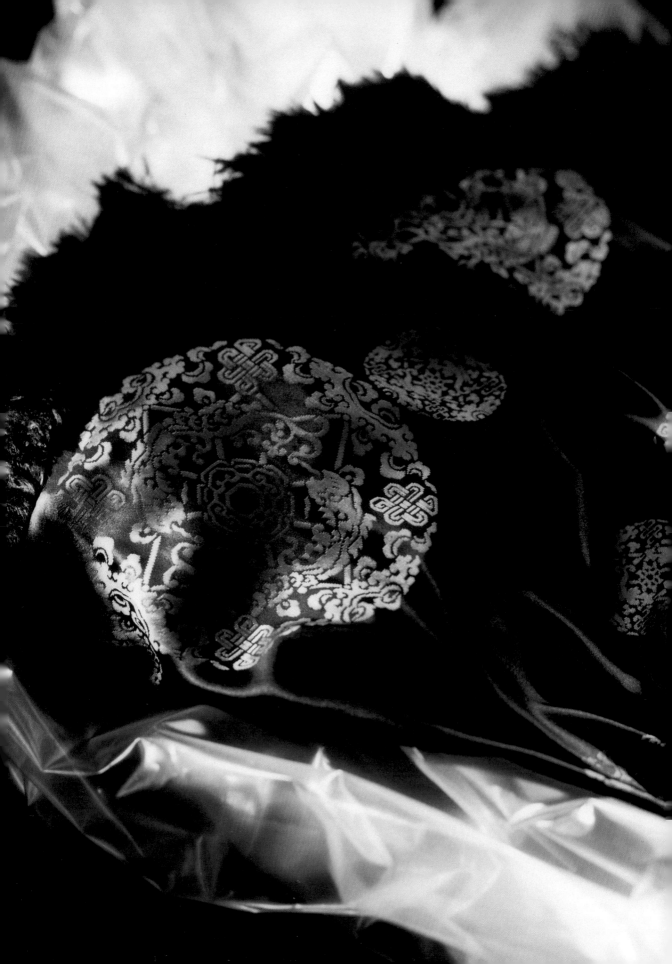

23
Robe **Han Kéou**
Paul Poiret
MMT, coll. UFAC
Inv. 63-18-9

à la vision Renaissance de l'Orient également revisitée par Mariano Fortuny (n° 7 du 10 juillet 1919, n° 1 du 10 février 1920, ou *Maharadjah* n° 37 du 9 août 1921). Leur coupe ample laisse la vedette au tissu dont la somptuosité évoque un Orient purement imaginaire (ill. 25). Mais, à l'exception du modèle *Marrakech*, les autres modèles appartiennent également au domaine de l'évocation, de l'allusif, de l'emprunt très librement interprété. Des éléments importants les distinguent très nettement de leur source d'origine. Le mélange des structures (robe-manteau *Fontaine*), la disposition des motifs (modèle *Gondole*, évoquant le soleil et l'arbre de vie des broderies balkaniques) et surtout la signification attachée au vêtement les opposent radicalement. Dans le costume traditionnel la qualité des finitions, la somptuosité des broderies et du textile signifient la richesse du possesseur aux yeux de la communauté. Dans la mode en revanche, l'effet, la qualité novatrice, l'inventivité, l'unicité priment sur la réalisation du vêtement. Les broderies des robes de Poiret sont inférieures en richesse à leurs modèles d'origine [15]. Enfin, la notion de costume simplifié en une pièce, élément novateur des années 10-20 achève de creuser le fossé le séparant du costume traditionnel basé sur la multiplicité des éléments [16]. Les robes de Poiret sont bien de purs objets de mode, œuvres d'un admirateur sincère de la culture des pays visités ou étudiés. Le couturier explorateur en ranime le souvenir dans une interprétation compréhensible par des citadins occidentaux tout en rendant hommage à ces esthétiques lointaines et ignorées.

24
Détail de l'idéogramme de la Tunique **Mandchou**
Paul Poiret
Août 1920
MMT, coll. UFAC
Inv. 86-07-58

Cet idéogramme signifie « caresser »

25

Photo de copyright n° 7
10 juillet 1919
Renée, le mannequin favori de Paul Poiret, en robe à traîne.
CDMT, coll. UCAD

Notes

1. *Femina*, décembre 1920.
2. *Vogue*, 1ᵉʳ avril 1923.
3. *Vogue*, octobre 1923.
4. Robe, vers 1920, musée de la Mode et du Textile, coll. UFAC.
5. *La Gazette du Bon Ton*, n° 8, Paris, 1921, p. 241.
6. Modèles conservés dans la collection de Colin Poiret. Le second a été publié dans *La Gazette du Bon Ton*, gravure intitulée *Tanger ou les charmes de l'exil*.
7. Ou *Spi*, robe de 1922, musée de la Mode et du Textile, coll. UFAC.
8. Tatiana Benfoughal, *Les Costumes féminins de Tunisie. Collections du musée du Bardo d'Alger*, Alger, ministère de la Culture, 1983. Documentation communiquée par Hervé Cabezas, musée de l'Homme.
9. Modèle conservé dans la collection de Colin Poiret.
10. Entretien avec Yvonne de Sike, chargée du département Europe au musée de l'Homme et Tatiana Benfoughal, ingénieur d'étude au département Europe du musée de l'Homme.
11. Thème qui semble également présent dans l'ensemble veste et jupe imprimé vers 1920, musée de la Mode et du Textile.
12. La robe *Bretonne* présente un compromis entre un gilet breton et un type de broderie balkanique.
13. Entretien avec Fashiko Hosoda, de l'AEDTA.
14. Un modèle similaire identifié par Fashiko Hosoda appartient aux collections du Kyoto Costume Institute. Publié dans le catalogue d'exposition *Japonisme et Mode*, musée de la Mode et du Costume, Palais Galliéra, Paris, éditions Paris-Musées, 1996.
15. Voir *Spi* ou *Fils du ciel*.
16. La robe *Bretonne* résume cette distinction fondamentale : elle suggère en trompe-l'œil un costume composé d'une blouse, d'un gilet et d'une jupe, mais ces éléments forment un tout indissociable.

L'auteur remercie Yvonne de Sike, Tatiana Benfoughal et Hervé Cabezas, du musée de l'Homme ainsi que Fashiko Hosoda, AEDTA/Paris.

26

Photo de copyright du modèle Djibouti, *n° 21*
9 mars 1926
Modèle inspiré du costume citadin algérois ou tunisien
CDMT, coll. UCAD

Les Années folles : l'exotisme dans la mode et le textile

Pamela Golbin

Après quatre ans de combats et de souffrances, les années 1920, surnommées les Années folles, expriment un désir d'évasion et de défoulement, associé à une recherche avide des plaisirs.

Moment clé de l'histoire de la mode, cette période voit l'émergence d'un nouvel idéal féminin, « la garçonne », jeune femme libre à la silhouette androgyne. De forme droite, les robes composées de deux panneaux de tissu cousus aux épaules effacent les courbes du corps. Elles s'enfilent par la tête. Le corset baleiné et les systèmes compliqués d'agrafes et de boutons-pression d'avant-guerre disparaissent. La simplicité et le dépouillement de la silhouette font que pinces et coutures deviennent des éléments décoratifs.

La variété et la richesse des étoffes constituent la principale ornementation de ces robes à la coupe quasi uniforme. Les industriels français du textile présentent pour le soir des tissus à la fois légers et somptueux, riches par leur utilisation des fils métalliques. Pour le jour, ils proposent des lainages souples et colorés (ill. 2).

Fait nouveau, l'exotisme des années 1920 assimile les folklores des pays d'Europe centrale et de Russie. Affluant à l'Ouest, et notamment à Paris, les émigrés fuient les nouveaux régimes apparus après la chute de l'empire austro-hongrois et la révolution bolchevique de 1917, introduisant ainsi ces influences.

L'Asie continue à fasciner l'Occident. Le kimono, costume traditionnel japonais, fait connaître la technique de la coupe à plat, méthode de coupe basée sur des panneaux géométriques qui ne prennent pas en compte les formes du corps (Fukai 1996, p. 56). L'Afrique du Nord est aussi objet d'intérêt. Dans la mode, ceci se traduit par l'influence des vêtements de coupe droite comme le burnous, manteau en laine à capuchon, ou la gandoura, tunique longue sans manches portée sous le burnous. Ces vêtements étrangers traditionnels s'inscrivent dans le

1
Jeune femme avec ombrelle
Photographie
en noir et blanc
Vers 1925
CDMT, coll. UFAC

2
Page d'album d'échantillons :
« Robes, printemps 1923,
*II, Claude Frères & C*ie *»*

En laine et soie, ces échantillons double étoffe à aspect « matelassé » ou « bosselé » sont connus, à l'époque, sous l'appellation technique, « doubla cloky »
Vogue, 1er février 1923, p. 39
CDMT, coll. UCAD

3
« Rosine rêve des nouveaux tissus »
Vogue (édition française),
octobre 1923, p. 38
CDMT, coll. UFAC

goût de l'époque du fait du confort, de la liberté de mouvement et de l'indifférenciation du sexe qu'ils autorisent.

Parmi les accessoires, l'ombrelle japonaise, souvent en papier huilé, devient l'agrément indispensable des ensembles de plage élégants (ill. 1). Une fois ouverte, sa couverture de forme plate dévoile des compositions aux motifs floraux. Elle protège du soleil une peau qui s'initie dès cette époque à la pratique du bronzage. La pochette, adaptée à la nouvelle silhouette longiligne, reprend la forme et les motifs géométriques des sacs marocains en cuir. Le sac du soir, petit étui à gland suspendu au bras, qui contient poudre, rouge à lèvres et mouchoir, s'inspire de pendentifs chinois. Les chaussures à brides et talons bobines sont déclinées dans des tissus lamés et clinquants, elles s'inspirent de temps à autre des babouches turques.

Les tissus de la maison Rodier

« Rosine, ravie, qui n'avait vu du Maroc jusqu'ici que le raid Citroën au cinéma, bat des mains à la vue des murailles blanches des villes... Ensuite les tribus leur apportent les dernières nouveautés de la saison : Cachemires de Ghazan, Broderies Chleuh, Pékins raillaines damassées, créations de Rodier, toujours heureux dans ses inspirations coloniales... »[1].

L'héroïne de ce voyage inattendu, Rosine, jeune femme du monde, part en rêve à la recherche de nouveaux tissus (ill. 3). C'est sur le continent d'Afrique qu'elle trouve les sources d'inspiration des nouvelles créations de la maison Rodier, tels le *Ziblikasha de Man-La* et l'*écharpe de Chan-Doc*.

Dans la mode des années 1920, la maison Rodier, fondée en 1853, joue un rôle prépondérant qui touche à tous les aspects de la production textile : tissus pour la mode, tentures d'ameublement, « tissus de vitrage » pour rideaux ou voilages, linge de table et couvertures d'automobile. Réunissant confort et raffinement, le *kasha*, tissage exclusif fabriqué à partir de la laine des chèvres du Cachemire, est lancé lors de la première guerre mondiale. Il sera décliné sous des nombreuses variantes et fera par la suite la renommée de la maison.

À la tête de la maison, Paul Rodier introduit un certain dynamisme dans la création textile. Un sens parfait de l'harmonie et de la mesure préside aux combinaisons des couleurs les plus variées. Les dessins sont nets, lumineux et souples, réalisés dans des tonalités chaudes. Le tissu lourd et rigide d'avant-guerre devient une création vivante qui participe au mouvement du corps.

La maison Rodier veut apporter au textile plus qu'une perfection technique. Elle souhaite offrir aux femmes « une friandise de vêture ». Les colonies françaises, tout particulièrement l'Algérie, le Maroc et l'Indochine, fournissent la documentation décorative pour ses créations. Pour renforcer ces sources d'inspiration, chaque tissu est connu sous une appellation évocatrice de l'exotisme recherché. Tous ces tissus forment ainsi une grande famille technique dont seule l'appellation agit comme caractère commun.

La « marokellaine », apparue en 1922, s'apparente au drap indigène du Maroc. Sa surface est rugueuse, ce qui est dû à la longueur inégale des fils. Le tissu dénommé *djellaba d'El Hajeb* est un lainage tissé à la façon marocaine, sans plus de précision technique, et sur lequel est reproduite, en deux teintes, une broderie indigène. Les « rezocrêpe du Cambodge », « tchinellaine », *djersakashatulla* proposent des originalités de texture, des dessins nouveaux et des couleurs inattendues.

Accessoire très en vogue au début de la décennie, l'écharpe se porte de manières diverses : assortie à un ensemble, partie intégrante d'une robe ou bien totalement indépendante.

Le tissu nommé « l'écharpe de Chan-Doc », en l'occurrence une étole si l'on se réfère à ses dimensions, est en crêpe de soie imprimé à motif ikat (ill. 4). La composition est adaptée à la largeur et à la longueur de la pièce et suit les bordures du tissu, laissant au centre un champ uni et rectangulaire. Les motifs géométriques sont imprimés par passages successifs d'orange, de vert et de noir.

Rodier s'inspire de l'ikat, technique venue de l'Indonésie et par laquelle le textile subit un procédé de teinture partielle, appliqué aux fils de chaîne et/ou de trame avant tissage[2]. Il simplifie le système de réserve sur les parties du fil destinées à rester de couleur naturelle en imitant l'effet *flammé* recherché par la seule impression du tissu.

4
Étole en crêpe de soie imprimé à motif ikat
Rodier
Vers 1923
106 x 180 cm
MMT, coll. UCAD
Inv. 996-110-1

Raoul Dufy

5 (page suivante, à gauche)
Tissu Fleurs et Éléphants
Satin de soie dit « ondoyant »
Dessin de Raoul Dufy
Édité par la maison
Bianchini-Férier
1920
80 x 150 cm
MMT, coll. UCAD
Inv. 21952

Le peintre Raoul Dufy choisit l'étoffe comme support de création d'une œuvre originale. En 1908, Paul Poiret l'engage comme « peintre sur tissu » afin de transposer sur textile la technique de la gravure sur bois. Dufy cherche à exploiter les ressources de cette technique qui associe des violents contrastes de noir et blanc à un certain ordre de la couleur. Selon lui, elle se résume par l'équation « couleur = lumière ». C'est donc par un graphisme net et vibrant, opposé à des couleurs intenses qu'il traite ses thèmes préférés : les fleurs, les animaux et les scènes de la vie quotidienne. Alors que l'inspiration exotique chez Rodier se manifeste par des techniques de tissage ou des appellations évocatrices, Raoul Dufy la traduit par des décors et des thèmes à référence explicitement exotique. Ses compositions féériques font allusion au rêve qui provoque le dépaysement désiré.

Souvent empruntés à l'imagerie orientale, ses motifs se rattachent aux illustrations qu'il a réalisées en 1908 pour le *Bestiaire*, recueil de poèmes de Guillaume Apollinaire. Nous les retrouvons dans ses compositions pour la maison de soieries lyonnaise Bianchini-Férier, pour laquelle Raoul Dufy dessine de 1912 à 1928. L'*Encyclopédie des arts décoratifs de l'Orient*, publiée à la fin du XIXe siècle, lui sert de référence. Ses choix d'animaux, de fleurs et de personnages, sont en rupture avec le vocabulaire décoratif de l'époque. Considéré comme maître de la fleur, Dufy puise son inspiration dans les étoffes indiennes et chinoises dont les motifs organisés en dispositions géométriques sont répétés à l'infini.

Le tissu imprimé « Fleurs et Éléphants » de 1920, témoigne de la recherche sur la profondeur de champ qu'il traduit par une « harmonie entre plein et vide » (ill. 5). Entouré chez Bianchini-Férier par des spécialistes qui prennent en charge tous les problèmes techniques, Raoul Dufy se consacre au dessin et à la recherche chromatique. Ce satin dit « ondoyant » présente, sur un fond noir, un décor composé d'un motif d'éléphant orange aux défenses blanches, tenant dans sa trompe une branche verte terminée par trois feuilles brunes. Les couleurs, savamment placées, créent le dynamisme de la composition.

Tissu façonné mis en fabrication par la maison Bianchini-Férier en octobre 1918, « La Cour de Chine » est un damas au décor tricolore (ill. 6) à motifs de personnages chinois intégrés dans des éléments d'architecture.

Ce thème fait allusion à la vogue du salon chinois au début des années 1920. Celui-ci réunit des objets anciens et modernes dont la

6 (à droite)
Tissu La Cour de Chine
Damas de soie
Dessin de Raoul Dufy
édité par la maison
Bianchini-Férier
1918
70 x 80 cm
MMT, coll. UCAD
Inv. : 21955

provenance n'est pas toujours orientale. Le salon a pour but de créer une ambiance harmonieuse, séduisante et exotique, et non pas d'imiter d'une façon exacte le goût chinois. En 1920, une réédition en tissu d'ameublement de « La Cour de Chine » s'inscrit dans cette mode.

Broderies slaves

Les Russes blancs en exil influencent profondément les diverses branches de l'art contemporain : musique, danse, littérature, théâtre, et aussi, tout particulièrement, la mode.

À Paris, cette colonie ruinée par la révolution survit par tous les moyens. Pour la première fois, les grandes dames de l'aristocratie sont vendeuses ou mannequins dans les maisons de couture, ou encore directrices d'ateliers de couture, de broderie ou de dessin. Celles qui peuvent rassembler les capitaux nécessaires préfèrent lancer leur propre griffe. Dès 1924, la maison Irfé, appellation constituée à partir des prénoms des fondateurs, est ouverte par la princesse Irène et le prince Félix Youssoupoff.

En 1923, le magazine *Jardin des Modes* présente à ses lecteurs les Ateliers d'art russe. Dirigés par Madame de Poliakoff, ils proposent des robes de jour agrémentées de broderies à motifs géométriques. Le décor, dont la technique n'est pas spécifiée, reste simple et bicolore. Ces ateliers remplissent une fonction précise : encourager et faire connaître le travail de leurs membres afin de leur apporter « à la fois le réconfort moral et pécuniaire[3] ». Les modèles présentés sont faciles à porter, tout particulièrement pour le sport, et suivent les tendances de la mode. Cette même année, le châle est agrémenté de broderies similaires.

Un an après l'expérience des Ateliers d'art russe, Mrs. W. K. Vanderbilt fonde le Bureau d'assistance par le travail pour les Russes en France afin de promouvoir leur talent auprès d'un plus large public[4]. L'association est divisée en trois sections : la broderie et la couture, les produits de beauté, les meubles peints. Faits à la main et réalisés dans des mélanges de couleurs inédits, les objets de la première section traduisent des influences orientales. Les applications de cuir en petites découpures sur le tissu sont une des spécialités de l'association.

D'autres expériences autour de l'art traditionnel russe sont lancées. *Kitmir*[5], atelier de broderie mécanique situé au 7, rue Montaigne, à Paris[6], est créé par la grande-duchesse Marie sur les conseils de Mademoiselle Chanel avec laquelle elle travaillera longtemps en exclusivité.

Au-delà de ces ateliers dédiés à l'aide d'une communauté en désarroi, les motifs des costumes populaires des pays d'Europe centrale connaissent un succès de mode. En 1926, des broderies reproduisant des dessins slovaques sont proposées comme ornementation de robes de campagne (ill. 7). Elles sont supposées posséder un caractère décoratif indémodable.

7
*Robe de jour
en taffetas de soie*
Sans griffe
Vers 1923
MMT, coll. UFAC
Inv. 73-27-11

Les broderies multicolores en fils de coton évoquent les motifs qui ornent les robes traditionnelles yougoslaves.

La maison de couture Callot Sœurs

« Callot s'inspire de l'art chinois, ses modèles sont d'une grande pureté de lignes. On y peut admirer des sortes de gandouras, c'est-à-dire des kimonos, comme ceux dont sont habillés des personnages qui animent de leur vie de rêve les laques chinoises, les meubles et les paravents du Céleste Empire. »[7]

Gandouras, kimonos, laques chinoises et paravents constituent un amalgame d'évocations qui composent le vocabulaire décoratif des sœurs Callot. Ouverte en 1895, cette maison réunit les talents de quatre sœurs, Marie Gerber, Marthe Bertrand, Regina Tennyson-Chantrell et Joséphine Crimont. Elles cherchent à habiller le corps de tissu et non pas à construire un costume sur le corps. Madeleine Vionnet, première d'atelier chez Callot Sœurs de 1901 à 1906, décrit les robes de Marie Gerber comme des véritables « chefs-d'œuvre[8]. »

Les robes des sœurs Callot suivent les formes du corps au lieu de les façonner. La noblesse de la matière est respectée. Le tissu, soigneusement choisi, est maître-d'œuvre et dicte la silhouette qui en découle. Le style de la maison est nourri d'une documentation approfondie, d'une connaissance de l'histoire de la mode et d'un goût affirmé pour l'exotisme.

Accueillies avenue Matignon, les clientes sont reçues dans le salon chinois. Tapis de l'époque K'ang-Hi, paravent en laque de Coromandel, peintures sur soie de l'époque Song voisinent avec des commodes et des fauteuils Louis XV[9]. L'Extrême-Orient est vécu à l'occidentale.

Modèle représentatif de la production de la maison Callot Sœurs au début des années 1920, le manteau du soir *Doux Rêve* est conservé au musée (ill. 8). Il associe une coupe à plat évoquant le kimono japonais, aux caractéristiques particulières du burnous traditionnel de l'Afrique du Nord. Un seul panneau rectangulaire de satin façonné liseré bleu turquoise aux motifs jaunes compose le dos du manteau, alors que deux panneaux assortis en forment le devant. Chaque manche est constituée d'un panneau. Les lisières ne sont pas cachées dans une doublure mais, au contraire, sont laissées visibles et traitées en tant que détails décoratifs. Coupé en biais, le col châle se termine dans le dos par un gland. Un effet de capuche en résulte rappelant ainsi le burnous algérien. Devant, le col s'agrémente d'un gland de passementerie qui permet un croisement de panneaux faisant allusion à la fermeture du kimono, malgré l'absence d'une la ceinture traditionnelle, l'*obi*.

Les influences d'Afrique du Nord sont aussi présentes dans la robe de jour en satin et mousseline noirs (ill. 9). Du début des années 1920,

8 (ci-contre)
Manteau du soir en satin façonné liseré
Modèle **Doux Rêve**
Callot Sœurs
1920-1923
MMT, coll. UFAC
Inv. 78-36-1

9 (double page suivante, à gauche)
Robe en satin et mousseline noirs
Broderie aux points lancés
Callot Sœurs
MMT, coll. UCAD
1920-1923
Inv. 990-925

10 (double page suivante, à droite)
Manteau du soir en satin façonné lamé or
Modèle **Casanova**
Callot Sœurs
1925
MMT, coll. UFAC
Inv. 56-21-7

elle exprime la simplicité recherchée à l'époque : aucun système de fermeture, deux panneaux cousus aux épaules, une discrète ornementation. Les broderies ton sur ton au point lancé sont réalisées en fils mats et brillants. Un jeu de lumière laisse discerner le décor stylisé d'influence turque : motif de croissant et de fleur conique. Le burnous algérien est de nouveau source d'inspiration avec l'utilisation des glands.

Le kimono est également évoqué par le modèle *Casanova* de 1925 (ill. 10). Ce manteau du soir en satin façonné lamé or est composé d'un seul panneau rectangulaire au dos et de panneaux triangulaires en satin noir aux manches. Le vocabulaire plastique du travail de la laque est traduit par le vif contraste des couleurs noir, rouge et or.

À cette même époque, les sœurs Callot lancent leur premier parfum appelé *La fille du roi de Chine*[10] (ill. 11). Le choix de ce titre ne prend pas en compte la réalité historique : aucun régime monarchique n'a existé en Chine. L'appellation sert simplement à nourrir le rêve et l'évasion vers un imaginaire exotique.

11

La fille du roi de Chine
Bouteille de parfum
et emballage
Callot Sœurs
1923
MMT, coll. UFAC
Inv. 73-27-366 AB

Jeanne Lanvin

Jeanne Lanvin débute à la Belle Époque en réalisant des modèles pour sa fille Marie-Blanche. Elle restera par la suite fidèle à cet esprit jeune en conservant une grande fraîcheur d'inspiration. C'est par ses créations pour la broderie qu'elle impose un style original, influencé par le folklore des pays d'Europe centrale, d'Afrique du Nord et de l'Orient. Chacun des trois cents modèles présentés par saison fait apparaître la diversité des influences : *Téhéran* (1921), *Maroc* (1922), *Singapour* (1923), *Pékin* (1924).

Les archives de la maison Lanvin nous renseignent d'une manière exceptionnelle sur ses sources d'inspiration, ainsi que sur ses méthodes de travail. Comme beaucoup de ses contemporains, Jeanne Lanvin collectionne précieusement des broderies et des tissus anciens, s'intéressant aussi à leur histoire. Deux ateliers au sein de la maison, celui de Madame Camille et celui de Madame Mary, se consacrent à plein temps à l'expérimentation et à l'élargissement du vocabulaire ornemental élaboré par Jeanne Lanvin. Une fois le motif trouvé, des variantes peuvent être utilisées à plusieurs reprises et des années durant. En réserve, des centaines de motifs sont prêts à être utilisés. Au cours de ses voyages, Jeanne Lanvin constitue une véritable bibliothèque d'étoffes, réunissant de la documentation imprimée et une collection de costumes traditionnels provenant d'Inde, de Russie, d'Afrique...

Dès les années 1910, la maison Lanvin tente de lutter contre la copie en déposant le copyright de ses créations [11]. Les modèles sont photographiés de face, de profil et de dos. Au verso, chacun est daté et signé par le couturier. Les prises de vues des modèles *Calypso* et *Sousouki* témoignent de cet effort (ill. 12 a et 12 b).

Malgré un nom évocateur de l'île méditerranéenne, le modèle *Calypso* de la collection de 1922 traduit une inspiration des pays slaves. Les broderies imposantes placées de part et d'autre du décolleté en pointe et la ceinture nouée et serrée sur le côté gauche, font allusion au vêtement traditionnel roumain.

De 1925, le modèle *Sousouki* associe un intérêt certain pour la culture japonaise et le goût Art déco avec les tendances à la mode. La silhouette de ce manteau du soir, et plus particulièrement le travail des manches, évoquent le kimono. Les médaillons, éléments décoratifs, reproduisent un vocabulaire d'abstraction et de géométrie propre à la vogue de l'époque. L'*obi*, ou ceinture en lamé, ferme les panneaux croisés et serre la taille basse.

12 a et 12 b
*Photographies
de dépôt des modèles*
Calypso *et* **Sousouki**
Jeanne Lanvin
1925
CDMT, coll. UCAD

13 (page de gauche)
*Robe de jour en crêpe
de soie et sergé de laine*
Modèle Byzance
Jeanne Lanvin
1920
MMT, coll. UFAC
Inv. 67-13-13

Le modèle *Byzance* date de la collection printemps-été 1920 (ill. 13). Cette robe-tunique droite, au-dessous de la cheville, est composée d'un corsage en crêpe de soie « bleu Lanvin », un bleu lavande rappelant une fresque Renaissance admirée par la créatrice, et d'une jupe en sergé de laine bleu marine. Le corsage présente une encolure ronde, fendue, fermée par un bouton et soulignée par une pièce d'organdi blanc qui se répète au niveau des poignets. La broderie, réalisée par l'atelier de madame Mary, évoque les broderies palestiniennes qui ornent le *malak*, robe traditionnelle de Bethléem (*Mémoire de soie*, 1988, p. 259).

Longue tunique à l'encolure ronde et fendue, le *malak*, est taillé dans le tissu du même nom. Depuis son utilisation au XIXe siècle, cette robe, destinée à un usage quotidien, est noire et brodée à l'empiècement de l'encolure. Seuls le bas des manches pagode, resserrées aux poignets, le plastron et les fentes sont brodés. Vers 1900 apparaît la

14

Dessins de mode au crayon et à la gouache sur calque et échantillons de tissus
Modèle *Byzance*
Modèle *Turkestan*
Modèle *Ivanoff*
Jeanne Lanvin
1920
Patrimoine Lanvin

broderie en couchure, réalisée au passé plat à l'aide d'une cordelette de soie orange, agrémentée par la suite de fils métalliques. La broderie de l'empiècement au centre du plastron, le *quabbé*, se compose de quatre rosettes accompagnées d'une cinquième placée sous la fente de l'encolure. Une croix est brodée au-dessus de cette cinquième rosette.

La réalisation de ces broderies nécessite deux spécialistes : la première prépare et assemble les divers morceaux de tissu afin que la deuxième puisse réaliser la broderie en couchure et faire la fente de l'encolure. La broderie s'exécute donc après assemblage. La grande notoriété de ces broderies au cours des années 1920 parmi la population locale a valu à la ville de Bethléem le titre de « capitale palestinienne de la mode ». À ce modèle d'inspiration clairement identifiée, Jeanne Lanvin ajoute des broderies fantaisie de perles blanches et rouges. Les cinq rosettes disparaissent au profit d'un motif serpentin qui dépasse le plastron et s'étale sur tout le devant du corsage.

Dans cette même collection de 1920, les modèles *Ivanoff* et *Turkestan* dénotent la même inspiration proche-orientale (ill. 14). Deux ans plus tard, *Colibri* et *Dogaresse* reprennent à nouveau ce motif palestinien.

En 1930, un an après le krach de la bourse new-yorkaise, la mode s'oriente vers un retour à une élégance très féminine. Deux techniques résument cette tendance : la coupe en biais qui permet de modeler le corps, et le travail du drapé dévoilant le geste. Les contours du corps sont à nouveau exaltés. La taille retrouve sa place naturelle, le corsage et les hanches sont moulés et les jupes rallongent.

L'Exposition coloniale de 1931 au parc de Vincennes à Paris accueille un nombre record de visiteurs [12]. Cependant, elle n'influence guère la mode : « C'est maintenant au tour des Colonies d'apporter leur exotisme, dont nous sommes, en France, si friands. Mais nous ne sommes plus en 1924. En raison de la difficulté des transactions commerciales, les excès décoratifs ne sont plus permis. L'exotisme dans la mode sera fait de modération. » [13]

Il faudra désormais attendre les années 1960 avant qu'un désir d'exotisme aussi fort se manifeste à nouveau dans la mode.

Notes

1. « Rosine rêve des nouveaux tissus », *Vogue*, octobre 1923, p. 38.

2. Le numéro du 15 avril 1924 de *Jardin des Modes* fait l'éloge d'un autre procédé de teinture partielle, le batik. Les modèles présentés sont créés par Mme Pangon. Un manteau de cette créatrice, en velours peint à motif inspiré du batik, est conservé au musée de la Mode et du Textile.

3. *Jardin des Modes*, 15 janvier 1923, p. 718.

4. Il est intéressant de noter qu'à cette même époque se constitue une organisation établie en Alger pour « les travaux des femmes mauresques » : l'Association pour l'aide par le travail aux femmes algériennes. Les collections du musée de la Mode et du Textile conservent une djellaba en lainage jaune agrémentée de broderies multicolores qui porte cette griffe.

5. Le nom *Kitmir* désigne le chien protecteur des *Sept Dormants d'Éphèse* dans la littérature orientale.

6. Annuaire du commerce Didot-Bottin, Paris, I, 1928, « Broderies à la mécanique », p. 610.

7. *Élégances parisiennes*, été 1918, n° 2, non paginé.

8. À propos du travail de coupe de Madame Gerber, Madeleine Vionnet commente : « Ma réputation d'architecte de la couture, c'est à elle que je la dois. Avec Madame Gerber, j'ai construit des Rolls-Royce ; sans elle, j'aurais peut-être fait des Ford. » Chantrell 1978, p. 195.

9. *La Renaissance de l'art français*, juin 1924, non paginé.

10. Une dizaine de créations suivront : *Mariage d'Amour, L'Enfer, Le sourire de Cocéa, Chypre*...

11. En 1921, Madeleine Vionnet crée un organisme qui deviendra dans les années 1930 l'*Association de protection des industries artistiques saisonnières* (PAIS). Regroupant l'élite des maisons de couture, l'association a pour but d'enregistrer les modèles déposés et de les défendre face aux contrefaçons. Grumbach 1993, p. 69-70.

12. Pendant une durée de 193 jours, 33 490 339 visiteurs, soit une moyenne journalière de 178 706 personnes, se sont déplacées pour assister à cette manifestation. Comité français des expositions, 1932.

13. *Modes et Travaux*, 15 février 1931, p. 7.

IV

Pratiques vestimentaires et modes de vie depuis la fin des années 1960

1
***Dessin original,
Modèle de Schiaparelli***
1935
MMT, coll. UFAC
Inv. D73-21-624

Le sari est une source
d'inspiration récurrente
chez les couturiers
du XXe siècle. Ils en
empruntent, comme ici,
le principe d'organisation
ou, plus simplement,
les étoffes dans
des vêtements coupés
au goût du jour
(voir ill. 2 page suivante).

IV

Pratiques vestimentaires et modes de vie depuis la fin des années 1960

169 Artefacts étrangers et créations originales
LYDIA KAMITSIS

179 Mannequins d'ailleurs
OLIVIER SAILLARD

187 L'exotisme à travers les pratiques de consommation contemporaines
FRÉDÉRIQUE LEGRAND

197 L'exotisme dans les dernières collections
Interviews de Christian Lacroix,
Dries van Noten, Kenzo

205 Les décors exotiques d'Ezio Frigerio
Entretien de SYLVIE LEGRAND-ROSSI

POSTFACE
209 Collections, travestissements, dévoilements : notes anthropologiques sur l'exotisme textile et vestimentaire
FRANÇOIS POUILLON

---

2 (à gauche)
Robe du soir
à fond fuchsia broché d'or
(modèle de gauche)
Christian Dior
Automne-hiver 1959
MMT, coll. UCAD. Inv. 988-453
Robe du soir à fond blanc
broché d'un motif d'œillets
(modèle de droite)
Elsa Schiaparelli
MMT, coll. UFAC. Inv. 73-21-12

3 (double page suivante, à gauche)
Robe courte asymétrique
imprimée en batik
(modèle de gauche)
Carven, vers 1950
MMT, coll. UFAC. Inv. 90-28-3
Robe sans manches
à motifs circulaires
(modèle de droite)
Christiane Bailly
Été 1966
MMT, coll. UFAC. Inv. 84-37-4

4 (double page suivante, à droite)
Robe courte à motif de paons
imprimée en batik
(modèle de droite)
Carven, été 1949
MMT, coll. UFAC. Inv. 74-33-13
Cape en grosse soie écrue
décorée d'un motif découpé
(modèle de gauche)
Christiane Bailly
Été 1968
MMT, coll. UFAC. Inv. 84-37-10

Artefacts étrangers et créations originales

LYDIA KAMITSIS

La vague d'exotisme qui déferle en Europe à partir de la fin des années 1960, un demi-siècle après l'orientalisme remis au goût du jour par Paul Poiret, peut être considérée comme la synthèse de toutes les motivations et des modalités qui incitèrent périodiquement la société occidentale à emprunter à d'autres civilisations des éléments de leur répertoire vestimentaire.

Qu'il s'agisse de l'adoption d'*artefacts* étrangers ou de l'adaptation de certaines de leurs caractéristiques isolées, tout cela a déjà été vu au cours de l'histoire des échanges vestimentaires, mais rarement un mouvement d'une si grande ampleur eut comme motivation première non pas le simple attrait d'une esthétique inédite, mais une véritable position idéologique étendue à une génération entière, fondée sur le refus de sa propre culture. De ce point de vue, l'exotisme du vestiaire des « baby boomers » est sans précédent dans l'histoire de la mode.

Fait notable pour cette seconde moitié du XXe siècle soumise aux diktats de professionnels tout puissants, l'impulsion n'est donnée ni par un couturier ni par la presse de mode, mais par la rue qui, de cette manière, vient à en contester les prérogatives. Ce changement dans le rôle du prescripteur aura par ailleurs des conséquences durables dont nous pouvons encore aujourd'hui mesurer les effets dans les collections de créateurs.

✲ D'une logique de refus à la fusion contradictoire

À l'origine de la déferlante exotique, le mouvement hippy qui voit le jour en Californie à l'automne 1966, gagne rapidement le monde entier. Le refus de se laisser enfermer dans un système qui écrase toute personnalité et dont la seule finalité est le bien-être matériel, qu'exprime alors la jeunesse américaine, est partagé par une large partie des jeunes Européens. Récusant une société de consommation cynique face à une partie du monde dit « tiers », remettant en cause les discriminations sociales, raciales et sexuelles qu'elle conforte, contestant enfin la légitimité de la guerre, cette génération vient troubler la quiétude illusoire d'un monde prospère. Le vêtement, dans ce contexte, devient un moyen efficace d'afficher son mécontentement. Pour matérialiser cette rupture de ban, ce n'est pas un nouveau type de vêtement qui est inventé, mais une autre façon de se vêtir, ne répondant pas à des règles établies, édictées de l'extérieur.

5
Une fantasmagorie orientale selon Christian Dior
Robe de cocktail en satin brodé de cabochons et strass. Modèle *Soir de Bagdad*, automne-hiver 1955-1956, MMT, coll. UFAC
Inv. 86-40-1

Le programme de cette collection, intitulée « ligne Y », évoque également « (...) des chemises de forme caftan (...) des toques Kalmouks (...) des lainages et imprimés sur chaîne de motifs inspirés des tapis turcs ou persans (...) et des coloris (...) où dominent les bruns chaldéens, les jaunes syriens, les bleus persans... »

Parce qu'elle impose un code vestimentaire, parce qu'elle pousse à la consommation, parce qu'elle est mensonge perpétuel, la mode est, dès lors, bannie. À celle-ci se substitue une sorte de catalogue des ressources glanées sur un champ élargi de milieux sociaux et de cultures extra-européennes.

L'Asie, du Proche-Orient à la Chine en passant par l'Afghanistan et l'Inde, pourvoit largement l'imaginaire et le cadre de vie de sagesses, de senteurs, nourritures, rites et costumes exotiques. Mais bien qu'étant une référence de prédilection, elle n'est pas seule ; l'Afrique du Nord, l'Amérique des Indiens, l'Amérique latine seront également sollicitées.

Désormais, dans une sorte de cocktail ethnique de l'apparence, le khôl souligne les yeux, le patchouli imprègne fort naturellement le foulard indien porté autour du cou, ou en bandeau sur des cheveux longs non peignés, alors que le poncho mexicain peut se porter avec un jeans effrangé sur des sabots de bois. La djellaba, la veste afghane en peau de mouton retournée, le saroual, les vêtements en cuir frangé des Amérindiens, ceux en laine tricotée des Péruviens, les vestes brodées orientales, ou celles en bleu de Chine emblématiques de la révolution maoïste, la Keffieh palestinienne, tous endossés entre 1967 et 1977, témoignent de l'éclectisme de cette vêture nouvelle de la liberté.

Ils sont aussi autant de banderilles plantées dans la chair des faiseurs de mode institutionnelle, entièrement préoccupés au milieu des années 1960 par le progrès technologique et la diffusion de masse.

Au design, on oppose l'artisanat, aux matières chimiques, le coton, la laine, le cuir et la soie ; à la rigueur de la coupe, la multiplicité des combinaisons, à la netteté, un feu d'artifice de motifs et de couleurs, à l'élégance enfin, le bien-être.

L'époque est aux grands rassemblements qui favorisent l'affirmation et la propagation de ces partis pris. *Human be-in* à San Francisco, *sit-in* contre la guerre du Viêt-nam dans les campus universitaires, manifestations contre les dictatures installées dans plusieurs pays d'Amérique latine, mais aussi d'Europe, sans oublier concerts de pop et de rock, les occasions ne manquent pas pour exprimer à l'unisson son refus et communier dans le même rêve d'un monde plus équitable et respectueux de chaque personne.

Il n'est pas indifférent, à cet égard, que les composantes de cette nouvelle tenue soient empruntées de préférence aux peuples opprimés, délaissés ou spoliés, habitants de paysages magnifiés encore par le contraste qu'ils offrent avec le monde industrialisé.

Pélerins des Temps modernes, les hippies, les babas, tournant le dos à une société matérialiste, partent à la recherche d'autres modèles ; en quête de spiritualité, leurs pas convergent sur la route de l'Orient, réputée grand vivier de sagesses. Comme le note avec justesse Bruno du Roselle, ces jeunes « (...) voyageant dans des conditions qui leur permettent de vivre très près des populations (...) découvrent des modes de vie qui, pour misérables qu'ils soient par rapport à notre confort,

6

*Manteau en peau
de mouton retournée brodée*
Acheté à Istanbul en 1972
*Pantalon imprimé
d'un motif de palmettes*
Acheté aux Galeries Lafayette
en 1969. Portés ensemble
par le donateur (avec gilet en daim),
sac camerounais en peau naturelle
MMT, coll. UFAC
Inv. 88-69-1 ; 88-69-2 ; 88-69-3 ;
74-11-22

7
Carrés de foulards indiens
Soie imprimée,
portés entre 1969 et 1977
MMT, coll. UFAC
Inv. 89-16-1 à 8

comportent d'authentiques valeurs humaines que nous avons perdues. Ils découvrent, en particulier, que les vêtements artisanaux authentiques qui sont encore la règle dans beaucoup de ces régions sont autrement plus beaux et plus vrais que les uniformes occidentaux. Ils se procurent donc des djellabas, des vestes afghanes, des saris indiens et n'hésitent pas à les adopter et à continuer de les porter chez eux[1]. »

Mais que le déplacement soit réel ou pas, finalement importe peu ; le mimétisme aidant, le voyage est toujours effectif grâce à l'habit qui en est le meilleur véhicule. L'engouement suscité par ces costumes exotiques, par son ampleur et sa propagation au-delà du mouvement qui le fit naître, peut être vu comme l'épiphénomène d'une véritable fusion de cultures contradictoires.

Saisissant l'air du temps, les professionnels de la mode réagissent ; face aux *artefacts* importés, ils proposent des modèles qui livrent leur propre vision de cet ailleurs. Versions souvent édulcorées, elles s'adaptent à une clientèle, qui bien que non « révolutionnaire », n'en éprouve pas moins l'envie de tenter de nouvelles aventures vestimentaires.

Créations « exotiques » du prêt-à-porter, de la haute couture et articles d'importation vont donc cohabiter harmonieusement dans les revues de mode, mises en

8
*Reportage en Afganistan
publié par « Elle »*
14 décembre 1970
p. 70-71 et p. 88-89
CDMT, coll. UFAC

9
*L'odalisque moderne,
mise en scène par « Vogue »
au cours d'un reportage
au Liban*
Publié en juin-juillet 1969,
p. 98-99
CDMT, coll. UFAC

10
*L'évocation de pays exotiques
comme manière de changer
de saison mais aussi d'époque* :
Le soleil de Colombie
« réchauffe » les pages
du numéro de décembre 1969
de *Vogue*, alors qu'un habitant
du Hokkaïdo à figure de
patriarche, vêtu du costume
traditionnel transporte
le mannequin Verushka dans
un rêve de paradis perdu...
Reportage au Japon publié
par *Vogue* en novembre 1969
p. 102-103
CDMT, coll. UFAC

scène dans des reportages photographiques qui prennent désormais le monde pour décor naturel. Dès lors, souks, déserts, steppes, plages tropicales, palais des Mille et Une Nuits deviennent le cadre obligé d'un nouvel art de vivre, avide de liberté et de sensations « authentiques ».

La revue *Elle* s'illustre par ses longs reportages régulièrement consacrés à la découverte des beautés cachées d'un pays et des vêtements qu'il inspire. Joseph Kessel, de l'Académie française, auteur du roman à succès *Les Cavaliers* transformé en reporter pour l'occasion, y contera, « Au retour du pays de ses rêves », dans l'édition du 14 décembre 1970, la féerie de l'Afghanistan ; l'article devenu célèbre depuis est accompagné des photographies de Peter Knapp immortalisant les modèles de Tan Giudicelli pour Mic-Mac, Karl Lagerfeld pour Chloé, Jean Bouquin, Mohanjeet et d'autres dans les paysages de la vallée de Bamyan, ou les rues de Peshawar et Lahore.

Vogue fera beaucoup voyager également, souvent en compagnie du mannequin Verushka au don de transformation légendaire, qui habitera avec conviction les images de rêve du photographe Franco Rubartelli.

De Paris à New York, en passant par Londres, couturiers, stylistes et boutiques, participent chacun avec leur personnalité particulière à cette rencontre de l'Est et de l'Ouest, du Nord et du Sud.

11

L'Afrique, l'Orient, le Japon nourrissent de leurs formes traditionnelles l'inspiration des créateurs de chaussures :

a. *Mule-babouche en satin tressé*
Roger Vivier, 1967
MMT, coll. UCAD. Inv. 989-635

b. *Sandale en raphia effrangé orange*
Roger Vivier, 1968
MMT, coll. UCAD. Inv. 989630

c. *Sandale « Masqué » en cuir rouge*
Roger Vivier, 1968
MMT, coll. UCAD. Inv. 989631

d. *Sandale à plateforme crantée en cuir vert pomme*
Paco Rabanne, 1973
MMT, coll. UFAC. Inv. 86.06.9

À côté d'Yves Saint Laurent, Karl Lagerfeld chez Chloé, Marc Bohan chez Dior, qui émaillent leurs collections de modèles d'inspiration exotique, Mohanjeet et Jean Bouquin s'en font une spécialité exclusive. Ce dernier, dans sa boutique ouverte en 1968 rue Saint-Benoît, recevra jusqu'en 1971 dans un décor évoquant un souk oriental ou un marché de soieries, toute la jet-set bohème, dont Brigitte Bardot qui apprécie particulièrement les modèles qu'il coupe lui-même dans des tissus importés du monde entier. À Londres, Zandra Rhodes et Thea Porter, ainsi que Barbara Hulanicki avec sa boutique Biba ouverte en 1964, sont les figures de proue de cette mode qui fait courir les pop stars et célébrités. À New York, à partir de 1966, Giorgio di Sant'Angelo puise son inspiration plutôt dans le folklore américain, gitan et les westerns hollywoodiens avec une égale application.

L'exploitation de certaines techniques d'impression telles que le batik, le *tie and dye*, l'ikat suffit parfois à donner au vêtement un air exotique. Dans cette effervescence de la découverte de techniques artisanales venues d'ailleurs, certains précurseurs se trouvent récompensés de leur obstination. C'est le cas par exemple de Lola Prusac qui, depuis 1937, dans sa maison de couture de la rue du faubourg Saint-Honoré, n'a cessé de défendre un artisanat d'art fréquemment enrichi de trouvailles faites au cours de ses voyages en Égypte, en Grèce, en Inde ou en Europe centrale.

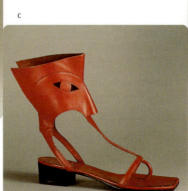

❋ Fusion ou syncrétisme ethnique

Malgré l'idiomatisme de leurs styles, il se dégage de l'observation des propositions de tous ces couturiers, une certaine cohérence de vision, due sans doute à un fond culturel commun. De ce point de vue, ils perpétuent une tradition d'assimilation d'apports extérieurs, selon des modalités bien connues d'adaptation aux techniques et usages de leurs propres culture et savoir-faire.

Au cours des années 1970, l'arrivée sur la scène de la mode de stylistes d'origine japonaise, marque une autre étape dans ce processus de fusion de traditions culturelles et vestimentaires étrangères.

Kenzo par exemple, premier japonais à s'installer à Paris, fera dès 1971, depuis sa boutique « Jungle Jap » de la galerie Vivienne, la conquête d'une nouvelle clientèle qui s'enthousiasme vite pour ses trouvailles. Avec la liberté que lui donne son ignorance des codes occidentaux, il emprunte à tous les folklores, n'oubliant pas ses propres racines. La forme kimono trouve de nouvelles applications, comme d'ailleurs ce principe qui consiste à doubler de coloris vifs les bordures du vêtement, présent dans les *haoris*, les manteaux kimonos.

Le « Roumania look » de sa collection automne-hiver 1973-74 met à l'honneur les jupes et les robes amples et plissées, qu'il confirmera les saisons suivantes.

Les superpositions, les mélanges de couleurs et de motifs d'inspirations ethniques différentes, l'introduction et la déclinaison d'accessoires tels que la pochette en tissu portée en bandoulière, inspirée d'une bourse en cuir des pêcheurs portugais, établissent un nouveau style, immédiatement reconnaissable et voué à un succès durable.

Également Japonais, Issey Miyake qui place le questionnement Est-Ouest au centre de sa problématique, aborde à la même époque le métissage d'une tout autre manière, inédite. De fait, ses créations pour exotiques qu'elles puissent paraître, se dérobent à la classification habituelle : chez lui, le folklore cède la place à un syncrétisme ethnique dont le résultat vestimentaire ne renvoie à aucune référence dominante ni d'Est, ni d'Ouest.

« En Japonais, dit-il, nous avons trois mots : *Yofuku*, qui veut dire vêtements occidentaux, *Wafuku*, qui veut dire vêtement japonais, et *Fuku*, qui veut dire vêtements. *Fuku* peut signifier aussi bonne chance, et d'une certaine façon, le bonheur. Si l'on me demande ce que je fais, je réponds ni *Yofuku* ni *Wafuku*. Je dis que je fabrique du bonheur.[2] »

Enfant d'Hiroshima, après avoir « rêvé entre deux mondes », il optera pour l'exploration d'une voie qui bouleverse la conception du vêtement.

Les matières, textures ou concepts abstraits qui fondent ses recherches y sont pour beaucoup. Mais comme le souligne Yvonne Brunhammer « (…) il a retenu de

12
Robe en voile imprimé
Zandra Rhodes
MMT, coll. UCAD
Inv. 997-45-5 (1-2)

son pays natal certaines conceptions, certaines attitudes (...). Il en est une dans son œuvre, qui n'existe qu'au Japon : l'inachèvement de la forme du vêtement, dont la dynamique appartient à celle qui le portera.[3] »

Cette même caractéristique fondamentale, qui distingue immédiatement son œuvre de la production occidentale, contribue également à l'étrangeté des collections présentées à Paris, au cours des années 80, par deux autres créateurs japonais, Yohji Yamamoto et Rei Kawakubo. Fort éloignés de l'esthétique occidentale, comme d'ailleurs de celle, japonaise, qui en d'autres temps avait donné naissance au japonisme en Europe, leurs propositions vestimentaires déroutantes, quelques exceptions mises à part, relèvent difficilement d'une mode exotique telle que nous avons pu l'appréhender jusque-là. Il n'en reste pas moins que le choc éprouvé face à cette esthétique paupériste, résultant d'une construction indéchiffrable pour un observateur non initié, eut des effets retentissants sur la mode en général. Après la joyeuse révolution des années 1960 et 1970, qui balaya sur son passage les oripeaux de la société de consommation dans une explosion de couleurs et de tendances, celle menée par ces stylistes japonais, plus grave dans son apparence, prolonge l'inventaire des confrontations possibles entre les civilisations.

Enfin, dans l'attente du prochain millénaire, la mode de cette dernière décennie se plaît à puiser son inspiration dans sa propre histoire. Aussi, c'est presque sans surprise que l'orientalisme d'un Poiret se trouve réincarné en un John Galliano que la technique du *tie and dye* est par exemple réhabilitée sur les tee-shirts des « ravers », que la veste chinoise devient une figure incontournable de certains stylistes comme chez Elisabeth de Senneville depuis 1976 ou chez Michel Klein, qui en a fait plus récemment son vêtement fétiche, pour ne citer que quelques exemples parmi les innombrables manifestations de cet éternel retour.

Ces emprunts réactualisés, avec leurs avatars souvent spectaculaires, pourraient presque être considérés hors sujet, si la problématique de l'échange vestimentaire devait se limiter à deux partenaires contemporains dans l'histoire, mais éloignés géographiquement. Or il est rare que l'exotisme dans la mode se calque sur une construction logique simple. En se manifestant sur l'axe de l'espace, il n'en reste pas moins une donnée aux frontières élastiques, débordant sur celui du temps, évoluant aussi au gré des milieux.

Notes

1. Bruno du Roselle, *La Mode*, Imprimerie nationale, Paris, 1980, p. 290

2. Issey Miyake, *Photographies de Irving Penn*, Paris, Pont Royal, 1988, commentaire 25. Ouvrage publié à l'occasion de l'exposition présentée du 5 octobre au 31 décembre 1988 au musée des Arts décoratifs, Paris.

3. *Ibid*, texte d'Yvonne Bruhammer, « Respirer cet air appelé présent ». (Ouvrage non paginé)

Mannequins d'ailleurs

OLIVIER SAILLARD

« *Grandes dames avec des airs de petites marquises aux gestes menus et gracieux, les mannequins des grands couturiers promènent devant les yeux étonnés des jolies mondaines les chiffons de soie ou de linon, chefs-d'œuvre de nos grands couturiers. Leur chic est une des grandes attractions parisiennes et la cause de la stupéfaction des étrangers. Les mannequins ont, avec le piquant du trottin, le charme de la femme élégante (…). Le mannequin parisien est devenu populaire. On se l'arrache. Au contraire des peuples, elles ne sont parfaitement heureuses que lorsqu'elles ont une histoire ; et parmi les artistes dont Paris raffole, parmi les divettes de nos concerts, il en est plus d'une qui commença par être mannequin chez Paul Poiret ou chez Paquin* [1] ».

L'article du *Figaro Modes* de 1904, dont est tiré cet extrait, fut l'un des premiers à traiter de cet engouement nouveau pour les mannequins des couturiers. Il s'accompagnait de plusieurs photographies signées Cautin ou Berger montrant un mannequin au travail : « Elle [le mannequin] entre en coup de vent, tout à coup pressée, enlève son exquis chapeau de chez Lewis et revêt la tenue de travail, le fourreau de soie noire qui lui donne un cachet si particulier. Et maintenant au travail [2] ».

Linda Evangelista, Naomi Campbell, Claudia Schiffer sont les fantasmes inaccessibles d'aujourd'hui, naguère incarnés par les actrices de cinéma. Si l'on parle de travail à propos de ces mannequins nouvellement baptisés top-models (c'est-à-dire au top de… la beauté), c'est dans la catégorie « profession artistique » qu'il faut les classer, tant est grand leur pouvoir de suggestion. De Dinarzade propulsée par Jean Patou à la photographe Lee Miller (qui débuta comme mannequin), de Praline à Bettina, de Dovima à Lisa Fonssagrives, de Twiggy à Veruschka, de Linda à Iman, ces modèles furent tout à tour, au fil du siècle, le reflet d'une femme cliente, l'expression de cette femme, avant d'affirmer, tout récemment, une personnalité et une identité spécifiques. Elles furent successivement nommées sosies, mannequins, modèles, top-models, avant qu'un simple prénom n'en vienne à signifier une profession ou à désigner une personnalité médiatique (Naomi, Claudia, Estelle, Cindy…). Dans l'univers des défilés, des magazines féminins où le processus d'identification fait pleinement partie de la stratégie commerciale (puisqu'il s'agit avant tout de vendre et de distribuer des vêtements) l'apparition successive et ponctuelle de mannequins de type asiatique, noir ou métis — bref de mannequins exotiques — fait figure d'épiphénomène. Dans un circuit largement dominé par les codes esthétiques de la beauté occidentale, blonde et blanche, les flux récents de mannequins « venus d'ailleurs » amènent à questionner leur impact auprès du public occidental. Plus qu'une simple histoire

1
Comba et Makalou
Deux jeunes filles découvertes dans la rue et mannequins d'un jour pour un défilé
Jean-Paul Gaultier
Prêt-à-Porter

de peau, dont le milieu de la mode donnerait à voir les colorations disparates à travers l'utilisation de poudre blanche, pour teint pâle et blafard, ou de fonds de teint et autobronzants pour un « effet vacances », montrer ces mannequins différents et exotiques c'est, ponctuellement, convenir de l'ouverture des canons de beauté à la pluralité des genres et reconnaître le potentiel esthétique d'une minorité. L'histoire des mannequins noirs ou asiatiques, c'est avant tout l'histoire d'une société en pleine mutation. La promotion d'une ligne de cosmétiques étudiée et réservée à la population noire, sponsorisée par un mannequin black, Iman, comme le récent clip vidéo de la chanteuse noire américaine Janet Jackson (*Got till it's gone*, 1997) où s'exprime une fascination pour les codes récents et esthétiques de la culture black, sont, malgré leur apparente frivolité, des baromètres sûrs des changements sociaux en cours et du rapport à l'autre.

La profession même de mannequin est relativement récente. Elle est apparue en France avec la haute-couture, c'est-à-dire à la fin du siècle dernier. L'apparition de mannequins venus de Russie dans les années 1930, puis de mannequins noirs dans les années 1970, est une histoire plus récente encore tant paraît infime leur proportion au sein de ce club aux silhouettes archétypales. Chaque émergence a plus ou moins accompagné un mouvement de mode en faveur d'un exotisme donné, et rappelle qu'une fois le modèle imposé, le mannequin peut emprunter les caractères physiques d'une autre beauté venue d'ailleurs. Ce processus d'identification n'a pas d'équivalent dans le passé. Au XVIIIe siècle, il ne s'agissait que de propager les modes par l'utilisation de « pandores », sortes de petites poupées dont il était d'usage, pour les élégantes, d'en posséder deux. Ces pandores étaient expédiés par des maisons de mode françaises via l'Angleterre, l'Allemagne, l'Espagne ou l'Italie, et arboraient des toilettes que des couturières recopiaient ensuite. Sous la Régence, monsieur Dubois, ambassadeur de France à Londres, commanda à une couturière parisienne, mademoiselle Fillon, un mannequin de grand format afin de présenter l'élégance française aux grandes dames de Londres. À la fin du XVIIIe siècle et au début du XIXe siècle, l'utilité de fabriquer ces pandores grandeur nature (désormais dénommées « poupées de la rue Saint-Honoré » ou « grands coursiers de la mode »), devint évidente. Les clientes pouvaient copier les modèles, voire les essayer. Un pas fut ainsi franchi dans la représentation, encore schématique, d'un corps aux mesures humaines que l'on appellera communément au XXe siècle « mannequin », qu'il s'agisse de modèles vivants ou de modèles de couture en carton. En 1750, les premières silhouettes en osier fabriquées à la commande firent leur apparition. En 1830, ces bustes étaient rembourrés en cuir, avant l'apparition, quelques années plus tard, des premiers modèles en fil de fer. La seconde moitié du XIXe siècle vit se développer la fabrication des premiers bustes de couturière en carton. Peu à peu, les mensurations de ces bustes d'atelier se normalisèrent et certains détails anatomiques apparurent ; ainsi, au début du XXe siècle, le visage, qui s'adapta dès lors à l'évolution du corps et à celle des canons esthétiques. Considérer les mannequins figés ou les bustes d'atelier comme les ancêtres de nos mannequins vivants et autres top-models peut constituer un raccourci historique hâtif, tant ceux-ci sont liés à une technique de coupe à domicile ou en salon. Néanmoins, il existe un lien de parenté indéniable entre le mannequin de vitrine et le modèle vivant des défilés de mode. Tous deux sont l'expression d'un type de femme idéal, archétype esthétique, dont la silhouette devient le modèle à atteindre. À ce titre, la fabrication et la commercialisation de mannequins de vitrine noirs dans les années 1970 (et de poupées-mannequins noirs, sortes de modèles réduits d'un idéal féminin) sont symptomatiques d'une reconnaissance de types de beauté nouveaux, jadis écartés des sphères de la mode. Mais, comme le montre l'évolution récente des modèles de magazines ou de défilés, cet engouement est toujours lié à des effets de mode singuliers. C'est le couturier Charles-Frederic Worth qui, en inventant la haute-couture à la fin du XIXe siècle, eut le premier l'idée de présenter à ses clientes des modèles de vêtements tout faits et de les faire porter devant elles sur des jeunes filles. Fidèles reflets de la cliente, les mannequins sont alors nommés sosies. Elles ne portent jamais les vêtements à même la peau mais sur un long fourreau de soie noire qui ne dévoile du corps que les mains et le visage et respecte les normes hygiéniques. Le pouvoir sublimatoire du vêtement est pleinement assuré par la femme du monde à la Belle Époque (Cléo de Mérode, mademoiselle Lanthelme, ou Polaire). Occasion leur est donnée, aux courses hippiques, dans les dîners ou au théâtre, de mettre en scène les créations des couturiers. Si exotisme il y a dans la mode vestimentaire, il n'en est rien au niveau du recrutement des mannequins, qui demeurent français, anglais tout au plus. C'est au couturier Paul Poiret, grand instigateur du mouvement orientaliste dans la mode des années 1915-1920, qu'il faut attribuer les premiers choix dits exotiques en matière de mannequins. Alors que les tournées étaient réservées aux actrices, comédiennes et grands acteurs, Paul Poiret, en octobre 1911, est le premier à organiser une tournée avec ses mannequins dans les pays de l'Est. La découverte d'autres cultures influence nettement la gestuelle et le maintien de ces mannequins, qui restent des occidentales mais se font tout à coup plus lascives. De son côté, Jean Patou, en 1925, n'hésite pas à engager des mannequins de type américain afin de mieux répondre au besoin d'identification d'une clientèle riche, originaire des États-Unis. On assiste alors à un engouement subit pour des mannequins plus grands et plus minces. Mais les finalités commerciales ne sont jamais oubliées. Ainsi, l'émergence de mannequins noirs dans les années 1970 a joué un rôle commercial, au moment même où la société prenait conscience de l'existence des minorités raciales et de leur pouvoir d'achat potentiel. Ce qui ne veut pas dire que la part de rêve incarnée par ces modèles ait été laissée de côté. Au contraire, elle est restée le moteur essentiel des campagnes publicitaires ou des photos de mode.

Ce rêve inaccessible fut très tôt instauré, dès les années 1930, par la « starification » récente de mannequins aux allures d'actrices hollywoodiennes et par l'adoption de modèles étrangers venus des pays de l'Est. À cette époque, un jeune mannequin russe du nom de Lud était particulièrement prisé par les bureaux de *Vogue* France pour sa beauté énigmatique et sa présence. Lud travaillait comme coursier au sein des éditions Condé-Nast lorsqu'elle fut remarquée par un photographe. En renouvelant sans cesse son « jeu », sur

2
Sayoko
Défilé Kenzo, Prêt-à-Porter
Automne-hiver 1982

chaque photographie de Horst ou de George Hoyningen Huene, en y ajoutant du caractère et un tempérament vif et slave, Lud sut donner à la profession ses lettres de noblesse. Exceptée cette échappée du côté de la Russie, le reste des années 1930 et 1940 restera dominé par une esthétique glaciale. La blondeur de Lee Miller obtint tous les suffrages des photographes. De Horst à Steichen, tous voulurent mesurer leur talent en s'associant les charmes de celle qui allait être un des piliers du surréalisme. Pas d'exotisme à proprement parler durant ces deux décennies qui imposent une distance, un degré d'absence entre le mannequin et le public, et participent à la sublimation de ces nouveaux modèles de mode. Les mannequins des années 1950 gagnent en identité — de sosies de la cliente, ils se transforment en incarnations du bon goût. Les associations entre couturiers et mannequins vedettes se font plus fortes : Praline chez Balmain, Bettina chez Fath, alors que chez Dior une jeune femme au charme troublant et asiatique fait carrière. Christian Dior décrit ainsi Alla : « C'est qu'Alla, si son visage a tous les mystères de l'Orient est cependant à moitié russe. Elle possède donc un corps parfaitement européen et je ne sais pas si la femme qui choisira un des modèles qu'elle porte ne sera pas déçue. Alla est le type du mannequin né du jour au lendemain, on lui fit passer la collection. Elle défila avec cet air impassible et distant qui ne l'empêchait pas de témoigner par ailleurs de toute la spontanéité slave. Alla parle toutes les langues sans accent comme si elle avait eu son berceau à la fois dans toutes les parties du monde ».

S'il paraît soudain original de s'intéresser à la beauté d'Alla lors d'un défilé, cela l'est un peu moins au sein des rédactions de magazines qui affichent encore un goût pour les valeurs sûres et non provocantes. Il faut attendre le début des années 1960, avec China Machado, pour voir se propager à plus grande échelle les physiques asiatiques. Qu'on ne s'y trompe pas, il s'agit toujours de mannequins métis. Hiroko Berghauer est considérée comme le premier mannequin asiatique en Occident. Remarquée par Pierre Cardin dans les rues de Tokyo, elle devient dans les années 1960 son mannequin vedette et exclusif durant une dizaine d'années. Silhouette glaciale, attaches fines, cheveux noirs comme la soie, coupés au carré, gestes lents et délicats, visage impénétrable, sa présence dans les magazines de mode est sans précédent. Dans les années 1980, la célèbre Sayoko Yamaguehi est appréciée par le couturier français Jean-Marie Armand, en visite au Japon, qui lui propose de défiler à Paris. Japonaise de 1,74 m, aux cheveux noirs, elle poétise les défilés par sa grâce précieuse et hiératique. Ses contrats se multiplient : pour la marque japonaise de cosmétique, Shiseido, dont elle sert l'image pendant six ans, puis chez Issey Miyake, Kansaï Yamamoto et surtout chez Kenzo, dont elle incarne le mieux l'esthétique mêlée d'Orient et d'Occident. Irina, apparue récemment dans les défilés de mode parisiens, peut seule, par la fréquence de ses apparitions et de ses publications, rivaliser avec ces pionnières. L'histoire des mannequins asiatiques s'achève là, et il faut bien admettre que l'Orient ne fait recette, en terme d'identification, qu'en Asie. Si peu important soit ce phénomène, il est intéressant de noter qu'il a pris naissance à la fin des années 1960, à l'aube d'une décennie marquée par les revendications des minorités raciales.

3
Donyale Luna
Défilé Paco Rabanne
Printemps 1968

Comparativement, le mouvement noir paraît plus conséquent et correspond à un véritable engouement qui s'exprime au travers des défilés, dans le travail des photographes ou même dans les poupées Barbie créées à l'époque. Cela ne se fit cependant pas sans heurt. Un couturier, Paco Rabanne, fut pénalisé par certaines publications, entre 1964 et 1967, pour avoir choisi de faire défiler des « beautés noires », dont la plus célèbre, Donyale Luna, fut la première à apparaître dans les pages de *Vogue* France en avril 1966 (p. 84), puis en juin 1966 (p. 63). Que des mannequins de couleur posent, sous l'impulsion d'Edmonde Charles-Roux alors rédactrice en chef de *Vogue*, et le scandale menace. André Courrèges, en propulsant une mode nouvelle en 1965, véritable bombe sans référence au passé, participe très fortement à un remodelage des méthodes de défilé et de présentation et s'entoure, pour les besoins, de mannequins noirs parmi lesquels Nadeige. Très vite, et sous l'impulsion de ces deux couturiers, beauté noire devient synonyme de modernité, à une époque où le mouvement afro, lié à la montée du militantisme noir, s'impose avec force au point d'être assimilé par la mode dans ses codes iconographiques et esthétiques. Ainsi, la perruque afro devient-elle un accessoire populaire dès la fin des années 1960. En 1971, Jean-Marc Maniatis, pour le magazine *Mademoiselle âge tendre*, en coiffe la chanteuse Françoise Hardy — méconnaissable. En 1973, se crée à Paris Golden Beauties, une agence de mannequins de couleur. En ouvrant la première agence européenne de ce type, son directeur entend « mettre ainsi un choix de qualité à la disposition des photographes dont le travail réclame souvent l'utilisation d'un exotisme coloré[3] ». Aux États-Unis, à la même époque, le photographe Bob Clarck qui se présente comme un « afro-américain » pense le glamour en termes de beauté noire. Les mannequins noirs rendent compte de la mode du moment (*Photo*, juillet 1971, p. 64). Grace Jones, vêtue par Issey Miyake, dont les photographies inondent les pages des magazines de mode à la fin des années 1970, compte parmi celles qui ont porté au plus haut l'image de la beauté noire. En 1982, lors d'une tournée mondiale, alors qu'elle a entrepris une carrière de chanteuse, Jean-Paul Goude, son pygmalion, l'entoure de dix sosies masqués arborant ses traits énigmatiques, ce qui en dit long sur son pouvoir de fascination. Il dit d'elle qu'elle est noire comme... le bleu, ce qui donne naissance à une série de tableaux où Grace apparaît schématisée à la manière des masques africains et de couleur bleue.

À la fin des années 1970, on commence à parler de culture black. Après la photographie de mode, le mannequin noir fait son apparition dans l'illustration de mode sous les crayons d'Antonio. Chez Mattel, fabricant de poupées-mannequins novateur, on fait vivre à Barbie une expérience pluriculturelle dès 1969. Jadis les entreprises ne fabriquaient guère de poupées pour les enfants de couleur, on leur donnait des poupées blanches, ou bien ces mêmes poupées étaient grossièrement peintes en noir ou en marron. Christie et Brad furent les deux premières poupées afro-américaines jamais commercialisées. Leur succès entraîna la création d'une série complète de compagnons pour Barbie : noirs, latino-américains et asiatiques. En 1980, Mattel diffusa sur le marché la première Black Barbie (Christie et Brad n'étaient que des amies sympathisantes !). Black Barbie est le chic incarné et reprend les mensurations et les archétypes de Barbie Blanche. Black Barbie,

4
Farida
Campagne de publicité
pour Jean-Paul Gaultier
Vers 1985

comme Hispanic Barbie, ne se contentent pas de se démarquer de l'image d'une personne de race blanche. Toutes deux servent de modèles aux enfants des minorités raciales. Aujourd'hui on trouve la plupart des poupées dans les deux versions, la blanche et la noire. La culture black est ainsi devenue un marché lucratif. À ce titre, on observe qu'au sein du cercle très fermé des top models internationaux, Naomi Campbell est le seul top de couleur noire. Après Katoucha et Mounia, Naomi est le premier mannequin noir à faire la couverture de *Vogue* France en 1989, puis celle de *Vogue* USA en 1990 (même si, aujourd'hui encore, on continue d'admettre qu'une beauté de couleur en couverture fait reculer les ventes d'un magazine de 20 % !). Naomi Campbell, aux traits fins et à la plastique parfaite, a été adoptée par le public occidental, ce qui lui vaut de participer à égalité à un clip vidéo de la chanteuse Madonna. La volonté de réussite de Naomi Campbell, montre quel chemin a été parcouru depuis la présentation des défilés par la longiligne Donyale Luna. En France, Farida, dont la beauté atypique émerge dans les années 1980 — nez busqué rejoignant une bouche agressive aux lèvres sensuelles, corps délié aux attaches fines —, joue les « méchantes » avec humour et un sens inné de la dérision. Mannequin chez Azzedine Alaïa et chez Jean-Paul Gaultier, sa rencontre avec Jean-Paul Goude fut déterminante. Du statut de modèle underground, elle accéda à celui d'emblème de la génération beur. En 1987, sa chevelure se transforma en calligraphie arabe pour un film publicitaire. Son image est indissociable de l'univers de Jean-Paul Goude, qui lui a dédié une exposition au musée Cantini de Marseille. Les années 1980 et 1990 sont ainsi de plus en plus propices au sacre des physiques singuliers. En 1979, Violetta Sanchez est simultanément découverte au théâtre par Yves Saint Laurent et Helmut Newton. Archétype de l'espagnole sensuelle et aristocratique, elle est à l'origine de la mode des physiques hors norme et devient vite l'égérie commune de Thierry Mugler, Moschino et Jean-Paul Gaultier. Yasmeen Ghauri, de nationalité canadienne mais d'origine pakistanaise, affiche une beauté désormais incontournable, tant son allure et sa grâce évoquent l'évasion. Le métissage culturel des années 1980 a engendré, au sein des milieux de la mode, davantage de permissivité et d'acceptation des mannequins venus d'ailleurs. Pourtant cela ne représente encore qu'un faible pourcentage de la profession, largement dominée par le modèle américain occidental.

Quant au mannequin masculin noir, il est sous-représenté dans la profession (2 à 5 %) ; rappelons pour mémoire l'avènement récent de Vladimir, découvert par Jean-Paul Gaultier dans les années 1990 et propulsé depuis sur tous les podiums de défilés. Jusqu'aux années 1990, le mannequin noir est accepté et apprécié parce qu'il véhicule l'image d'un félin magnifique et mythique. On salue les corps sculpturaux de ces étranges beautés sans vraiment reconnaître leur individualité. Aujourd'hui, et à l'instar des autres top-models occidentaux, Naomi et Iman n'ont plus à se soucier de leur capacité à susciter l'identification puisqu'elles sont d'abord Naomi et Iman avant d'être des mannequins. La culture black, hip-hop ou reggae de New York, issue essentiellement de la jeunesse noire friande de musique, de rap et de graffiti, a réussi à imposer ses codes esthétiques (vêtements de sport, dreads-locks — coiffure jusque-là réservée aux populations de couleur que certaines jeunes filles blanches adoptent) et ses idoles (de Jimmy Hendrix à Bob Marley, de Naomi Campbell au peintre Jean-Michel Basquiat). L'histoire multiraciale des mannequins est récente, elle n'a pas plus de trente ans.

La collection prêt-à-porter automne-hiver 1997-98 de Jean-Paul Gaultier ajoute sa pierre à l'édifice et fait figure de symbole. Pour la première fois, exclusivement présentée par des mannequins métis ou noirs, elle sublime la propension à assimiler et à mélanger des allures, des vêtements, selon des codes typiquement black. Une sensibilité nouvelle, faite de mélanges et d'emprunts est générée, miroir d'une société, d'une mode où peut opérer une pluralité de genres.

Notes

1. Ghenya, « La journée d'un mannequin », *Le Figaro Modes*, février 1904, p.14.
2. *Ibid*.
3. Zoom, mai-juin 1973, p. 13.

5 (à droite)
Alek
Défilé Jean-Paul Gaultier
Prêt-à-Porter
Automne-hiver, 1997-1998

6 (à gauche)
Vladimir
Jean-Paul Gaultier
Prêt-à-Porter
Automne-hiver, 1994-1995

Un brin tibét

GUERRIÈRE MOHAIR
A gauche, pull en mohair, à fines côtes (Body & Rose, 330 F), porté sous un gilet en laine bouillie mélangée (Alain Manoukian, 449 F). Paréo en soie façonnée et brodé (Dries Van Noten, 1 320 F, chez Absinthe). Diadème (Jean-Paul Gaultier). Bracelet et bagues (Dary's).

MÉLANGE ETHNIQUE
A droite, pull en grosse laine, à col V (Monkey Trial, 740 F, chez Absinthe). Dessous, cardigan maille chaussette, en laine mérinos et acrylique (Kookaï, 199 F), sur chemise en satin polyester (Le Garage, 1 200 F). Longue jupe évasée, en velours de coton (Pablo, 595 F). Autour de la taille, écharpe bicolore en velours lisse (Gérard Darel, 270 F) fermée par une broche (Dary's). Collier (Bala Booste dans les grands magasins). Bague (Scooter). Chaussettes (Public Gaultier). Chaussures (Jean-Paul Gaultier).

Pull fiction : un brin tibétain
(détail) ELLE n° 2558, 9/01/95, p. 76-77
Une touche d'exotisme suffit : les pulls en grosse laine, accessoirisés avec des bijoux en métal martelé et une chemise en satin aux impressions chinoises, prennent un air tibétain.

perles de culture pour H. Gringoire, 2 350 F.
2 Au régime ? Essayez l' vous couper l'appétit, Ga
3 Quand la Chine s'éve mécanique, Galeries La
4 Zen : une jarre en g de cache-pot ou de po 350 F et 69 F.
5 Nuit câline : mules damassé, Double Aa
6 Bazar : boîte à file "Promenade Gourma 245 F.
7 Chinatown : petit Sonia Rykiel, 1 800
8 Rustique... Bross Paris Store, 20 F
9 Laquée : jupe d Sybilla Pavensted
10 Pause repas... a vaillants ouvriers du régime, Asia Shop
11 Accessoires : sautoir et bracelet en métal léger à base d'étain, recouvert d'or et d'argent, Biche de Bere, 399 F et 309 F. Bracelet en bois laqué, C.F.O.C, 25 F.
12 Réactualisé : top en satin de polyester brodé, Le Garage, 590 F environ.
13 Inspiré : secrétaire en pin massif laqué, 3 portes ouvrantes, 2 portes caillebotis, 1 porte à abattant, 4 tiroirs intérieurs, 1 étagère caillebotis, Roche et Bobois, 18 510 F.

Pékin n'est plus si loin
(détail) BIBA n° 195, mai 1996, p. 36-37
Tendance chinoise : les pratiques de consommation exotiques transforment notre perception du proche et du lointain au gré des vagues d'exotisme.

14 Moulant : pantalon en soie coupé comme un jean, Miss China, 795 F.
15 Pour l'écume des jours ? La grande écumoire, Conran Shop, 85 F, la petite, Tang Frères, 26 F.
16 China tea... Grande théière pour 11 et petits bols en porcelaine craquelée, C.F.O.C, 290 F et 39 F pièce.
17 Sans "coup de bambou" : chaise à haut dossier et panier "Made in China", C.F.O.C, 590 F et 65 F.
Adresses page 208.
Réalisation Bernadette Combette (mode ssoires) et Catherine Geel (déco).

L'exotisme à travers les pratiques de consommation contemporaines

FRÉDÉRIQUE LEGRAND

Dans un ouvrage paru en 1994, l'anthropologue Marc Augé constate : « L'exotisme est définitivement mort ou mourant. (...) Aujourd'hui, la planète a rétréci, l'information et les images circulent et, du même coup, la dimension mythique des autres s'efface »[1]. Cependant, au moment précis où sa disparition est déplorée, l'exotisme affirme sa permanence dans la grande consommation. Il apparaît, en effet, comme une caractéristique recherchée lors de certains achats, ceci d'après l'analyse de données nationales quantifiées sur la manière dont les Français dépensent leurs revenus, dans des secteurs aussi variés que la décoration, le tourisme, l'alimentation, la mode[2].

Comment comprendre ce paradoxe d'un exotisme qui semble ainsi se survivre à lui-même ? S'agit-il de la dernière manifestation d'un ailleurs en passe d'être banalisé par la consommation de masse ? Cette forme particulière de l'exotisme contemporain n'est-elle que l'alibi frivole d'un besoin superficiel de nouveauté réactivé par le marketing, ou reflète-t-elle des aspirations plus profondes ?

L'analyse des attitudes et des comportements de consommation doit aujourd'hui s'accommoder de ce qui est devenu un lieu commun pour les professionnels du marketing : le consommateur des années 90 se révèle difficile à cerner. Les critères socio-démographiques traditionnels comme le sexe, le revenu, l'habitat, la situation de famille... ne permettent plus, à eux seuls, d'effectuer une lecture explicative fiable des manières de consommer. Une même personne peut acheter une partie de sa panoplie vestimentaire à petit prix et s'offrir par ailleurs des articles de marque. Elle est susceptible de choisir à la fois des aliments haut de gamme et bon marché.

Comme le souligne le sociologue Gérard Mermet, dans son ouvrage intitulé *Tendances 1996*, « les catégories d'acheteurs sont devenues transversales[3] ». Elles regroupent des individus qui peuvent être hétérogènes en termes de critères socio-démographiques, mais qui se rassemblent sur des valeurs déterminant ponctuellement leur choix lors d'un achat donné. Pour l'ensemble de ces raisons, le rapide tour d'horizon de certaines pratiques de consommation exotiques, proposé dans cet article, accorde une priorité à la description des valeurs communes qui caractérisent les acheteurs, sans forcément expliciter leurs profils socio-démographiques.

Les valeurs qui soutiennent la demande actuelle de produits exotiques résultent de mutations récentes. Par rapport aux années 80 qui privilégiaient la réussite matérielle et une certaine ostentation, la décennie 90, marquée par la récession et la montée du chômage, a rendu les Français davantage préoccupés de leur avenir et d'un sens à donner à leur présent qui ne soit pas tout entier contenu dans la notion, aléatoire, de réussite sociale. La stagnation du pouvoir d'achat a renforcé le désir d'épanouissement personnel et valorisé la recherche de satisfactions où des dimensions comme la culture, l'imaginaire ont une place importante. Ainsi, les loisirs et les activités culturelles sont aujourd'hui parmi les postes de dépenses qui ont le plus augmenté dans le budget des ménages français [4].

L'examen de quelques secteurs de la grande consommation va nous permettre de comprendre dans quelle mesure les produits exotiques, en raison de la charge onirique, émotionnelle, symbolique dont ils peuvent être investis par leurs acheteurs, sont à même de répondre à certaines attentes contemporaines.

Dans l'univers de la décoration, ces cinq dernières années ont été marquées par un engouement pour l'exotisme portant sur des meubles, des tissus, des objets fabriqués en Afrique, en Asie, en Amérique latine ou en Océanie... Ces produits, commercialisés en série, possèdent le plus souvent des finitions assez sommaires et l'on peut se demander pour quelles raisons ceux qui les achètent semblent attirés par un artisanat en fer vieilli ou en bois brut, comportant des imperfections ? Plusieurs hypothèses sont envisageables pour répondre à cette question.

D'une part, ce qui est fait main ou donne l'impression de l'être, matérialise un savoir-faire hérité de traditions culturelles. L'objet exotique est d'ailleurs souvent désigné comme « ethnique » dans le vocabulaire des magazines de décoration. Cette appellation en fait d'emblée une réserve de sens, le support d'une mémoire ancestrale. Sa présence dans une pièce n'est pas neutre. Elle constitue à elle seule la mise en scène d'une référence à l'ailleurs qui, même sous la forme d'un objet simulant l'authenticité et fabriqué en nombre pour l'exportation, reste néanmoins la marque, l'attestation matérielle d'une humanité aux compétences techniques et artistiques. À travers ce genre d'articles sont à l'œuvre toute une série de projections valorisant la figure de l'*Homo faber* qui a su, par son ingéniosité manuelle, se donner les instruments nécessaires à sa survie puis à son confort.

D'autre part, ces objets d'allure artisanale offrent à l'acheteur l'opportunité de s'imaginer qu'il s'excepte de l'univers des produits manufacturés. Du fait de l'absence de réelles finitions, ils ont l'apparence de pièces uniques résultant d'une fabrication singulière avec tous les aléas que celle-ci peut comporter. De plus, ils sont à prix raisonnables et correspondent ainsi à ce que le sociologue Jacques Englade a appelé « de l'unique à prix modique [5] ». Ils permettent donc de personnaliser son intérieur, à un coût abordable. En ce sens, ils sont parfaitement adéquats aux impératifs de la crise, puisqu'ils réalisent cette conciliation improbable entre principe de plaisir et principe de réalité. Achats utilitaires, des couverts indonésiens en noix de coco, des pots en terre mongols, des assiettes tibétaines, sont autant de petits plaisirs qui offrent le moyen non seulement d'embellir le quotidien mais aussi de s'en évader. Grâce à eux, il devient possible de se créer des souvenirs de voyages imaginaires.

Enfin, les mobiliers en bois ou en rotin, les objets en osier, d'inspiration africaine ou asiatique – tables basses, fauteuils, paniers... – sont comme des morceaux de nature dans les maisons et les appartements. Les matériaux bruts employés témoignent d'une aptitude à tirer parti de l'environnement sans lui nuire par une exploitation industrielle à grande échelle. D'une façon générale, tous ces éléments de décoration présentent une dimension relationnelle. Ils nous rattachent à d'autres continents, d'autres modes de vie et à la nature elle-même. Ils constituent le support de récits imaginaires et créent pour l'acheteur des liens chargés de signification à travers le temps et l'espace.

Dans le secteur du tourisme, les attentes profondes à l'égard de l'exotisme ont connu quelques transformations. L'exotisme touristique des années 80 s'incarnait dans une nature exotique standardisée : palmier, île, fruits, eaux turquoise.... Celui des années 90 exige une autre mise en scène avec davantage de présence humaine, des traditions, une culture, au sein d'une nature si possible majestueuse et préservée.

Cette prééminence de la demande culturelle se lit dans l'offre des voyagistes qui se présente aujourd'hui souvent comme un simulacre d'*ethnologie participante*. On propose des séjours chez les Esquimaux du Groënland, dans les réserves Navajos, dans les villages tibétains.... Les brochures précisent qu'il sera possible d'avoir accès à l'artisanat local grâce à la visite de marchés traditionnels. Le désir d'être mis en contact avec l'artisanat, les rites et les coutumes, de vivre même au milieu des communautés autochtones, nous indique que le touriste contemporain qui franchit les frontières de l'hexagone en vient parfois à adopter des comportements d'ethnologue ou d'anthropologue amateur.

Cette nouvelle démarche est très révélatrice : si dans les années 70, on part pour se perdre, pour rompre avec la consommation de masse, dans les années 90, on part pour se trouver, pour pénétrer d'autres systèmes de représentations sociales. Cette évasion est moins une fuite que l'expression d'une volonté de comprendre, d'apprendre à travers autrui. L'exotisme en matière de tourisme fait resurgir la figure de l'autre comme initié, détenteur d'une sagesse à laquelle nous n'avons pas accès. L'édition a d'ailleurs entériné cette forme d'expression culturelle et spirituelle de l'exotisme à travers la création récente des collections amérindiennes, « Nuage Rouge » au Rocher et « Terre indienne » chez Albin Michel, qui retranscrivent les mythes et récits des peuples indiens.

Par ailleurs, cette forme d'exotisme est en phase avec le courant écologique. Comme dans les années 70, l'écologie joue un rôle dans la valorisation de sociétés

Pique-nique exotique
(détail) ELLE n° 2638,
22/07/96, p. 78-79
L'artisanat ethnique :
des matériaux bruts
et naturels pour
des objets esthétiques
chargés d'une poésie
naïve.

**Authentique et mythique,
le Nouveau-Mexique**
(détail) BIBA n° 204,
février 1997, p. 110-111
Composantes de l'exotisme
touristique des années 90 :
un décor naturel sauvage,
une culture et une spiritualité
ancrées dans un artisanat.

qui savent vivre en harmonie avec la nature, qu'il s'agisse des Indiens d'Amérique, des Aborigènes d'Australie… Les problèmes liés à l'environnement ont réveillé un sentiment d'appartenance au vivant et invitent à en protéger les ressources. Certains touristes cherchent à s'inspirer de cultures respectueuses de la nature et disposant de repères symboliques suffisamment forts et anciens pour savoir attribuer à l'homme sa place au sein de l'univers.

Toutefois, si les touristes rêvent aujourd'hui d'exotisme, de dépaysement, d'un rapport authentique à la nature et aux autres, ils tiennent aussi à leur confort. C'est ce qui explique le succès d'une destination comme l'Australie. Les peintures aborigènes, les grands espaces, des terres presque vierges à conquérir, mais avec le confort des grandes villes occidentales : climatiseur, réfrigérateur, salle de bains, services en tous genres… L'importance de l'évasion, du rêve, s'allie à un besoin de sécurité. On fantasme sur l'aventure, mais on s'efforce de la vivre sans risques. Les voyages d'ethnologue amateur doivent combler des attentes contradictoires de sécurité et d'émotion, comme en témoigne cette campagne récente d'une agence de voyage : « Nous préciserons à Coyote enragé qu'à l'heure du thé, vous prenez toujours du café avec deux sucres ». La promesse d'immersion exotique est aussitôt atténuée par l'assurance d'un confort familier qui protégera du face à face avec une altérité radicalement autre.

Ce paradoxe d'un exotisme vécu entre évasion et sécurité se retrouve dans l'alimentation. Aujourd'hui, le consommateur peut hésiter entre le riz de Siam, du Pakistan ou du Cachemire, le Thaï ou le Basmati, le chocolat de Madagascar ou d'Equateur, la bière mexicaine ou vietnamienne… Le degré d'exotisme perçu est fonction de l'éloignement plus ou moins grand projeté en imagination sur les origines des différents produits. Les restaurants australiens, les bars cubains sont sans doute considérés comme plus exotiques que le tex-mex ou le chinois. Quoi qu'il en soit, l'alimentation exotique correspond à une esthétique du déplacement qui ne comporte aucun danger. Elle représente le voyage sur place, la translation virtuelle vers d'autres continents grâce à ce dont on dispose dans son assiette.

D'autre part, l'alimentation exotique brise la routine des repas quotidiens et sa préparation peut être évitée grâce aux plats cuisinés, aux surgelés, ou facilitée par de nouvelles aides culinaires, telles que les sauces en pot de verre créoles, indonésiennes, indiennes, cajuns… Celles-ci permettent de relever ou d'agrémenter un plat simple ou élaboré, en s'épargnant des préparatifs fastidieux. De plus en plus de femmes travaillant, elles disposent d'un temps réduit pour préparer les repas et d'un savoir-faire parfois limité dû, pour une partie de celles ayant moins de quarante ans, à une transmission insuffisante des compétences culinaires entre générations[6]. Dès lors, les recettes exotiques (chili, curry, wok, pierrade…) qui se présentent sous forme de plat unique, parfois déjà prêt à consommer, permettent aux femmes d'allier la simplicité et la rapidité de la préparation à l'originalité des saveurs.

à l'ombre des DJELLABAS

Accord africain
A gauche, djellaba en mousseline et Lycra sur une robe près du corps en Lycra imprimé (les deux : Xuly-Bët). Dans les cheveux, foulards, l'un en coton froissé (Xuly-Bët) et l'autre en soie, imprimé panthère (Papagena). Créoles en métal argenté (Agatha). Bracelets en métal argenté (Dries Van Noten et Serge Thoraval). Tongs en cuir, brodées de perles (marché aux puces).

Manière berbère
A droite, gilet en crêpe de viscose et acétate, à rayures masculines (Chacok), sur une tunique en coton brodé (Agnès b.). Dans les cheveux, écharpe en mousseline de viscose imprimée (Antik Batik) et écharpe en soie frangée (La Maison sur L'Eau). Boucles d'oreilles en métal

À l'ombre des djellabas
(détail) ELLE n° 2630, 27/05/96, p. 174-175
Silhouette nomade contemporaine réinterprétée à partir des djellabas.

SAVEURS d'ailleurs

Retrouvez aussi l'exotisme dans votre assiette avec les recettes de Georges Laaland*. Ce Guadeloupéen a voyagé dans tous les pays d'Afrique pour réinventer de nouveaux mélanges de goûts et de cultures.
Par Sylvie Tardrew. Photos Edouard Sicot.
*Du restaurant Le Woolloomooloo, 16, rue des Teinturiers, à Avignon.

Saveurs d'ailleurs
(détail) ELLE n° 2653, 4/11/96, p. 204-205
Renouveler les goûts en croisant les traditions culinaires : les cuisines exotiques nous font explorer de nouvelles saveurs et nous invitent au voyage.

YASSA DE POULET

YASSA DE POULET
Pour 6 personnes

Mixez tous les ingrédients de la marinade. Versez le mélange dans un plat allant

feu doux pendant 5 mn environ. Ajoutez 1 cuillerée à soupe de moutarde forte,

L'AFRIQUE A PARIS
Restaurants
■ Kaïs Savane. Belles Africaines,

également présent sur les marchés : Bastille, Paris-11e, et place Monge, Paris-5e (le dimanche), Saxe-Breteuil,

Enfin, en installant au centre de la table un plat commun, il devient possible de profiter pleinement de ses invités. La mise en scène exotique, réduite à la seule nourriture ou exprimée à travers des éléments de décoration (assiettes, couverts...), est de l'ordre du festif. La disponibilité de la maîtresse de maison ajoute à la convivialité privilégiée du repas exotique conçu comme une expérience partagée qui transporte ailleurs.

D'après une étude du Credoc datée de 1996 [7], les consommateurs de produits exotiques les choisissent pour 50 % d'entre eux parce qu'ils apprécient leur goût, mais aussi afin de varier leur alimentation (30 %) ou pour découvrir de nouvelles saveurs (10 %). La nourriture exotique permet donc de rompre la monotonie de la consommation alimentaire. Elle ranime nos appétits et renouvelle notre horizon culinaire.

Cette recherche de l'exotisme, afin de diversifier ses sources d'inspiration, se retrouve dans le secteur de la mode et du parfum.

On a beaucoup vu, ces dernières années, des bijoux en argent ornés de turquoises semblables à ceux des Indiens d'Amérique, des colliers Zuni, des boucles d'oreilles ciselées aux motifs inspirés du Mexique ou de l'Inde, mais aussi des sacs en boubou, des vestes et des robes chinoises, des batiks, des sahariennes, des manteaux mongols... En réaction contre le minimalisme des années 80, les années 90 ont réintroduit, à travers un exotisme pluriel, le goût de l'ornementation, des couleurs, de l'insolite.

« L'ethnique chahute le strict » titre de façon explicite un article de *Elle* daté de septembre 1996. L'exotisme vestimentaire, rangé parfois sous la catégorie « ethnique » par les magazines de mode, doit permettre une réinterprétation vigoureuse des pièces les plus classiques. Ainsi, des broderies mexicaines viennent féminiser des chemises à rayures empruntées aux financiers de Wall Street. Il ne s'agit pas de porter des panoplies exotiques complètes. Au contraire, la mode invite à des citations simultanées de plusieurs référents en vue d'élaborer une mosaïque ludique. Les influences multiples sont traitées avec une désinvolture amusée où l'allusion codée prime sur la volonté de créer une imitation.

On ne s'approprie pas un exotisme de manière exhaustive et figée. L'exotisme n'est autre que le jeu introduit entre les époques, les continents. Il ne cherche pas forcément à créer l'illusion d'une reconstitution fidèle, mais s'accommode des voisinages qui lui sont imposés pour faire seulement signe de manière fragmentaire vers l'autre et l'ailleurs. L'exotisme fonctionne non en panoplies mais à travers des détails disséminés par touches. C'est une évocation plus qu'un portrait.

L'authenticité originelle des vêtements exotiques est donc vouée à la transposition. Pièces traditionnelles évoquant des contrées lointaines et tenues exprimant la modernité se réinterprètent mutuellement. Le vêtement exotique se « contemporanéise », transformant ainsi l'imaginaire auquel il est emprunté. Les robes longues inspirées des djellabas se portent fluides ou décolletées, près du corps et fendues sur le côté, dessinant une silhouette nomade moderne. Les vestes chinoises existent désormais non seulement en bleu de Chine mais dans toute une palette de coloris, tout comme les robes et pantalons brodés de motifs asiatiques.

La confrontation peut également se produire entre des exotismes de natures différentes. Mélange d'influences chinoises et indiennes dans une même tenue... ou encore alliage de matières brutes participant d'un exotisme rustique, d'une part, et de matières précieuses faisant plutôt référence au versant luxueux de l'exotisme, d'autre part. Les damassés, les moires, les velours frappés, la soie, sont conjugués avec les lainages bruts, la fausse fourrure, les matières feutrées. La coexistence de ces univers contrastés, bruts ou raffinés, renforce l'idée de rencontre entre un Orient précieux et des peuples aux conditions de vie plutôt rudes comme les Esquimaux, les Tibétains...

L'exotisme vestimentaire se révèle donc allusif et enclin à tous les métissages. Il est devenu pluriculturel, polymorphe. Cette tendance s'exprime aussi dans l'univers des parfums. On retrouve, en effet, cette notion de métissage dans la dernière création de Kenzo, « Jungle », fondée sur un imaginaire exotique aux dimensions futuristes. L'éléphant qui orne le bouchon du flacon est un emblème africain ou indien. Il s'agit d'un parfum épicé dont l'ingrédient principal est la cardamone de Ceylan. Mais il comporte aussi une touche de réglisse et de mangue. Sa communication se présente comme une allégorie du métissage, avec, pour personnage principal, une asiatique aux cheveux blonds entre cyberculture et tribalisme.

L'exotisme apparaît donc, à travers la mode, le parfum, comme variant à l'infini les possibilités d'hybridations. Il s'apparente, pour ceux qui le recherchent, à un art du bricolage identitaire dont la finalité n'est peut-être pas seulement ludique.

L'exotisme que nous avons examiné de manière transversale dans quelques secteurs de la consommation, se révèle plutôt comme un moyen de s'approprier l'autre en faisant l'économie de sa rencontre. Décoration, tourisme, alimentation, mode, l'exotisme proliférant d'aujourd'hui, mis en scène dans les magazines, n'est pas le signe d'une plus grande tolérance ou d'une ouverture plus large aux différences. C'est, avant tout, une curiosité qui se sert, trouvant à s'assouvir sans contrainte grâce aux produits présents sur le marché.

Cependant, l'exotisme contemporain reflète peut-être aussi des préoccupations réelles et profondes. Confrontés à la difficulté de se représenter une citoyenneté planétaire, les acheteurs de produits exotiques recomposent à leur gré des imaginaires appartenant à d'autres cultures. Ils explorent ainsi des univers symboliques et esthétiques, presque des modèles de société et expérimentent le façonnement d'une identité au carrefour de multiples influences.

Leur forme de quête identitaire s'inscrit dans le contexte plus général d'une attention portée à toutes les traditions. On note aujourd'hui le succès simultané des cuisines du terroir et des cuisines exotiques. La mode « ethnique » existe en même temps que la mode bretonne des pulls rayés, des vestes de pêcheurs. Ce phénomène peut être interprété comme une réaction à la crise culturelle qu'engendre l'uniformisation des systèmes économiques. Tout se passe comme si les acheteurs s'évertuaient ici à produire une reconstruction personnelle de leurs origines et des origines des autres, luttant à leur propre échelle contre les dérives de la mondialisation.

L'exotisme, dans les pratiques de consommation de ces dernières années, correspond donc en partie à la nécessité de réinventer pour soi un centre. Il vient à nouveau délimiter un dedans et un dehors autrement voués à l'indifférenciation. Sa recherche apparaît, à certains égards, comme la mise en œuvre d'une méthode pour s'orienter et se construire, dans un environnement confus qui bouscule et désoriente.

Même si beaucoup des produits exotiques que nous avons évoqués sont des simulacres de l'ailleurs, ils tentent néanmoins de ranimer cette fonction première de l'exotisme consistant à faire resurgir à volonté un lointain auréolé d'une dimension mythique et merveilleuse, un au-delà du quotidien et du connu encore à explorer ou à rêver.

Notes

1. *Pour une anthropologie des mondes contemporains,* Marc Augé, Paris, Aubier 1994, p. 25-26.
2. *Tendances 1996 : le nouveau consommateur,* Gérard Mermet, Paris, Larousse, 1996, p. 1 - 15.
3. *Tendances 1996 : le nouveau consommateur,* Gérard Mermet, Paris, Larousse, 1996, p. 16-17.
4. *L'ethnique, c'est magique,* interview du sociologue Jacques Englade, Paris, *Maison Française,* hiver 1996.
5. *Idem, ibid.*
6. *Marketing Book,* Secodip, 1997, p. 5.
7. « Les consommateurs veulent plus de saveurs dans leur assiette » *Lettre du Crédoc* (Centre de recherche pour l'étude et l'observation des conditions de vie), n° 113, 31 décembre 1996.

L'exotisme
dans les dernières collections
Suivi d'Entretiens avec Christian Lacroix, Dries van Noten, Kenzo

Ces dernières saisons, des couturiers et créateurs ont proposé des modèles à l'inspiration exotique mêlant des références multiples réinterprétées librement. Une trentaine de pièces — de Jean-Paul Gaultier, John Galliano, Christian Lacroix, Dries van Noten, entre autres — sont exposées dans la nouvelle présentation des collections du musée de la Mode et du Textile.

Précurseur passionné par les possibilités infinies de l'hybridation vestimentaire, Jean-Paul Gaultier joue, d'une collection à l'autre, sur des références exotiques multiples. Il déclarait récemment dans une interview, à propos du mot espéranto : « J'aime des choses diamétralement opposées, que je mélange souvent dans un même vêtement. Comme on joue avec des mots de plusieurs langues » (*Elle*, n° 2688, juillet 1997, p. 56). Le défilé « Tatouage et piercing » (prêt-à-porter, printemps-été, 1994) reste gravé dans les mémoires comme exemplaire de ce métissage d'un genre nouveau. Cette collection qui associe l'ailleurs et le passé, avec notamment des vestes d'inspiration XVIIIe siècle, en jeans, portées sur des jupes sarongs nouées, démontre brillamment que l'exotisme investit désormais le corps tout entier : les bijoux de tête, de nez, de main, et autres colliers, créés tout spécialement pour le défilé, y sont associés aux tatouages tracés, entre autres, sur les crânes rasés, voire sur les pieds des mannequins. Cette thématique est reprise sur des T-shirts et des robes longues en tulle stretch imprimé où les tatouages et les piercings expriment un exotisme lié au corps peint, scarifié, perforé, associé dans l'imaginaire collectif occidental au primitif ou au marginal.

La collection « Mongole », autre collection-phare de Jean-Paul Gaultier (prêt-à-porter, automne-hiver, 1994-1995), aussi appelée « Esquimau », évoque l'androgynie et la diversité ethnique. C'est ici la transgression des différences sexuelles liées au vêtement occidental qui est en jeu. Jean-Paul Gaultier crée des manteaux-peignoirs, sortes de robes de chambre en tissus soyeux, matelassés et brochés, ou doublés de fausse fourrure, qui sont portés, par les hommes comme par les femmes, sur de longs peignoirs en crêpe imprimé ou des pantalons-paréos. Ces ensembles sont accessoirisés par des socques chinoises laquées et par un flot de bijoux « barbares » inspirés d'on ne sait quelle horde de Huns ou de Vikings. Cette collection est représentée dans la présentation du musée par trois tenues et leur parure. La plus spectaculaire est composée d'un blouson zippé en satin broché à motifs de têtes de taureau, d'un pantalon de peau blanche orné d'un sym-

1
Xuly Bët
Printemps-été
1998

2
Pierre Balmain
Automne-hiver
1997-1998

3
John Galliano
Prêt à porter
Printemps-été
1998

bole chinois, associé à une culotte en fourrure à poils longs et à une coiffure « esquimaude », sorte de capuchon bordé de fausse fourrure.

L'année 1997, marquée par la rétrocession de Hongkong à la Chine communiste, est celle de l'efflorescence de la mode chinoise. Depuis déjà deux ou trois ans, la robe traditionnelle ou *qui pao*, à boutonnage asymétrique, figure en bonne place, été comme hiver, dans la garde-robe des Françaises. Ce n'est plus la Chine de Mao qui fait désormais rêver, comme dans les années 1970, c'est la Chine éternelle, mise en scène, entre autres, par Zhang Yimou dans son film *Épouses et concubines* (1991).

Parmi les nombreuses variantes de la *qui pao*, le musée a choisi d'exposer une robe du soir en faille marron clair brodée d'une chinoiserie exécutée en fils de soie et paillettes, griffée Pierre Balmain par Oscar de la Renta (haute couture, automne-hiver 1995-96). Son corsage à boutonnage asymétrique fait directement référence à la robe traditionnelle chinoise, alors que la jupe s'inscrit, en revanche, dans la tradition de la robe de bal occidentale.

La collection de John Galliano pour Christian Dior (prêt-à-porter, printemps-été 1997) retranscrit avec brio l'atmosphère de Shanghai dans les années 1930. Le modèle exposé dans la nouvelle présentation, « Juliet », est une « Robe du soir – Longue robe de crêpe ribouldingue jade, encolure drapée, dos nu, brodée de pivoines à motifs placés sur fond d'arabesques en semis de camaïeux rose et vert, entièrement doublée de satin gris perle, grande fente latérale ». Elle est accessoirisée par une bourse de même tissu, garnie de glands de passementerie et munie d'une poignée en bambou et d'une bandoulière. Une petite ombrelle chinoise en bambou, dont la couverture originale disparaît sous un collage de photographies en couleurs, complète la silhouette. Cette robe fourreau évoque les châles en crêpe brodé de Canton ou de Manille, en vogue notamment durant l'entre-deux-guerres (ill. p. 8).

L'inspiration chinoise de John Galliano est aussi très présente dans la collection « Masaï » (haute couture, printemps-été 1997), qui a créé l'événement au début de l'année 1997. Les robes fourreau, copies conformes des *qui pao* des années 1930, y sont interprétées dans des tissus soyeux, bordées de fourrure et fendues très haut, avec des cols perlés à la manière de bijoux. Une robe en satin double face rose, brodée de fleurs multicolores et bordée de longues franges, paraît taillée dans un grand châle de Manille. Cette inspiration asiatique est mêlée, au sein de la même collection, à des évocations de l'Afrique orientale : John Galliano multiplie à l'envi les touches d'exotisme sur des robes du soir avec des corsets de perles colorées, empruntés aux hommes de la tribu des Dinkas, pasteurs nomades de la région du Nil blanc, au sud du Soudan. Ces étroites armatures de perles indiquent traditionnellement, par leur couleur, l'âge de ceux qui les portent. Elles sont munies d'une pointe très haute dans le dos. John Galliano les a interprétées en inversant le dos et le devant, le haut et le bas, pour obtenir un corset de femme de facture Belle Époque terminé par une longue pointe. Il a magnifié de même un

classique de la maison Dior, le tailleur « Bar » à la veste galbante, en l'accessoirisant par un collier de chien agrémenté d'un sautoir inspiré par les corsages perlés des jeunes filles Dinkas en âge de se marier.

L'influence de l'Afrique se retrouve chez Christian Lacroix sur la robe du soir « Kiss me Dogon », présentée dans l'exposition (ill. p. 202), qui se compose d'un bustier de cuir et métal doré porté sur une jupe à panneaux en patchwork de mousselines changeantes, imprimées d'œillets (haute couture, automne-hiver 1992-1993). C'est de l'Afrique occidentale qu'il s'agit ici, celle des Dogons du Mali. Le travail du bustier fait penser aux bijoux et petites sculptures en bronze moulé à la cire perdue, technique traditionnelle pratiquée par plusieurs ethnies dans cette partie de l'Afrique.

Ornée de motifs évoquant quelque peinture rituelle, la combinaison en lycra imprimé « Yoyo », couronnée par un collier de plumes (haute couture, été 1991) a été inspirée au couturier par une photographie de danse africaine traditionnelle, dont la source exacte n'a cependant pas été conservée.

La mode ethnique trouve une traduction à la fois raffinée et austère avec les collections de Dries van Noten pour l'automne-hiver 1997-1998. Le dossier de presse du défilé Femmes situe d'emblée l'univers exotique du créateur : « Entre steppes et montagnes tibétaines, cette collection nous entraîne au cœur des traditions de l'Asie, sur les légendaires routes de la soie. Rencontre d'un univers nomade, de tradition rustique et épurée, et du chatoiement des atours de maharadjahs (...). Dans une harmonie mesurée, les matières les plus brutes : laines grattées, cotons molletonnés et lavés, côtoient les plus raffinées : shantung de soie imprimé d'or et d'argent, jacquards en arabesques, mousselines imprimées et floquées de fleurs, photo-impression de vieux dessins indiens sur velours changeant, jersey de soie doux et transparent... (...) Jeux d'oppositions encore pour les couleurs où les sombres et tons poussières (faux noirs, bruns, anthracites) soulignent les motifs colorés : mélange de rouges, orangés, or et cuivre, ou de bleus délavés, pistache, jaune vieilli et argent. ». Le modèle présenté, un cache-cœur lamé porté sur un pantalon recouvert d'une sorte de tablier brodé de motifs cachemire, rend compte de cette atmosphère toute en contrastes.

La collection Hommes procède de la même continuité d'inspiration : « (...) [elle] illustre une mode citadine et jeune où les cultures s'entremêlent : plateau rocheux d'Afghanistan, empire des sables du Pakistan, tribu de nomades portant avec simplicité les atours d'un voyage des grands froids. » L'ensemble masculin exposé par le musée de la Mode et du Textile est composé d'un débardeur de lainage à motifs de chevrons bruns, porté sur une chemise et un pantalon blancs, le tout accessoirisé par une écharpe soyeuse, rebrodée de fils métalliques, qui évoque les étoles des maharadjahs.

La présentation proposée par le musée pour les années 1990 ne prétend pas offrir un panorama exhaustif de l'exotisme chez les couturiers et les créateurs contemporains, mais plutôt fournir matière à interrogation à travers la confrontation de sensibilités et d'approches différentes, par ailleurs en perpétuel renouvellement.

Pour tenter d'y voir plus clair, nous avons interviewé quelques personnalités représentatives de divers courants de l'exotisme aujourd'hui. Nous remercions très chaleureusement Christian Lacroix, Dries van Noten et Kenzo d'avoir accepté de répondre à nos questions.

6
Christian Lacroix
Pastourelle, n° 17
Collection haute-couture
Printemps-été 1988

Christian Lacroix

**Qu'évoque pour vous le mot « exotisme » ?
(définition, images, sensations, mots spécifiques...)**
L'exotisme c'est la sollicitation de l'ailleurs, de l'étrange(r) du lointain, du différent, de l'inconnu, de tout ce qui ne nous est pas familier. Il est purement fantasmatique. C'est un peu aussi le geai qui se pare des plumes du paon — pour en percer l'essence, au-delà de la vanité. C'est l'exploration de contrées qu'on ne connaît pas, qu'on ne connaîtra peut-être jamais — si tant est qu'elles existent. On peut-être «exotique» à soi-même (pour soi-même) parfois. Il ne s'agit pas que de parures, de chaleur et de relents d'expositions coloniales. Nos voisins sont exotiques, Londres est exotique, Paris aussi, bien sûr. Le Nord m'est davantage exotique que le Sud ; l'exotisme c'est enfin l'absence de frontières, de censure, de raison. C'est caresser ce que l'on ne connaît pas (pas encore) ; on ne saurait ignorer la dose d'érotisme contenue, bien sûr, dans l'exotisme.

**Que signifie pour vous le fait d'intégrer un univers exotique dans chacune de vos collections ?
S'agit-il d'un thème constant et récurrent ou simplement d'une recherche décorative ponctuelle ?**
Intégrer ces univers constitue la base, sinon la raison d'être de mon travail. Non seulement les us et les coutumes des peuplades lointaines ou disparues, mais tout ce qui passe par mes yeux, mon esprit et tous mes sens (la musique, la « main » d'une certaine manière, la saveur... etc.) L'œil des photographes ou des artistes contemporains allemands (Thomas Grünfeld, Thomas Ruff, Andreas Gursky) m'est exotisme, comme la peinture féerique et victorienne d'un Richard Dadd. L'espace et le temps sont mon exotisme et mon travail tout entier, puisqu'il est basé sur la mutation, la trans(figuration), (formation) des réalités pour trouver la mienne chaque jour.

Y a-t-il des lieux géographiques qui vous ont inspiré plus particulièrement ? De quelle manière et pourquoi ?
Pour rester plus strictement — géographiquement — exotique, comme je l'ai dit, tous les pays au nord de mon Midi m'inspirent. Tous les folklores d'Europe de l'Est également, et tout ce qui est traditionnel, rituel, tribal, tout ce qui fait intervenir la main d'un artisan anonyme, l'imaginaire en liberté de tous ceux qui font de l'art brut également. Les jardins remplis de personnages en ciment peint, en banlieue, me sont peut-être davantage exotiques que tout l'Orient et l'Afrique réunis, habituels pour voyeurs d'exotisme. Le musée des Arts et Traditions populaires aussi. Sans doute parce que tout cela — des coiffes suisses aux vêtements de telle malade mentale exposés à Neuilly-sur-Marne, en passant par les carnavals du Nord — échappe à la norme.

Pourquoi vouloir intégrer un vocabulaire « exotique » dans la mode occidentale ?
Par-delà l'éternelle fascination de l'ailleurs, de l'inconnu, de l'étranger tels qu'on les imagine, il y a la réaction à une mode occidentale arasée par la notion de produit politiquement correct et régie par des conventions qui ont perdu tout fondement.
L'exotisme permet d'en outrepasser les règles, par le biais même du jeu, du travestissement, d'un échange de différences qui aident à trouver nos propres individualités, nos identités.

**L'exotisme et l'inconnu sont intimement liés. Aujourd'hui, la surabondance de l'information
et des images tend à réduire le terrain de l'inconnu.
Dans ce contexte surmédiatisé, comment voyez-vous l'exotisme aujourd'hui ?**
La masse d'informations et d'images diffusée dans notre monde surmédiatisé aboutit à l'uniformisation. C'est comme lorsqu'on regarde les westerns, les roues des diligences tournent si vite qu'elles donnent l'impression de faire du sur-place ou même d'aller en arrière. Devant cette avalanche, le second degré, « l'autre côté du miroir », le surréel viennent à notre secours et c'est l'exotisme d'aujourd'hui qu'on peut trouver dans les jeux vidéo, la science-fiction ou chez tous les artistes contemporains qui cherchent à aller au-delà des apparences.
En outre, l'exotisme n'étant pas uniquement romantique, malgré ce qu'il est convenu d'appeler la mondialisation, l'individu est le plus fort et chaque lieu retrouve son exotisme d'une façon moins littéraire, esthétique, mais contemporaine.
Moins « pittoresque » qu'avant, l'exotisme est devenu intérieur, ou encore il se niche dans le quotidien, seulement perceptible à l'œil capable de le déceler.

**Ces dernières saisons on a vu des évocations explicites (motifs cachemire, dragons et coupes kimono...). Comment expliquez-vous le caractère général
de ce phénomène ? Peut-on parler d'une envie de dépaysement ou de rêve ?**
Pour moi, les évocations aussi premier degré, illustratives au pied de la lettre, des dernières collections sont un placage marketing et non pas le fruit d'un jeu créatif. À cause de Hong Kong, de M. Lang et du succès de Galliano (avec un travail authentiquement exotique, lui) tout le monde s'engouffre.

À quel moment de la création la nécessité d'introduire des éléments exotiques survient-elle ?
Sans cesse ; je pense n'être sollicité que par des images venues « d'avant » ou « d'ailleurs ».

À l'aube de cette fin de siècle, nous constatons que les collections sont largement inspirées des vêtements venus d'ailleurs, alors que la mode futuriste des années 1960 nous promettait des vêtements de cosmonautes. Que pensez-vous de ce phénomène et comment voyez-vous le vêtement du futur ?
Imaginer le futur a toujours été présomptueux et dicter le vêtement de demain n'a pu avoir de réalité que lorsque l'optimisme était de mise, et que l'avenir se déroulait tel un paysage en perspective plein de promesses et de possibilités. Seul Courrège aura pu prétendre avoir créé, dans la déclinaison de son travail le plus radical, un vêtement moderne en presque rupture avec les traditions.

On a toujours eu «tout faux» en ce domaine (qu'on regarde les films de science-fiction d'avant-guerre). Il serait intéressant de revoir ce que les créateurs proposaient en 1979, au Forum des Halles, en pensant à l'an 2000. On y arrive, et ce ne sera guère différent. On ne peut se projeter sans prétention au-delà d'un an. Un événement comme la guerre du Golfe, ou une catastrophe écologique, ou un fait social, politique, religieux, peut tout changer.
Disons qu'on arrivera peut-être à lier la technologie du pratique et du confort à l'écologie et à l'expression esthétique légitime de chacun, afin d'assurer notre identité propre.

7
Christian Lacroix
Kiss me Dogon
Collection haute-couture
Automne-hiver
1992-1993

Dries van Noten

**Qu'évoque pour vous le mot « exotisme » ?
(définition, images, sensations, mots spécifiques...)**
Pour moi, l'exotisme c'est l'ailleurs, l'autre, la différence.
On associe généralement ce mot aux pays lointains.
Pour moi, c'est davantage tout ce qui nous déroute de
l'ordinaire. Est exotique ce qui nous sort de nos habitudes,
de nos certitudes et du quotidien, pour nous plonger
dans un monde bouleversant, accueillant et chaleureux où
on laisse libre cours à la sensualité. Le mot « exotisme »
renvoie pour moi à des tons de terre, d'épices et de sable.
Il possède une luxuriance végétale, la profondeur
des encres, des éclats de pourpre et des scintillements d'or
et d'argent. C'est une multitude d'étoffes. Au-delà de
ce qui l'apparente au rêve, l'exotisme c'est la disponibilité
de la rencontre et l'occasion d'entrevoir des mirages
d'absolue beauté.

**Que signifie pour vous le fait d'intégrer un univers
exotique dans chacune de vos collections ?
S'agit-il d'un thème constant et récurrent ou simplement
d'une recherche décorative ponctuelle ?**
À chaque démarrage de mes collections, je m'évade en
pensée vers les grandes routes de la planète. Voir ou
imaginer leurs richesses sert de rebond à mon imaginaire.
C'est mon mode de fonctionnement et d'expression.

**Y a-t-il des lieux géographiques qui vous ont inspiré
plus particulièrement ? De quelle manière et pourquoi ?**
J'intègre, par petites touches, dans le vestiaire occidental
contemporain, des visions exotiques. Je n'ai ni lieu
géographique, ni époque précise de prédilection.
Les images anciennes du Japon, du Tibet ou même
de l'Afrique m'ont inspiré la collection été 98.
On les retrouve en filigrane dans la forme des manches,
des doublures de vestes, des empiècements brodés
et dans d'autres détails.

**Pourquoi vouloir intégrer un vocabulaire « exotique »
dans la mode occidentale ?**
Parce que c'est ma façon d'écrire la mode et de la penser.
Ce dialogue a toujours existé dans tous les domaines
culturels. L'échange de vocabulaire esthétique enrichit
la création. L'exotisme et l'inconnu sont intimement liés.

**Aujourd'hui, la surabondance de l'information
et des images tend à réduire le terrain de l'inconnu.
Dans ce contexte surmédiatisé, comment voyez-vous
l'exotisme aujourd'hui ?**
Je ne pense pas que la surabondance d'informations
et d'images réduise de beaucoup la part d'inconnu.
On échange bien souvent des idées reçues.
Il y a foisonnement de vie derrière les clichés.
Il suffit de regarder. En fin de compte, l'exotisme se trouve
dans la façon dont on regarde les choses.

**Ces dernières saisons on a vu des évocations explicites
(motifs cachemire, dragons et coupes kimono...). Comment
expliquez-vous le caractère général de ce phénomène ?
Peut-on parler d'une envie de dépaysement ou de rêve ?**
La grève du rêve est une chose grave ! Les emprunts
aux cultures lointaines répondent souvent au désir
d'émerveillement. J'ignore si ce phénomène s'accentue.
Avec ou sans rapport exotique, la mode permet souvent
de rêver sa propre vie et de se dépayser.

**À quel moment de la création la nécessité d'introduire
des éléments exotiques survient-elle ?**
Ce n'est pas prémédité. C'est contenu dans ma démarche
créatrice.

**À l'aube de cette fin de siècle, nous constatons que
les collections sont largement inspirées des vêtements
venus d'ailleurs, alors que la mode futuriste des années
1960 nous promettait des vêtements de cosmonautes. Que
pensez-vous de ce phénomène et comment
voyez-vous le vêtement du futur ?**
Dans les années 1960, on croyait que le bonheur viendrait
du progrès technique. Aujourd'hui, on craint que celui-ci
n'éloigne l'homme de l'humain. En dialoguant avec des
vêtements nés du hasard, de la nécessité et de la tradition,
on recherche un peu la part poétique des peuples.
Les habits du futur auront peut-être ces mêmes éclats du
passé, mais avec d'autres matériaux, des fibres nouvelles,
des traitements inédits. Ils seront incomparablement plus
confortables, pratiques et aisés à confectionner.

8
Dries van Noten
Automne-hiver
1997-1998

Kenzo

Qu'évoque pour vous le mot « exotisme » ?
(définition, images, sensations, mots spécifiques...)
L'exotisme évoque d'abord pour moi l'inconnu et le mystère, le dépaysement, des images de métissage, des sensations de climat chaud, de couleur et de musique. Les images qui me viennent spontanément à l'esprit rappellent des peintures orientales.

Que signifie pour vous le fait d'intégrer un univers exotique dans chacune de vos collections ?
S'agit-il d'un thème constant et récurrent ou simplement d'une recherche décorative ponctuelle ?
Depuis mes premières collections, le message que je transmets naturellement est celui du métissage culturel, par lequel j'essaie, à travers mes créations, de faire découvrir mes racines et partager mes envies d'évasion. L'intégration de cet univers exotique à mes collections m'a permis de redécouvrir le Japon et ses traditions.

Y-a-t-il des lieux géographiques qui vous ont inspiré plus particulièrement ? De quelle manière et pourquoi ?
L'Asie m'inspire profondément, du fait de sa proximité avec ma culture ; la Chine, l'Inde et le Tibet également.

Pourquoi vouloir intégrer un vocabulaire « exotique » dans la mode occidentale ?
J'essaye de transmettre et de faire découvrir les spécificités de mon pays. Lorsque j'étais au Japon, le kimono n'était, bien sûr, pas exotique à mes yeux, il l'est devenu depuis que j'habite Paris.

L'exotisme et l'inconnu sont intimement liés. Aujourd'hui, la surabondance de l'information
et des images tend à réduire le terrain de l'inconnu. Dans ce contexte surmédiatisé, comment voyez-vous l'exotisme aujourd'hui ?
Aujourd'hui, il est vrai que du fait de la surmédiatisation, il y a moins de mystère, moins d'exotisme pur. Je conçois l'exotisme dans la mode contemporaine par petites touches subtiles.

Ces dernières saisons on a vu des évocations explicites (motifs cachemire, dragons et coupes kimono...). Comment expliquez-vous le caractère général de ce
phénomène ? Peut-on parler d'une envie de dépaysement ou de rêve ?
Il est vrai que l'exotisme est de plus en plus présent, que ce soit dans le domaine de la mode ou de la culture. Ce phénomène peut s'expliquer par un retour à des valeurs considérées comme authentiques, mais aussi par un retour aux rêves. Dans la mode, il s'agit aussi d'un retour à la féminité.

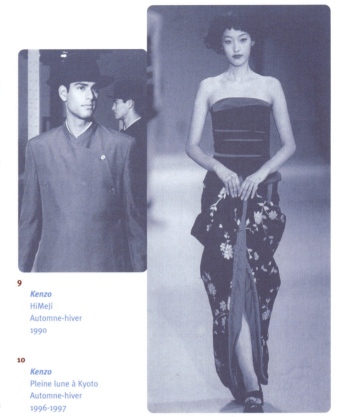

9
Kenzo
HiMeJi
Automne-hiver
1990

10
Kenzo
Pleine lune à Kyoto
Automne-hiver
1996-1997

À quel moment de la création la nécessité d'introduire des éléments exotiques survient-elle ?
Lorsque je commence une collection, tout part d'une recherche de tissus, de couleurs, ou d'imprimés. Les formes s'imposent ensuite d'elles-mêmes, de là découlera l'exotisme, qui sera accentué par l'accessoirisation. La création d'une collection est un travail constant, quotidien, liée à mes voyages, mes lectures, mes découvertes, et aux expositions que j'ai pu voir.

À l'aube de cette fin de siècle, nous constatons que les collections sont largement inspirées des vêtements venus d'ailleurs, alors que la mode futuriste des années 1960 nous promettait des vêtements de cosmonautes. Que pensez-vous de ce phénomène et comment voyez-vous le vêtement du futur ?
La mode futuriste des années 60 correspondait à une envie de modernité, au désir de travailler et de découvrir des matières plus «techniques». Une lassitude évidente se manifeste à présent ; l'on recherche des émotions plus fortes, des souvenirs. Tout va plus vite, et l'on éprouve le besoin de s'arrêter, de rêver, de retrouver une sérénité liée à une dimension plus humaine.

Les décors exotiques d'Ezio Frigerio

Entretien avec Sylvie Legrand-Rossi

Ezio Frigerio a assuré la scénographie de la nouvelle présentation thématique des collections du musée de la Mode et du Textile sur le thème de l'exotisme. Il évoque ici, avec le commissaire de l'exposition, Sylvie Legrand-Rossi, son intérêt pour l'architecture orientale, ainsi que son travail pour l'opéra et le ballet.

S.L.-R. Votre chef-d'œuvre en matière de décors et de costumes exotiques est le ballet *La Bayadère*, dans l'adaptation qu'en a faite Rudolf Noureev pour l'Opéra de Paris en 1992. Avez-vous souvent traité ce thème dans votre carrière pour le théâtre, l'opéra, le ballet ou le cinéma ?

E. F. Non, avec *La Bayadère* c'était pratiquement la première fois. Au théâtre, les sujets exotiques sont en effet très rares. Pour l'opéra, j'avais traité l'exotisme d'un point de vue historique, dans *Aïda* notamment. Mais mon intérêt pour l'exotisme orientaliste, tel qu'il a été adapté dans *La Bayadère*, est très grand. Je possède d'ailleurs une maison en Turquie où je vais souvent. Je connais bien l'architecture turque et j'ai fait des études sérieuses sur l'architecture islamique. Pendant des années, j'ai aussi beaucoup voyagé en Afrique du Nord et en Afrique centrale, ainsi qu'au Proche-Orient. Mon expérience de l'architecture orientale est donc assez vaste.

S.L.-R. Quel est votre exotisme de prédilection : l'Orient par rapport à l'Extrême-Orient ?

E. F. Il est difficile pour quelqu'un comme moi, nourri par l'architecture italienne, de pénétrer en profondeur la culture ancienne ou moderne des civilisations non méditerranéennes, leurs secrets et leurs mystères. Je ne commence vraiment à comprendre l'architecture islamique que depuis une dizaine d'années. Je vais vous raconter une anecdote au sujet de mon incompréhension de l'art extrême-oriental. À l'occasion d'un voyage au Japon, j'ai rendu visite à un antiquaire à Tokyo – une habitude que j'ai dans toutes les villes étrangères –, et aucun objet ne m'avait intéressé particulièrement dans cette boutique. Or, j'avais ignoré des petits bronzes anciens de valeur, proches de ceux conservés au musée national. Mon manque d'attention n'a pas échappé au vendeur qui me l'a incidemment fait remarquer.

S.L.-R. Dans *La Bayadère*, vous avez mélangé différents exotismes, différentes époques. Comment avez-vous procédé ?

E. F. L'action de *La Bayadère* se passe aux Indes. J'ai surtout utilisé l'architecture islamique indienne et pakistanaise, mais aussi celle de la ville de Samarkand, en Asie centrale. Pour les costumes, ma femme Franca Squarciapino et moi-même nous sommes beaucoup inspirés des peintres orientalistes du XIXe siècle.

Ezio Frigerio

Il n'y a pas de reconstitution historique, mais une recherche de fantaisie, une dimension fantastique. Si les éléments de documentation au départ sont toujours plus ou moins historiques, c'est la manière de les assembler qui ne l'est pas. Nous avons voulu créer un Orient onirique.

S.L.-R. Comment concevez-vous les rapports du décor et des costumes ?
E. F. Depuis trente ans, je travaille presque toujours avec ma femme Franca pour les costumes. J'utilise donc son talent pour obtenir des effets d'ensemble, des harmonies colorées notamment. Même si ce n'est pas le cas pour *La Bayadère* où le décor est suffisamment somptueux pour exister par lui-même, je réalise très souvent des décors qui ne vivent que grâce aux costumes. Nous travaillons beaucoup dans le détail. C'est le fruit d'une vie entière de collaboration. Je conçois toujours un décor en fonction des costumes, des étoffes et de leurs effets. Nous confrontons des gammes de couleurs, des matières, pour obtenir la qualité de résultat que nous recherchons. Pour *La Bayadère* nous avons fait un voyage à Bali et en Indonésie, avant de commencer les décors, afin d'arriver ensuite à une vraie unité.

S.L.-R. Quel est le rôle de la lumière ?
E. F. La lumière est un des éléments les plus importants de notre métier, un des plus vivants, qui contribue à la fois à l'intégration de l'architecture et des costumes. Je travaille toujours avec Vinicio Chelli, qui vient du Piccolo Teatro de Giorgio Strehler et avec lequel je m'entends parfaitement. Je tiens toujours compte des sources de lumière, mais les décors et les costumes sont déjà conçus à l'avance en fonction de certains éclairages.

S.L.-R. Vous travaillez beaucoup avec des ateliers de décors italiens. Pourquoi ?
E. F. J'ai l'habitude des grands ateliers de décors italiens qui sont installés depuis des années, qui réalisent tout et travaillent en collaboration. En France, à l'exception de l'Opéra de Paris et du TNP de Villeurbanne, il n'y a pas d'ateliers attachés aux institutions. On fait appel à des décorateurs extérieurs que je ne connais pas. De plus, la qualité italienne dans ce domaine est pratiquement la meilleure au monde. L'école des décors sur toiles peintes est presque totalement morte en France, au même titre que le cinéma d'époque. Ce style s'est perdu après la dernière guerre. Les peintres de décors français sont restés de très bons artisans, mais ils n'ont pas de vision d'ensemble. En Italie, les ateliers ont beaucoup travaillé avec les Américains pendant trente ans. De grands films américains ont été tournés sur place, comme *Cléopâtre* par exemple. Cette grande école de cinéma et de décoration italienne s'est maintenue et c'est là que je trouve les artisans qui travaillent pour moi.

S.L.-R. Est-ce que vous vous sentez proche d'un cinéaste comme Luchino Visconti ?

E. F. Je respecte beaucoup le travail de Luchino Visconti, mais ma démarche n'est pas celle de la reconstitution historique. Je ne suis pas un décorateur d'ameublement et n'ai pas suffisamment le goût des tissus, des draperies et des meubles raffinés pour cela. L'école de Visconti et celle de Giorgio Strehler, d'où je viens, sont complètement différentes. Je suis un constructeur de grands décors qui travaille sur les lignes et sur l'espace.

S.L.-R. Qu'est-ce qui vous a intéressé dans la différence d'approche entre le décor de spectacle et celui d'une exposition pour un musée ?

E. F. Les dimensions des décors de théâtre ou d'opéra sont difficiles à imaginer. Dans le premier acte des *Noces de Figaro*, qui se passe dans une petite chambre d'une maison de campagne de Séville, la pièce fait quatorze mètres de large sur seize mètres de profondeur et dix-huit mètres de haut. Peu de décorateurs savent manipuler ces grands espaces. En revanche, pour les vitrines du musée, la difficulté était inverse : il fallait travailler sur deux mètres de profondeur et raconter tout l'exotisme. Pour moi, ces dimensions étaient très petites. Ce n'était vraiment pas le même métier. Ce décor, basé surtout sur le détail, illustre l'exotisme aux différentes époques : du rêve exotique, purement imaginaire, aux premiers voyages en paquebot, puis au développement du tourisme, jusqu'à aujourd'hui où l'exotisme est une manière de vivre au quotidien. C'est alors moins de l'exotisme qu'une recherche existentielle.

Ezio Frigerio

Ezio Frigerio est né à Erba (province de Côme) en 1930. En 1955, il rencontre Giorgio Strehler et aborde la décoration théâtrale avec *La Maison de Bernarda* de Federico Garcia Lorca au Piccolo Teatro de Milan. En 1956, il dessine les costumes du *Matrimonio Segreto* de Cimarosa pour l'inauguration de la Piccola Scala, puis les décors et costumes du fameux *Arlecchino, servo di due Patroni* de Goldoni. Dès 1958, il se consacre au cinéma (collabore avec Vittorio de Sica). En 1966, il travaille avec Liliana Cavani pour le film *François d'Assise*, bientôt suivi de *Galilée* (1968), *Les Cannibales* (1970). Il revient auprès de Strehler pour réaliser les décors des *Géants de la Montagne*, de *Sainte Jeanne des Abattoirs*, du *Roi Lear* (1972) ou plus récemment de *La Grande Magia* (1985). Pour la Comédie-Française, il peint les *vedute* de la *Trilogie de la Villégiature* de Goldoni (1978). Il a collaboré avec Roger Planchon au TNP de Villeurbanne pour *No man's land* (Pinter), *Athalie*, et *Dom Juan* ; avec Jorge Lavelli pour *La Mante polaire* ; avec Claude Régy pour *La Chevauchée sur le lac de Constance*.

Après *L'Orage*, *Minna von Barnheim*, il a réalisé avec Strehler *L'Illusion* de Corneille (Théâtre de l'Europe/Théâtre de l'Odéon à Paris, 1984-85), l'*Opéra de Quat'sous* (au TMP-Châtelet, 1986), *Fidelio* (au Châtelet, 1989). Pour la Scala de Milan, les décors de *Falstaff*, *Lohengrin*, *Les Troyens*, *Ernani* ; pour le Met de New York, ceux de *Francesca da Rimini* ; pour le Festival de Salzbourg, ceux de *Macbeth*.

À l'Opéra de Paris, il a signé les décors et les costumes des *Noces de Figaro* dans la mise en scène de Strehler (1973), du *Chevalier à la Rose* (1976), de *Simon Boccanegra* (1978), les costumes de *Carmen* (1980), les décors d'*Iphigénie en Tauride* (1984) et ceux de *Médée* (1986), deux mises en scène de Liliana Cavani. Récemment, à l'Opéra Bastille, il a créé les décors de la *Dame de Pique* (1990).

Pour Roland Petit, il a créé les décors et costumes du ballet *Nana* (1976). Pour Rudolf Noureev, il a imaginé ceux de *Roméo et Juliette* (1980 à la Scala de Milan, puis en 1984 à l'Opéra de Paris) et du *Lac des Cygnes* (1984). Dernièrement, il a réalisé les décors du *Chevalier d'Olmedo*, mis en scène par Luis Pascal pour le Festival d'Avignon, et *Medea*, mise en scène par Nurla Espert à Barcelone, au moment des Jeux Olympiques. Au cinéma, il a également travaillé pour les films *1900* (Bernado Bertolucci), *Cyrano de Bergerac* (Jean-Paul Rappeneau), *Soleil Levant* et *Louis, Enfant-Roi* (Roger Planchon). Il a reçu en 1990 le Molière du meilleur décorateur et, en 1991, un César pour le film *Cyrano de Bergerac*.

[texte repris du programme du ballet *La Bayadère* publié en 1992 par l'Opéra national de Paris]

I

Rudolf Ernst
La Toilette
Aquarelle avec quelques rehauts de gouache
Fin XIXe - début XXe siècle
Avec l'aimable autorisation
de Mes Gros et Delettrez, Paris

POSTFACE

Collections, travestissements, dévoilements : notes anthropologiques sur l'exotisme textile et vestimentaire

Quand on cherche une métaphore capable de rendre compte des relations riches et complexes qui, au cours des siècles, ont relié l'Orient et l'Occident, c'est dans le monde des textiles qu'on la trouve. Ce registre technique est bien fait pour parler des liens ténus, et cependant pérennes, instaurés entre partenaires lointains qui parfois ne se connaissent, ni ne s'entendent en rien. Voici le légendaire fil d'Ariane qui permettra de sortir du labyrinthe. Voici la trame du tapis dont Jacques Berque a fait une de ses métaphores favorites pour évoquer les relations sociales internes et externes à cet Orient compliqué[1] : « le tissu est sans coutures », aime-t-il à reprendre. Voici encore la « toile », qu'un réseau informatique arachnéen semble tisser aujourd'hui sur le monde.

De fait, les textiles voyagent entre les mondes avant les hommes, ou à leur place, et cela depuis la plus haute Antiquité. Leur recherche et la curiosité qui y est associée, en font des vecteurs d'échange et des champs d'intelligibilité. Dans le paquetage des rois mages, ils viennent juste après les pierres rares et les aromates, avec les métaux ouvragés. Ils sont parmi les premières productions humaines à traverser les limites d'univers enclavés, pour être incorporées, aux antipodes, dans les trésors des princes et des familles, comme symboles de valeur, attributs de pouvoirs, biens dotaux. Ils y deviennent l'objet d'engouements aristocratiques, parures indispensables des élégantes en un temps où la « mode » n'est pas moins tyrannique, et versatile à la fois, qu'aujourd'hui. Les toponymes orientaux vont de la sorte colorier la langue commune d'évocations des mondes lointains : du Maroc à Damas, vers les comptoirs de l'Inde et au-delà[2].

Objets de commandes précises, ces produits ne sont pas portés par des enquêtes de marchés ou des campagnes de promotions commerciales. Ils ne sont pas apportés d'abord par des conquérants intéressés à imposer leurs goûts, leurs modèles vestimentaires ou les produits de leurs industries. Ils se diffusent pour ainsi dire d'eux-mêmes. Avant que ne s'institue la confrontation mondiale des civilisations, et la grande guerre des marchandises qui l'accompagne, ces créations fragiles, futiles, et pourtant capables de résumer tant de travail, d'art et de technicité, ont déjà fait le tour du monde.

Va-t-on parler de pillage et de dépossession de patrimoine ? Ces produits rustiques ou aristocratiques sont issus de sociétés, de civilisations pour la plupart disparues. Ils sont de ces produits organiques exigeant un entretien constant. L'enfouissement sur place ne les aurait pas sauvés de la corruption. Restés là, le passage des civilisations signifiait inexorablement leur mort : il a fallu le génie particulier du climat de l'Égypte, facteur de conservation proprement miraculeux, pour sauver, après la conquête musulmane, les chefs-d'œuvre du tissage copte. La convoitise et le profit escompté de la revente sont aussi un sorte de garantie conservatoire. La dispersion de ces reliques de par le monde présente d'ailleurs un moyen de les assurer contre quelque cataclysme local, en même temps qu'elle en asseoit la notoriété.

Quant à l'héritage, il en est à peu près aussi discutable que celui du trésor de Troie exhumé par Schliemann au XIXe siècle, emporté alors sans difficulté en Allemagne, récupéré ensuite comme prise de guerre par l'armée Rouge lors de sa reconquête de l'Europe. Il n'appartient en rien à la Russie ni à l'Allemagne qui se le disputent aujourd'hui ; mais il peut difficilement être revendiqué par la Grèce, héritière auto-désignée de la culture homérique ; ni, bien qu'on l'ait tiré de son sol, par la Turquie, qui campe sur d'autres héritages. Les chefs-d'œuvre du trésor de Priam sont là où des hasards de l'histoire les ont mis. Il est heureux qu'ils puissent être encore exposés, et montrés au plus grand nombre, pour témoigner d'un monde disparu.

209

Splendeurs textiles

Objets de contrebande, passe-frontières, les productions textiles venues d'ailleurs sont, plus que d'autres trésors, tout simplement prisées pour leur beauté. Car ce qui caractérise ces choses rares, plus précieuses qu'onéreuses, c'est qu'on les admire pour leurs qualités intrinsèques. Pas question de les reproduire, de les imiter même — est-il plus belle reconnaissance ? Elles suscitent l'émerveillement simple devant la qualité des matières utilisées, la finesse du travail, la technicité inouïe mise en œuvre.

Les fabrications de coton et de soie d'Orient étonnent, confrontées aux frustes et rugueux produits de laine et de lin de l'Europe rurale. Même dans ce registre, le Nord fut loin de parvenir à égaler les chefs-d'œuvre de la « civilisation de la laine »[3], avec ses vêtements tissés aux motifs d'une finesse extrême, avec ses tapis, tissés ou noués, d'un chromatisme recherché, qui défient les limites de l'art. L'Occident va donc les emprunter à l'Orient, et pour longtemps, puisque même au XIXe siècle le tapis est l'un de ces produits de l'industrie que l'Europe ne parvient pas à imiter. Ce sont des présents de rois, thésaurisés en tant que tels.

Mais ils ne sont pas accompagnés d'ambassadeurs pour raconter le monde qui les a produits. Car cette considération s'accompagne d'une étrange méconnaissance. Une perspective morphologique et classificatrice cache une ignorance évidente des lieux et des époques de fabrication. Le motif, le plus souvent abstrait et reprenant des formes simples, l'absence de mention d'origine, mais surtout, dans une commercialisation aux innombrables relais, les ruptures de charges, expliquent une telle amnésie. Une région, une tribu — mais couvrant des territoires immenses — définit des « types ». Rien a fortiori sur l'évolution de ces types, l'irruption de modèles nouveaux, les contaminations et influences multiples. Parfois, des productions anciennes passées d'usage et d'ailleurs périssables, et dont il ne subsiste que quelques rares exemplaires, survivent dans leur fraîcheur native dans les tableaux de quelques peintres qui s'étaient attachés à en restituer avec soin le motif et l'éclat : voici les tapis « Lotto » ou « Holbein ». Paradoxalement, c'est la chronologie de l'art européen qui va servir à les situer dans l'histoire[4].

Malgré cette opacité de l'origine, l'absence de support littéraire ou historique, et l'ignorance de la symbolique utilisée, l'intérêt de l'Europe se maintient intact. De tels égards pour des productions muettes et dépourvues d'attachement restent stupéfiants. Car cela commence dès avant les grandes expéditions de voyages, les mouvements de conquêtes des voies commerciales. Ainsi ces pièces de velours façonné, décors « à la grenade » qui apparaissent dans des tableaux de Memling ou de Carpaccio, avant d'être repris en impression par Mariano Fortuny, ignorent même le lotus qui leur a fourni un modèle, pour retrouver des figures plus familières, artichaut ou chardon[5]. Que dira-t-on de la symbolique au demeurant ésotérique qui s'inscrit sur les motifs construits, mais en partie seulement, sur des contraintes techniques ?

Le tapis va rester, et pour plusieurs siècles, la création par excellence de l'Orient. Il habite sans vergogne les intérieurs aristocratiques et bourgeois. Les peintres s'attachent avec un métier et une patience infinie à en traduire la magie. Et ce n'est pas une mince affaire, car ce ne sont pas seulement ces coloris riches et puissants, les arabesques du motif, le savant négligé de la chose drapée jetée au sol — on a oublié que l'Orient ne le piétine jamais en chaussures —, c'est la façon particulière qu'il a de capter et de refléter la lumière. Il résume le miracle des « jeux de lumières » qui sont bien l'essence de l'art musulman[6].

Comment s'étonner que les peintres orientalistes du XIXe aient consacré le meilleur de leur talent à chercher à en rendre la magie ? Les plus « réalistes » des pompiers : Rudolf Ernst, Benjamin-Constant, Jean-Léon Gérôme (ill. 1 et 2) en particulier, voient là un des principaux ressorts pour mettre en scène le spectacle de l'Orient. De tout un siècle, il n'est pas une odalisque qui ne soit sensuellement vautrée sur ce précieux textile. Et cela jusqu'aux évocations tardives, celles de Matisse par exemple, qui trouve dans la reconstitution de décors chatoyants, au demeurant fort abstraitement évoqués, la présence symbolique de l'Orient.

Autre objet partiel, le châle est incorporé avec succès dans l'usage commun. Il y occupe une place à la fois décorative et centrale. Le cachemire avant tout autre, qui va obséder l'élégance du XIXe siècle, se déploie avec une vigueur particulière au centre de la mode orientalisante[7]. Arrivé au retour de la campagne d'Égypte, à la taille du fougueux général Bonaparte, il va suivre le destin posthume de l'épopée napoléonienne et cela jusqu'à l'effondrement de la légende, à Sedan. Il gagne toutes les couches de la société, des aristocrates immortalisées par Ingres, jusqu'aux paysannes qui en font une pièce de leur légendaire « trousseau », qu'elles ne sortent qu'en de rares solennités. L'Europe essayera bien de singer la technique admirable de l'« espolin », fuseau infime avec lequel jongle le tisseur indien. Toute l'industrie s'y met, avec ses plus brillants capitaines : Ternaux, Jacquard, Oberkampf ! pour chercher à égaler et à adapter au marché le célèbre motif.

2

Double page d'un catalogue du Bon Marché.
L'Orient par J.-L. Gérôme
*Offert aux visiteurs du Salon des Artistes français en 1910.
À gauche, tapis de Kerman (collection du Bon Marché)
À droite, reproduction de la toile de Gérôme,* Marchand de tapis au Caire.

Non sans succès, mais au prix de quelles transformations : de la fine laine tissée des hauteurs du Tibet à la soie imprimée... On n'égalera pas le travail infini : deux mille heures pour un châle — un an de travail.

Mais cette périphérie, non plus, n'est pas immobile, ni invulnérable. En Inde, note Marx, « l'importation des calicots anglais fabriqués mécaniquement amena une crise des plus spasmodiques »[8]. Ici même, cette logique sociale est devenue obsolète. La sollicitation de l'Occident ne fait pas que détruire un appareil pharaonique destiné à mettre en splendeur un espace politico-religieux. Il faut servir d'autres maîtres et la demande de l'Occident, cette fois, qui stimule le marché, réoriente le choix des motifs. Ce ne sont plus de ces reliques que fabriquaient les ancêtres. Le costume évolue aussi à la périphérie, et la mode occidentale n'y est pas pour rien. Nous y reviendrons.

POSTFACE

De la parade à la mascarade : le costume masculin

Le costume oriental se laisse-t-il, de la même manière, acclimater ? Ce n'est pas si simple malgré un intérêt égal manifesté à son endroit.

Regardons cet honnête touriste (ill. 3) venu se faire photographier dans une de ces officines qui fleurissent précocement dans les métropoles du sud méditerranéen[9]. Son costume de notable algérien est d'une authenticité indiscutable. Le burnous de laine blanche est même coûteux et le cheich, difficile à nouer, est posé avec art. Mais un détail brise la vraisemblance : notre homme n'a pas pensé à se défaire de ses chaussettes. De là tout s'écroule, car le corps ne suit pas : cette mollesse blanchâtre dans le mollet et dans la main, cela n'est pas d'un bédouin. Et surtout le regard qui manque d'assurance : cet homme ne joue pas sa réputation sur ce cliché. Il ne fait que passer. Et il y a l'attitude, car on ne se laisserait pas alors saisir dans cette position de relâchement. Le cadre enfin : tant qu'à choisir un décor de pacotille, un homme du désert n'aurait certainement pas choisi des palmiers, mais un jardin fleuri, par exemple, ou un intérieur bourgeois comme cet « Arabe riche », criant de vérité, malgré ses chaussettes et son strabisme (ill. 4).

Car le vêtement est quelque chose de synthétique. Il va avec un « port », c'est-à-dire un système de techniques du corps qui supposent un long apprentissage[10]. C'est un tout aussi, une sorte d'harmonie où la moindre fausse note s'entend plus fort que toutes les autres. Ainsi ce « Caïd arabe » qui, manifestement, n'a rien à prouver, peut dire dans sa manière d'être là, sans afféterie, que la notabilité s'exprime aussi par la réserve (ill. 5).

C'est la règle pourtant que les voyageurs se fassent représenter, en frontispice de leur livre, dans le costume du pays qu'ils racontent. Question de sécurité, disent-ils, même s'il n'est pas sûr que le costume européen ne soit pas une meilleure protection[11]. En outre, un œil averti décèle de loin la supercherie. Passe encore pour les voyageurs de La Mecque qui s'astreignent d'ailleurs — il y va de leur vie — à un long apprentissage. Ils profitent surtout du désordre des accoutrements des caravanes et de leur caractère cosmopolite qui justifie tous les disparates. Et la plupart sont tôt ou tard découverts. Mais penser stationner dans un pays en passant pour un indigène ! Il faudrait plusieurs générations pour que l'on cesse même de les désigner comme des « étrangers ».

3
Photographie
Algérie
après 1900
Collection Andrée Autran

4 et 5
Cartes postales
après 1900

Reste cette bonne volonté manifestée à s'assimiler : « go native », comme disent les Anglais qui préfèrent souvent conserver leur quant à soi. Le travestissement est bien un moyen sympathique de comprendre les manières du pays. Encore faut-il ne pas exagérer : comme Isabelle Eberhardt, par exemple, qui va se déguiser en spahi, caracoler comme un homme et prétendre être initiée aux rites confrériques ! À l'inverse, Nerval médite soigneusement tous les degrés de l'acculturation et sait qu'il faut en premier lieu passer par chez le barbier[12]. Mais comment ne pas voir, comme lui, que face aux « vêtements étriqués de l'Europe »[13], le costume oriental est à la fois élégance et fonctionnalité.

V. P. Paris. No. 35. Arabe riche.

38. - SCÈNES et TYPES. - Un Caïd Arabe

Nous voici donc rendus, avec le vêtement masculin, à une place autrement stratégique que les éléments décoratifs évoqués plus haut : il s'agit ni plus ni moins de l'image de soi. Outre que l'élégance est un fait de convention et quelque chose qui tient trop au corps pour que l'on puisse en changer facilement, il faut reconnaître que les vestes serrées, les pantalons collants (qui apparaissent obscènes aux indigènes), les bottes ajustées sont fort mal adaptés aux pays chauds. Ample, le vêtement oriental accentue le corps et ses mouvement, voile ses disgrâces. Il permet de laisser circuler l'air ou, alternativement, de s'emmitoufler. On peut plus aisément éponger sa transpiration, effectuer les ablutions essentielles ou... se débarrasser de ses puces. Mais il importe de le réajuster à chaque instant, et en suivant les codes subtils du port et du drapé. Il faut des années d'apprentissage pour atteindre en ces matières le « naturel ».

Il faut que ce monde soit ramené bien bas pour que ces parures finissent par apparaître ridicules. Un emblème : les Zouaves, cette tribu kabyle qui, à l'instar des gardes « suisses » avait fourni des contingents entiers à l'État turc avant de devenir un corps de l'armée d'Afrique[14]. Leur uniforme qui parut digne d'être porté par des Européens devint, avec le temps, le symbole même de l'extravagance. Les Zouaves partagent avec les Bachi-Bouzouk, ces dignes supplétifs du pouvoir ottoman, l'insigne honneur d'être inscrits dans la liste des injures du capitaine Haddock ![15]

Que s'est-il donc passé ? La défaite de l'Islam devant les conquêtes coloniales touche au prestige attaché à ses parures. La modernisation semble s'imposer à tous, et prendre les attributs (et les vêtements) de l'Occident. Hors les mondes paysans, eux-mêmes soumis partout à de terribles déchéances, le costume s'adapte. Il ne conserve que par bribes des signes d'identité. Ceux-ci s'attachent en particulier au couvre-chef, avec une répulsion durable manifestée pour le chapeau à large bord, contraire à l'Islam, auquel on préfère longtemps le bonnet de feutre rouge — la célèbre chéchia du Maghreb, de forme tronconique en Orient. Avec le temps, au grand dam des traditionalistes, et sans qu'il soit besoin d'en venir aux décrets de Mustapha Kemal imposant la casquette contre le « fez », tout ce monde finira par aller tête nue.

Le vêtement demeure cependant pour tous un marqueur d'identité. Si la puissance coloniale se montre paternellement libérale à l'égard du costume local qu'elle adapte, à l'occasion, pour agrémenter sa représentation, la tension est grande à l'intérieur du collectif des indigènes où l'on guette les transfuges facilement accusés d'apostasie. Comme la roue alors inexorable du progrès, l'éducation, l'urbanisation et l'embourgeoisement apportent, à travers le passage des générations, le vêtement européen. Finalement, il faudra que les intégristes eux-mêmes optent contre la tradition pour un costume moderne, bien que délibérément différent, comme la soutane (thaub) de l'Arabie wahhabite, ou celle des mollahs de toutes obédiences.

Pendant ce temps, le vêtement traditionnel dont on a chanté les mérites s'est en quelque sorte intériorisé. D'abord objet de collection, il ne va plus servir que pour quelques défilés folklorisants et pour des bals costumés. Grand organisateur de fêtes, amateur de travestissement, Loti se présente dans toutes les défroques de l'Orient. Le vêtement différent est de la sorte ramené au magasin des mascarades. Le grotesque des « turqueries » apparaît à tous — Turcs compris. Le jour où les conjurés algériens, à la veille de déclencher l'insurrection de la Toussaint, posent pour la postérité devant l'objectif, ils se présentent en complets-veston[16]. Dans l'intervalle, et à l'image d'une société qui se renferme, ces vêtements indigènes sont cantonnés dans les usages intérieurs. Ils sont confortables et élégants : ce seront des robes de chambres ou, en saison chaude, des vêtements de repos. Tout le monde peut les porter alors sans ridicule. Pour être à l'aise, tout simplement. Mais l'élément fonctionnel, et aussi la part du jeu, ont pris le pas sur le fait, si fondamental dans le vêtement, de la parade.

Sultanes et putains : le costume féminin

En passant de la place publique à l'intérieur, on a fait dans l'Islam le saut du « genre », vers le monde des femmes, monde caché et, de ce fait même, objet de toutes les curiosités. L'histoire qui s'y joue n'est pas moins chargée de dynamiques d'un ordre différent.

Pas entièrement cependant, parce que la modernisation dont on a vu les effets touche aussi des fractions importantes du monde féminin, avec une adhésion plus marquée même à ces valeurs que l'on dit universelles, et qui sont depuis longtemps celles des femmes libres de l'Europe du Nord[17]. Ces acculturées devront attendre encore longtemps pour se faire une place sereine dans les sociétés civiles du monde musulman. Pour discréditer l'adhésion des femmes indigènes au grand délire du forum d'Alger, en mai 1958, où, au nom de l'intégration, elles brûlaient symboliquement leur voile, il suffira au FLN de les désigner comme des putains.

Il a fallu toute la légitimité immense héritée des indépendances gagnées, pour laisser à Bourguiba le pouvoir d'interdire impunément le voile en Tunisie. Celui-ci allait revenir au galop, mais sous une forme « moderne » cette fois : le trop fameux hijab.

Avant ce raidissement, trouve-t-on sur le costume féminin quelque lieu de rencontre ? Plus qu'une enquête méthodique, reconnaissons-le, c'est un déferlement de fantasmes que l'on voit se déployer, que nul spectacle tangible

6
Carte postale
vers 1900
Collection Dominique Colas

7 et 8
Cartes postales
après 1900

ne pourrait endiguer. Ainsi cette mascarade de vente d'esclaves, ou de maison close « Belle Époque » (ill. 6). La facticité se voit ici, comme plus haut, à quelques détails vestimentaires — les manches trop longues, le lorgnon du « marchand » —, mais aussi, étrangement, aux corps nus de ces femmes. Ces corps développent des graisses à la mode et d'ailleurs disparues depuis. On en dira de même des chairs de ces femmes au bain peintes par Gérôme ou de la célèbre Esclave blanche de Leconte de Noüy (Nantes, musée des Beaux-Arts), qui sont manifestement des grisettes posant comme modèles dans les ateliers parisiens. Les nudités orientales ont d'autres grâces ou disgrâces. On ne saurait leur trouver plus de réalisme en invoquant les célèbres Circassiennes qui peuplaient traditionnellement les harems ottomans[18]. Des archives photographiques nous les montrent[19] dotées d'une pilosité que seules des terribles séances d'épilation devaient, comme le veut l'usage, pouvoir éradiquer.

Contre les polissonneries vulgaires qui entourent l'idée de harem, on disposait pourtant depuis longtemps de deux textes susceptibles d'apporter quelque vraisemblance dans la représentation du monde féminin de l'Orient[20] : la grande traduction de Mille et Une Nuits par Galland (1704-1717) et la publication des Lettres de Lady Montagu (1727) qui avait passé quelque temps dans un harem d'Istanbul[21]. L'ignorance sur ce thème est cependant à la mesure du secret qui l'entoure. Ingres, dans son célèbre Bain turc, affuble des femmes dénudées de coiffures passablement fantaisistes, tirées d'un recueil de gravures du XVIe siècle. Il faut attendre une excursion brève et intense de Delacroix dans une Algérie à peine soumise, pour avoir avec ses Femmes d'Alger (1834), le chef-d'œuvre indépassable de la peinture orientaliste sur ce sujet. L'historien Georges Marçais en tirera une description ethnographique du costume féminin d'Alger, et le spectacle en sera reconstitué, en figures de cire, au musée du Bardo d'Alger — on les y trouve encore à ce jour.

C'est dire que dans ce domaine les choses semblent figées. Les ethnologues et autres spécialistes des « arts populaires » se sont attachés, pendant un bon siècle de présence coloniale et au-delà, à inventorier les costumes locaux et régionaux, les types de bijoux d'or et d'argent, les costumes de mariées. On en trouvait une riche collection dans un monde rural moins fermé, avec des femmes habituées à affronter la vie des champs, plus « libres » aussi que les bourgeoises claustrées, selon des traditions indigènes que l'on explique mal[22].

POSTFACE

On va donc voir ces femmes harnachées de bijoux comme des sultanes, avec leurs robes fixées par d'antiques fibules, et une gestuelle de tanagra que l'on ne saurait inventer.

Comment s'étonner que l'on ait voulu alors en fixer le type ? Le démon classificatoire a frappé aussi le regard sur une société saisie sans doute sur la défensive, face à une agression extérieure. Celle-ci a eu un effet conservatoire parce que la situation défensive faisait du harem une sorte d'asile, un lieu de recueillement.

Cette société n'en subissait pas moins des coups très durs, non du fait toujours d'une violence coloniale directe, mais des bouleversements qui s'ensuivaient à l'occasion notamment de crises climatiques terribles dans une zone normalement aride. Celles-ci jetaient sur le pavé des débris de groupes fracassés, alors donnés en spectacle. On a conservé des sortes d'archives de ces temps de misère : les cartes postales publiées avec la légende « type de mendiant », « yaouled » (enfants des rues), ou bien encore « moukère ». Ce terme du sabir — il vient de l'espagnol mujer —, désignait généralement la femme indigène, en l'occurrence celle que l'on pouvait voir : la prostituée.

Fillette à peine nubile encore pleine de grâces ingénues (ill. 7 et 8), ou bien femme mûre déjà marquée par le travail et les maternités, ces clichés nous apportent une documentation considérable sur un monde autrement caché. Elles ont leurs collectionneurs, amateurs de curiosa [23]. Elles sont susceptibles d'une exploitation indirecte. Un travail en cours sur la tribu des Ouled Naïl dans le Sud algérien [24], dont le nom par effet de métonymie a servi à qualifier toutes les prostituées indigènes, montre le parti que l'on peut tirer de cette documentation pour l'étude de l'évolution du vêtement féminin. Car dans cette périphérie empreinte de tradition, les Ouled Naïl, ces « danseuses » indigènes de l'Algérie coloniale, avant même de servir de sujets de photographie pour l'édition de cartes postales, ont été régulièrement des modèles pour des peintres, et notamment pour le plus « ethnographe » d'entre eux, Etienne Dinet, installé à demeure à Bou-Saâda au début du siècle [25] (ill. 9).

9
Etienne Dinet (1861-1929)
Mère défendant ses filles
Huile sur toile
Ancienne collection
M⁰ˢ Gros et Delettrez
Collection particulière

10
Femme des Ouled Naïl
Carte postale
après 1900

216

De cette série documentaire quasi-continue, du moins jusqu'à l'Indépendance, il apparaît une dynamique du vêtement et des différents éléments de la parure, bijoux et tatouages, mais aussi des parfums, musiques et danses qui entourent la parade sexuelle, et qui sont, y compris dans les périodes anciennes, l'objet d'emprunts à l'extérieur. Ces costumes sont aussi le lieu de dynamiques locales fort riches selon un système d'innovation et de différenciation entre les centres sahariens. On voit aussi l'apparition de modèles vestimentaires concurrents et de mouvements de mode qui imposent une logique locale non pas isolée, mais inscrite dans un monde englobant auquel elle se relie par inclination et rejet des matières et des modèles.

Il n'est pas sûr que cela aille dans le sens d'une uniformisation ou d'une décadence que condamnent les ethnologues passéistes puisque, dans ce registre, la recherche d'un « type local » est activement menée par les intéressés. La robe de mariée d'aujourd'hui campe de la sorte sur la reprise des modèles vulgarisés par les filles du « quartier réservé », aujourd'hui chassées de la place publique par les actions successives de l'Islam réformiste, de la Révolution nationale et des groupes islamistes. Le costume change, tout en gardant ses spécificités locales, avec ses tissus, sa coupe, sa bimbeloterie. Tout cela connaît une évolution rapide, dans une différence assumée – à la manière de ces modes créoles que l'on voit flamber en Afrique sub-saharienne, dans les milieux urbains liés à l'émigration. Le dialogue y est actif entre ces coins perdus et les présentations de mode des grandes métropoles. De l'un à l'autre, on a de ces engouements collectifs, versatiles et impérieux encore une fois.

Dans ce registre ultime, mais d'une autre manière, on voit avec les faits textiles que les choses circulent avec une vivacité particulière entre les formations sociales où le rapport n'est pas unilatéral : celles-ci n'apparaissent pas non plus ici comme des essences campées sur l'héritage et le terroir, mais comme des faits de relation.

FRANÇOIS POUILLON

Notes

1. Cf. l'article de Jocelyne Dakhlia, « Du "polygone étoilé" au tapis maghrébin : retour sur le motif », in Enquêtes dans la bibliographie de Jacques Berque, numéro spécial de la Revue de la Méditerranée et du monde musulman (REMMM) (sous presse).
2. Le petit glossaire situé à la fin de cet ouvrage nous donne, dans cet ordre de référence, outre « Cachemire », « Madras », « Surah », « Nankin » et « Pékin » (cf. p. 218-221).
3. Selon l'heureuse expression de Clémence Sugier ; cf. « Survivances d'une civilisation de la laine chez les Jebalia du Sud tunisien », Cahiers des arts et traditions populaires (Tunis), n° 4, 1971, p. 35-48.
4. Cf. Enderlein Volkmar, « Medieval Carpets from Asia Minor », in Turkish Carpets from the 13th-18th Centuries (catalogue d'exposition), Istanbul, musée des Arts islamiques, 1996.
5. Cf. le texte de Jean-Paul Leclercq (p. 21-39).
6. Cf. Étienne Dinet, « Les jeux de la lumière : réflexions sur l'exposition des arts musulmans », Art et Décoration, juin 1903 (supplément), p. 1-8.
7. Cf. l'article de Sylvie Legrand-Rossi (p. 61-80).
8. « Il n'y a pas d'exemple d'une misère pareille dans l'histoire du commerce, dit, dans son rapport de 1834-35, le gouverneur général ; les os des tisserands blanchirent les plaines de l'Inde », Karl Marx, Le Capital, Paris, éditions Sociales, 1948, t. 2, p. 112-113 (« La lutte entre les travailleurs et la machine »).
9. Cf. Gilbert Beaugé et al., Images d'empire : aux origines de la photographie en Turquie, Istanbul, Institut d'études françaises, 1993.
10. Cf. Marcel Mauss, « Les techniques du corps », Journal de psychologie, 1934 ; repris in Sociologie et Anthropologie, PUF, 1950, p. 363-386.
11. Un « porte-respect » note Eugène Flandin, cf. l'ouvrage que Lynne Thornton prépare sur les conditions sociales du voyage en Orient : Du Maroc aux Indes : souvenirs d'Orient, à paraître aux éditions ACR.
12. Cf. « La boutique du barbier » in Voyage en Orient (première éd. 1851).
13. « Le soir et le matin », ibid., cf. Guy Barthélemy, « Anthropologie et littérarité dans le Voyage en Orient de Nerval », in Littérature et Savoir au XIXe siècle, Presses de l'Université de Saint-Étienne, 1995, p. 123-139.
14. Cf. Jacques Frémeaux, L'Afrique à l'ombre des épées (1830-1930), Paris, Service historique des Armées, 1993-1995.
15. Cf. Albert Algoud, Le Haddock illustré : l'intégrale des jurons du capitaine, Paris, Casterman, 1991.
16. Cf. Yves Courrière, Les Fils de la Toussaint, Paris, Fayard, 1968.
17. Cf. Germaine Tillion, Le Harem et les Cousins, Paris, Seuil, 1973.
18. Cf. Lynne Thornton, La Femme dans la peinture orientaliste, Paris, ACR, 1995.
19. Cf. Valérie Le Galcher-Baron, « Le Caucase pittoresque : la collection de photographies de D.I. Ermakov », Autrement, numéro spécial « Caucase » (sous presse).
20. La perte de la somme érotologique accumulée par le grand Richard Burton, voyageur de la Mecque et traducteur des Mille et Une Nuits – elle fut brûlée par son épouse – constitue une perte irréparable ; cf. Jean-François Gournay, Richard F. Burton, ombre et lumière de l'Orient, Paris, Desclée de Brouwer, 1991.
21. Cf. L'Islam au péril des femmes, Paris, François Maspero, 1981.
22. Cf. Mathéa Gaudry, La Femme chaouïa de l'Aurès, Paris, Geuthner, 1929.
23. Cf. Malek Alloula, Le Harem colonial : images d'un sous-érotisme, Paris-Genève, Slatkine, 1981.
24. Cf. Barkahoum Ferhati, Le Costume des Ouled Naïl de Bou-Saâda (XIXe-XXe siècles) : Inventaire analytique et évolutions, EHESS, Mémoire de DEA, 1996.
25. Cf. François Pouillon, Les Deux Vies d'Étienne Dinet, peintre en Islam : l'Algérie et l'héritage colonial, Paris, Balland, 1997.

Quelques mots d'exotisme textile

Jean-Paul Leclercq

Un très grand nombre de mots ou d'expressions employés pour parler du textile viennent de langues non européennes ou correspondent à des noms de lieux ou parfois de personnes étrangers à l'Europe. La diversité et la variabilité de ces biens, leur soumission aux caprices de la mode, leur importance majeure dans les échanges à longue distance très tôt dans l'histoire, la dispersion des lieux de production et la mobilité des fabrications, font qu'un lexique historique de cet exotisme, signifiants et/ou signifiés, ne saurait être qu'un énorme dictionnaire, dont la matière est encore en grande partie à rassembler. Les professionnels qui ont écrit, dessinateurs, fabricants, marchands, inspecteurs et auteurs de réglementations, ont eu des soucis pratiques plus qu'historiques, quand certains n'ont pas préféré garder un silence intéressé — ou induire en erreur pour protéger leurs affaires — sur leurs techniques propres ou leurs lieux d'approvisionnement.

Les lexicographes n'ont pas toujours une culture technique les habilitant à donner des définitions assurées dans ce domaine touffu. Ils ont souvent travaillé à partir de textes littéraires et en excluant les termes d'emploi trop technique ou limité dans le temps. Les mots ou expressions qui nous intéressent ici sont plutôt à puiser dans les textes d'archives — à interpréter d'après les circonstances d'établissement des documents et la compétence de leur auteur —, et ce travail est difficile, faute aussi d'un répertoire des sources qui contiennent à la fois les termes et leur définition, écrite ou restituable par la présence d'échantillons ou de documents graphiques.

Il est de plus avéré, comme il en est souvent pour les cultures matérielles, que le vocabulaire est instable et cloisonné, un même bien ayant, suivant le lieu, l'époque et le milieu, des appellations différentes dans une même langue, et une même appellation pouvant correspondre de même à des biens différents. Les ressources de la création lexicale sont bien faibles devant des variations qui portent diversement, isolément ou non, sur l'aspect, le décor, la matière, la structure, la technique de production, la destination initiale, l'utilisation effective, et cette liste n'est pas limitative. Il faut tenter d'associer approche normative et approche descriptive, en se fondant sur une connaissance suffisante des choses et de l'histoire pour suivre les glissements sémantiques, seuls à même de rendre compte des contradictions apparentes. Les quelques items qui suivent ne sont ici que sommairement traités, à titre d'indication, et avec toutes les réserves qu'implique ce qui vient d'être dit.

Baldaquin (1352 ; it. *baldacchino*, « étoffe de soie de Bagdad »). Ouvrage de tapissier en forme de dais et garni de rideaux, que l'on place au-dessus d'un lit, d'un catafalque ou d'un trône ; désigne aussi un ouvrage d'architecture soutenu par des colonnes et couronnant un autel. Exemple de métonymies successives, l'étoffe précieuse désignée par sa provenance ayant donné son nom – désormais compris seulement dans cette acception nouvelle – à la fonction d'un ouvrage auquel elle [une étoffe de Bagdad ou une étoffe assez riche pour y avoir été assimilée] a été employée, et enfin à la transposition architecturale de cet ouvrage.

Batik, n. m. (1845, mot javanais signifiant « point », « pointiller », et, par extension, « dessiner »). Procédé de décoration des étoffes (et d'autres matières, papier, cuir...) par teinture dans des bains successifs, en réservant par application de cire les parties à épargner. La couleur peut être pure ou composée selon qu'une même partie du tissu est teinte une seule ou plusieurs fois. Lorsque le fond du dessin doit être réservé, il est plus expédient d'enduire d'abord la totalité de l'étoffe, puis de dégager, de teindre et de réenduire les parties du dessin à traiter dans une même couleur. Lorsqu'inversement le fond doit être teint, on recourt à des couleurs composées, en commençant par les valeurs claires ; on réserve à la cire d'abord les parties du dessin qui doivent conserver la couleur de l'étoffe, puis on étend progressivement la cire aux autres parties du dessin à épargner lors de l'opération de teinture suivante. L'origine du procédé, très largement répandu, est controversée. Sa technique javanaise a été décrite par Sir Thomas Stamford Raffles, gouverneur de Java de 1811 à 1816, dans son *Histoire de Java* publiée à Londres en 1817. Connu notamment à la faveur de l'Exposition universelle de 1900, à Paris, le *batik* indonésien a exercé une influence similaire à celle de l'art japonais découvert quelques décennies plus tôt.

Bayadère (1782, du portugais *balhadeira*, 1577, « danseuse », de *balhar*, « danser », forme dialectale de *bailar*) Danseuse indienne. Le mot est aussi employé pour désigner des étoffes formées de bandes d'armures différentes, sens trame, analogues à ce que sont les *pékins* sens chaîne. Cet emploi provient probablement d'une analogie avec le décor des étoffes barrées qui forment le costume des bayadères.

Cachemire, n. m. (1671, de *Kasmir*, nom d'une province de l'Inde,

Quelques mots d'exotisme textile

dans l'Himalaya septentrional ; 1803, par métonymie, le châle ; puis 1820, l'étoffe).
Étoffe de laine, à décor tissé ou brodé, fabriquée au Cachemire avec le poil des chèvres du Tibet. Le mot s'emploie pour désigner la matière (*laine cachemire*), un dessin observé sur des châles fabriqués avec cette matière (*palmette cachemire*) ou le châle lui-même, fabriqué en Inde puis aussi en Europe au XIXe siècle, en France notamment, d'où la distinction entre *cachemires indiens* et *cachemires français*, curiosité lexicale comme le *cachemire d'Écosse*, un sergé en laine d'Ecosse pour l'habillement féminin. La matière est aujourd'hui connue sous le nom de *cashmere*, doublet anglais.

CHINÉ À LA BRANCHE, n. m. (1753, participe passé substantivé du verbe *chiner*, de *Chine*).
Même technique que l'*ikat*. Procédé de décoration des étoffes, avant tissage, très apprécié au XVIIIe siècle pour les soieries, et décrit dans l'*Encyclopédie* de Diderot et d'Alembert. Il consiste à teindre, suivant un dessin, des groupes de fils de chaîne ou branches, en protégeant par des ligatures les parties à réserver, c'est-à-dire, le fond, en général, et les parties du dessin destinées à recevoir d'autres couleurs. Le tissage ne se fait qu'ensuite, avec une armure simple, taffetas ou satin, laissant apparaître la chaîne, et peut comprendre aussi un dessin façonné.

COTON, n. m. (*cotun*, vers 1160 ; de l'italien *cotone* ; de l'arabe *qutun*).
Filaments textiles qui entourent les graines des cotonniers, plantes du genre *Gossypium*, qui compte des espèces spontanées en Asie, en Afrique et en Amérique.
Le tissage du coton était pratiqué en Italie dès le Moyen Âge.

CRÊPE DE CHINE, n. m. (*crêpe*, 1285, au pluriel, du latin *crispus*, « frisé » ; *crêpe de Chine*, 1827).
Le crêpe est un tissu léger, aéré, d'armure taffetas, fabriqué en soie grège. Le crêpe de Chine, appellation d'un tissu chinois imité en Europe au XIXe siècle, se caractérise par une trame double, faite de deux fils de soie grège à forte torsion de sens opposés, ce qui donne au tissu son aspect frisé.

DAMAS, n. m. (1380, de *Damas*, ville de Syrie).
Étoffe façonnée, dont le dessin est formé par l'opposition de la face chaîne, brillante, et de la face trame, mate, d'une même armure – un satin en général –, tissée, selon le dessin, face chaîne à l'endroit ou à l'envers du tissu, ce qui produit aussi une différence de relief. De ce fait, l'envers d'un damas présente en principe le même aspect que l'endroit, mais avec inversion des brillances et des matités.
Le nom du tissu indique une provenance initiale, lieu de fabrication ou point d'exportation. La technique est très ancienne et probablement d'origine extrême-orientale.
Le principe en a été repris, avec des variantes techniques, par la production européenne, sur des dessins à la mode du temps, pour l'ameublement (damas monochromes en général) ou aussi pour le vêtement (souvent des damas brochés dans la première moitié du XVIIIe siècle).

IKAT, n. m. (introduction récente, mot malais, « lien »).
Technique de teinture partielle, pratiquée avant tissage sur des groupes de fils de chaîne ou de trame ou des deux types de fils (double *ikat*), en protégeant par des ligatures les zones à réserver lors de l'immersion dans le bain de teinture. Technique très connue dans ses formes indonésiennes, mais répandue anciennement sur tous les continents, et peut-être inventée indépendamment par diverses cultures.

INDIENNE, n. f. (*toile indienne*, 1359 ; 1632, d'*indien* ; dérivé : *indiennage*, la fabrication des *indiennes*).
Étoffe de coton, peinte ou imprimée en Inde. Par extension, nom donné aux vêtements taillés dans cette étoffe. D'autres noms furent donnés à certaines de ces toiles, d'après des villes de l'Inde : *chites* (Chitagong, Bengale), *surats* (Surat, près de Bombay), *patnas* (Patna, sur le Gange).
La vogue des indiennes, aux XVIIe et XVIIIe siècles, tint pour une part au dessin exotique des étoffes, et pour une autre part à la stabilité des couleurs obtenues par un mordançage. Bien que prohibé en France de 1686 à 1759, le procédé fut rapidement imité en Europe, avec impression à la planche de bois et pinceautage pour les détails, mais souvent sur des dessins européens, inspirés des papiers de dominoterie ou du décor des soieries façonnées. La production de la manufacture d'Oberkampf, à Jouy-en-Josas (1760-1843), est la plus célèbre. Inversement, les étoffes d'ameublement imprimées à la planche de cuivre abondent en représentations exotiques, mais le dessin n'a plus rien d'indien et le procédé, monochrome, est très proche de l'estampe.

INDIGO, n. m. et adj. inv. (1578 ; 1544, *indico*, du portugais *indigo*, à partir du latin *indicum*, « de l'Inde »).
Substance colorante bleue obtenue, par oxydation, des indigotiers (1718, mot employé aussi en 1722 au sens de « fabricant d'indigo ») et chimiquement proche du colorant extrait du pastel ou guède (*Isatis tinctoria* Linné,

famille des Crucifères). Les indigotiers forment le genre *Indigofera* (famille des Légumineuses), qui comprend un grand nombre d'espèces des régions tropicales d'Asie, d'Afrique et d'Amérique. L'*Indigofera tinctoria* L. est originaire de l'Inde, mais les civilisations précolombiennes du Mexique et du Pérou exploitaient déjà deux sous-espèces de l'indigotier américain *Indigofera suffruticosa* Mill. Utilisé en Inde bien avant l'ère chrétienne, l'indigo ne prend d'importance en Europe qu'à partir du XVIe siècle, par importation de l'Inde, d'Amérique et des Antilles, entraînant en deux siècles, malgré les mesures protectionnistes, le déclin du pastel européen, avant de s'effondrer lui-même au tournant du XIXe siècle après la mise au point du procédé industriel de synthèse. Les Anglais en avaient fait une culture majeure dans leurs colonies américaines, puis en Inde après la Guerre d'Indépendance Américaine, concurrençant alors la culture du riz, d'où les famines à l'origine de la Révolte de l'Indigo, de 1860 à 1867.

Madras, n. m. (1797, de *Madras*, ville de l'Inde ; *mouchoir des Indes*, puis *de Madras*, puis *Madras* ; 1812, coiffure de femme). Cotonnade à décor de rayures et de carreaux multicolores, mouchoir ou carré d'étoffe importé de l'Inde au XVIIIe siècle et porté alors autour du cou en Europe. Les Anglais avaient rassemblé à Madras des tisserands indiens travaillant pour l'exportation. Utilisé aux Antilles pour les vêtements des esclaves, et notamment pour la coiffure des femmes, le madras est devenu après l'abolition de l'esclavage un symbole antillais, résumant un costume syncrétique issu des provinces de France (coupe de la robe), de l'Inde (tissu) et de l'Afrique noire (coiffure nouée).

Mousseline, n. f. (1656, de l'italien *mussolina*, de *Mussolo*, Mossoul, ville du nord de l'Irak, lieu de fabrication de l'étoffe ou point d'importation). Toile de coton ou de laine, souple, légère, peu serrée.

Nankin, n. m. (1760, de *Nankin*, ville de Chine). Toile de coton, jaune chamois, de la couleur naturelle du coton cultivé aux environs de Nankin où se tissait l'étoffe. Elle est fabriquée ensuite en Europe, en France à Amiens dès le début du XIXe siècle, puis à Roubaix et à Rouen. Les nankins français peuvent alors être rayés ou à carreaux, ou recevoir par teinture la couleur jaune du coton chinois. C'est encore un exemple de l'ambiguïté des appellations textiles dérivées d'un nom de lieu, que l'on voit poussée à son plus haut degré dans la désignation des différents genres de dentelle, presque tous nommés d'après un lieu de production (blonde de Caen, dentelle de Chantilly...).

Pékin, n. m. (1564, de *Pékin*, ville de Chine). Tissu, uni ou façonné, caractérisé par la juxtaposition, dans le sens de la chaîne, de bandes d'armures différentes. Très en faveur, en soie, pour l'habillement, à l'époque de Marie-Antoinette, à côté des soieries simplement rayées. Lorsque ces soieries produites en Europe portaient un dessin façonné, de petit rapport, par la chaîne ou par la trame, celui-ci n'avait rien de chinois. C'est un exemple d'exotisme devenu purement étymologique.

Plangi, n. m. (introduction récente, mot malais). Mot malais, devenu générique (on emploie aussi l'exppression anglaise *tie and dye*, « lier et teindre »), d'une technique de teinture des tissus en pièce par ligature déterminant une réserve à l'emplacement du lien et des plis marqués, et pratiquée sous des formes très diverses dans toutes les parties du monde hormis l'Australie et l'Océanie. Elle est particulièrement répandue en Afrique, en Inde, en Indonésie et au Japon. En Indonésie, on obtient des réserves de grande étendue en protégeant partiellement l'étoffe avec des fragments de feuille de bananier. Les réserves peuvent aussi être obtenues par plissage (en Côte-d'Ivoire, au Turkestan chinois, au Japon) ; ou encore par couture (technique appelée *tritik* à Java, *shibori* au Japon), ce qui donne aussi du relief au tissu.

Shantung ou **Chantoung**, n. m. (1910, nom d'une province de Chine). Sorte de pongé grossier, tissu de soie pure ou mélangée de tussah (soie provenant d'espèces de papillon d'Asie du genre *Antheraea* et non pas du *Bombyx mori*).

Siamoise, n. f. (1686, adjectif substantivé, de *Siam*). Selon le *Dictionnaire universel de commerce* de Savary des Bruslons, « étoffe mêlée de soie et de coton », imitée de tissus qu'apportèrent les ambassadeurs du roi de Siam Phra Naraï à Versailles en 1684. Des échantillons tissés à Yvetot ou à Rouen et connus sous cette appellation grâce à une enquête effectuée dans la seconde moitié du XVIIIe siècle sur la production de « toiles et toileries » des différentes généralités, font apparaître l'inconstance de la définition, matière ou décor. Les observations de l'enquête montrent qu'alors ces étoffes robustes, utilisées pour le dessus des vêtements des gens du peuple ou pour recouvrir des sièges, ne servaient pour les femmes de condition qu'à la doublure des robes ou des caracos. Ce qui donne à entendre que l'on était alors bien loin des étoffes qui avaient séduit la cour en 1684, ou que l'on était revenu d'un exotisme un peu rude.

SOIE, n. f. (vers 1175 ; *seie*, 1150 ; du latin *saeta*, « soie » au sens de « poil raide, crin »).
En dépit de l'origine chinoise de la soie, matière et fibre textile, le nom français est d'origine latine, mais ne désignait en latin que le poil rude de certains animaux (sanglier, porc). Le mot grec, *sêr*, soie ou ver à soie (d'où l'adjectif *sêrikos*, de soie, le latin *sericus*, et le composé *sériciculture*), est le singulier du mot *Sêres*, les Sères, peuple d'Asie lointaine mentionné par Strabon et Pausanias. Le nom du papillon dans la nomenclature linnéenne (nom du genre suivi du nom de l'espèce, usuellement un adjectif ou un complément de nom) est *Bombyx mori*, « bombyx du mûrier ». *Mori*, qui précise l'espèce, est le génitif du mot latin qui désignait le mûrier noir (l'actuel *Morus nigra*, originaire de l'Asie centrale et planté en Italie pour ses fruits à l'époque romaine, mais aussi utilisable pour l'élevage du ver à soie ; dans le bassin méditerranéen, on ne connaissait pas alors le mûrier blanc, d'Extrême-Orient, *Morus alba*). Le nom de genre est le mot grec *bombyx*, « insecte bourdonnant », qui vient lui-même du mot *bombos*, onomatopée désignant un bruit sourd, grondement ou bourdonnement, ce qui se réfère ici au bruit fait par le mouvement des ailes d'un papillon et non pas du tout à la chenille qui file le cocon dévidé ensuite pour la production de la soie ni au cocon lui-même, matière première traitée par l'homme. Dans le livre V de l'*Histoire des animaux* (XIX/551.b), Aristote rapporte comme une tradition l'invention du dévidage du cocon ou *bombykion* (la chrysalide étant nommée *bombylis*) par une habitante de l'île de Cos, Pamphile, fille de Platès, mais présente comme un fait le tissage, par les femmes, du fil qui en résulte. Par métonymie, le mot *bombyx* désigne chez Alciphron (IIIe s. après Jésus-Christ, lettre IV.14) la soie ou l'étoffe légère qui en est faite. Mais il est peu probable qu'il s'agisse de la soie du papillon domestiqué en Chine et que nous appelons *Bombyx mori* (famille des *Bombycidae*, propre à l'Asie orientale). Sous l'Empire romain, on distinguait, d'après leur matière, les *sericae vestes*, à considérer comme des tissus en soie de l'actuel *Bombyx mori*, importée de Chine, et les *Coae* (de l'île de Cos) ou *bombycinae vestes*, en soie méditerranéenne (peut-être du cocon de *Saturnia pyri*, le grand paon de nuit, famille des *Saturniidae*, ou de *Pachypasa otus*, famille des *Lasiocampidae*), éventuellement peignée puis filée et non pas dévidée, ou encore en *tussah* indien.

SURAH
(1883 ; de *Surate*, centre textile de l'Inde). Tissu léger, souple, à l'origine en soie, d'armure sergée.

TUSSAH, n. m. (1878 ; anglais *tussah*, altération de *tussar*, de l'hindi *tasar*). Soie dite sauvage, produite par les chenilles de différentes espèces de papillons d'Asie, notamment *Antheraea mylitta* (Inde), *Antheraea pernyi* (Chine) et *Antheraea yamamai* (Japon).

TUSSOR, n. m. (doublet du mot précédent ; *tussore*, 1844 ; anglais *tusore*, de l'hindi *tasar*). Nom indien d'un tissu d'armure taffetas fait avec de la soie *tussah* et qui avait la réputation d'être infroissable et inusable.

WAX, n. m. (introduction récente, du mot anglais *wax*, « cire », matière collante à base de cire, utilisée dans le procédé).
Procédé industriel d'origine hollandaise, issu du *batik* indonésien et de l'impression européenne, donnant un tissu sans envers adapté au vêtement drapé ; employé principalement pour le marché d'Afrique noire, depuis 1893 au Ghana, et aujourd'hui perçu comme typiquement africain bien que la production ne le soit que partiellement.
Cette histoire récente, où l'on voit le batik indonésien concurrencé sur place par son imitation hollandaise puis celle-ci, sous un nom anglais, devenir emblématique de l'Afrique noire (bien que produite ailleurs), dans un vocabulaire ornemental renouvelé mêlant des influences multiples, est exemplaire de la complexité des échanges souvent au cœur des exotismes.
La toile de coton passe d'abord entre deux rouleaux de cuivre symétriquement gravés en creux et qui enduisent, d'une matière cireuse ou wax, les deux faces des zones à réserver lors de la teinture. Après durcissement de l'enduit, le tissu est froissé mécaniquement pour créer des craquelures qui marqueront de leur tracé aléatoire le dessin en réserve résultant de la teinture. Après teinture de l'étoffe et suppression de l'enduit, le dessin est complété à la planche ou au rouleau, avec autant de rouleaux ou de jeux de planches que de couleurs.

Documentation rassemblée par Véronique Belloir, Jérôme Recours, Sylvie Richoux, Marie-Hélène Poix, Emmanuelle Montet.

Bibliographie

OUVRAGES

AMES Franck, *The Kashmir Shawl and its Indo-French Influence*, Antique Collector's Club, 1997 (3ᵉ édition).
ATASOY Nurhan, RABY Julian, *Iznik. La poterie en Turquie ottomane*, Paris, Le Chêne, 1996.
AUGÉ Marc, *Pour une anthropologie des mondes contemporains*, Paris, Aubier, 1994.
BEAUMELLE Marie-José, *Les Arts décoratifs en Provence du XVIIIᵉ au XIXᵉ siècle*, Aix-en-Provence, 1993.
BEATON Cecil, *The Best of Beaton with notes on the photographs*, introduction de Truman Capote, New York, The MacMillan Company, 1968.
BENAÏM Laurence, *Yves Saint Laurent*, Paris, Grasset et Fasquelle, 1993.
BEZON M., *Histoire générale des tissus anciens et modernes*, Lyon, 8 tomes, 1859-1863.
BONY Anne, *Les Années 1960*, Paris, Le Regard, 1983.
BOURDAIN Edmond, *Manuel du commerce des tissus, vade-mecum du marchand de nouveautés*, Paris, J. Hetzel et Cⁱᵉ, 1885.
BRAUDEL Fernand, *Civilisation matérielle, économie et capitalisme, XVᵉ-XVIIIᵉ siècles*, 3 tomes, Paris, Armand Colin, 1979.
CHANTRELL Lydie, *Les Moires 1895-1920*, Paris, France-Gutenberg, 1978.
CHARLES-ROUX Edmonde, *L'Irrégulière*, Paris, Grasset, 1974.
CANDOLLE Alphonse de, *Origine des espèces cultivées*, Paris, Librairie Germer Baillière et Cⁱᵉ, 1883 [Laffitte Reprints, 1984].
CARDON Dominique, CHATENET Gaëtan du, *Guide des teintures naturelles*, Neuchâtel, Paris, Delachaux et Niestlé, 1990.
DAVANZO POLI Doretta, MORONATO Stefania, *Le Stoffe dei Veneziani*, Venise, Marsilio Editori, 1994.
DECAUX Alain, *Les Grandes Favorites*, Paris, Grasset, 1960.
DELPIERRE Madeleine, *Le Costume, de la restauration à la Belle Époque*, Paris, Flammarion, 1990.
Deschodt Anne-Marie, *Mariano Fortuny, 1871-1949*, Paris, Le Regard, 1979.
DESLANDRES Yvonne, *Paul Poiret 1879-1944*, Paris, Le Regard, 1986.
DELBOURG-DELPHIS Marylène, *La Mode pour la vie*, 1953.
DOLLFUS-AUSSET, *Matériaux pour la coloration partielle des étoffes*, Paris, 1865.
DORNIER-BUIN et DORNIER Gilbert, *Le Costume aux XVIIᵉ, XVIIIᵉ et XIXᵉ siècles*, Paris, La Tourelle, tome II, 1953.
DUCHET Michèle, *Anthropologie et Histoire au siècle des Lumières*, Paris, Albin Michel, 1995.
ETHERINGTON-SMITH M., *Patou*, Paris, Denoël, 1984.
FENNEL MEZZAOUI F., *The Italian Cotton Industry in the Later Middle Ages 1100-1600*, Cambridge, 1981
FENNICK Jannine, *Barbie poupée de collection*, Paris, Soline, 1996.
FINKIELKRAUT Alain, *La Défaite de la pensée*, Paris, Gallimard, 1989 (réed. Essais Folio, 1991).
FONTENAY Eugène, *Les Bijoux anciens et modernes*, Paris, 1887.

FORMAN B., *Batik Ikat*, Paris, Cercle d'Art, 1988.
GOODY Jack, *La Culture des fleurs*, Paris, Le Seuil, 1994.
GRUMBACH Didier, *Histoires de la mode*, Paris, Le Seuil, 1993.
GÜRSU Nevber, *The Art of Turkish Weaving. Designs through the ages*, Istanbul, Redhouse Press, 1988.
HÆDRICH Marcel, *Coco Chanel secrète*, Paris, Robert Laffont, 1971.
HALL DUNCAN Nancy, *Histoire de la photographie de mode*, Paris, Le Chêne.
HARLAN J.R., *Les Plantes cultivées et l'Homme*, Paris, Presses universitaires de France, 1985.
HARRIS Jennifer, *5000 ans de textiles*, Londres, British Museum Press, 1994.
HATZIMICHALI Angeliki, *The Greek Folk Costume*, Benaki Museum, Melissa Publishing House, 1979.
HAUDRICOURT A.G., HÉDIN L., *L'Homme et les Plantes cultivées*, Paris, Gallimard, 1943.
HOLBORN Mark, *Issey Miyake*, Taschen, 1995.
HONOUR Hugh, *Chinoiserie, the Vision of Cathay*, Londres, John Murray Ltd, 1961.
IRWIN John, *The Kashmir Shawl*, Victoria and Albert Museum, Her Majesty's Stationary Office, Londres, 1973.
JACQUÉ Jacqueline, *Andrinople, le rouge magnifique*, La Martinière, 1995.
JARRY Madeleine, *Chinoiseries. Le rayonnement du goût chinois sur les arts décoratifs des XVIIᵉ et XVIIIᵉ siècles*, Fribourg, Office du Livre, 1981.
JONES Dylan, *Coupes et Looks, 50 ans d'histoire de cheveux au peigne fin*, Paris, Robert Laffont, 1990.
JUILLARD Béatrice, *Les Magasins de nouveautés à Paris, de 1810 au début du XXᵉ siècle* [Thèse de doctorat d'histoire], 1997.
LACROIX Christian, *Pêle-Mêle*, Londres, Thames and Hudson, 1992 (avec la coll. de Patrick Mauriès).
LAVOISIER B., *Mon corps, ton corps, leur corps, le corps de la femme dans la publicité*, Paris, Seghers, 1978.
LEFKOWITH MAYER Christie, *L'Art du Parfum. Découverte et collection des flacons de parfum*, Paris, Celiv, 1994.
LEPROUX Béatrice, *Mannequins à contre-jour*, Paris, Ballard, 1990.
LÉVI-STRAUSS Monique, *Cachemires*, Paris, Adam Biro, 1987.
— Idem, *Vernis Cachemire*, Paris, Adam Biro, 1990.
— Idem, *Il Cachemire, Indian and European Shawls*, Collezione Antonio Ratti, vol. IV, Ratti, 1995.
LIAUT Jean-Noël, *Une princesse déchirée*, Nathalie Paley, Paris, Filipacchi, 1996.
MARKOWSKY Barbara, *Europäische Seidengewebe des 13.-18. Jahrhunderts*, Cologne, Kunstgewerbemuseum der Stadt Köln, 1976.
MAY Florence L., *Silk Textiles of Spain : Eighth to Fifteenth Century*, New York, Hispanic Society of America, 1957.
NÉRET Gilles, *Boucheron. Histoire d'une dynastie de joailliers*, Paris, 1988.
OKADA Amina, *Le Motif floral dans les tissus moghols : Inde XVIIᵉ et XVIIIᵉ siècles*, Paris AEDTA, 1995 (Pf 1).
PAPILLON Jean-Michel, *Traité de la gravure sur bois*, Paris, 1756.

POIRET Paul, *En habillant l'époque*, Paris, Grasset, 1974 (1ʳᵉ édition 1930).
REY Jean, *Etudes pour servir à l'histoire des châles*, Paris, 1823.
ROGNON F., *Les primitifs nos contemporains*, Paris, Hatier, 1988.
ROSSBACH Ed., *The Art of Paisley*, New York, Van Nostrand Reinhold Company, 1980.
ROTHSTEIN Natalie, *Silk Designs of the Eighteenth Century*, Londres, Victoria and Albert Museum, 1990.
ROUBAUD Louis, *Au pays des mannequins*, Paris, Les éditions de France, 1928.
RYHINER Jean, *Traité sur la fabrication et le commerce des toiles peintes*, 1760 [manuscrit], bibliothèque du Musée de l'impression sur étoffes, Mulhouse.
SAINDERICHIN Ginette, *Kenzo*, Paris, éditions Du May, 1989.
SARGENTSON Carolyn, *Merchants and Luxury Markets. The Marchands Merciers of Eighteenth-Century Paris*, Londres, Victoria and Albert Museum, 1996.
SAVARY DES BRUSLONS, *Dictionnaire universel de commerce*, 2 vol., Paris, 1723 ; nouvelle éd., 5 vol., Copenhague, 1759-1765.
SCHNAPPER Antoine, *Le Géant, la Licorne et la Tulipe*, Paris, Flammarion, 1988.
SEGALEN Victor, *Essai sur l'exotisme, une esthétique du divers*, Fata Morgana, 1978.
SIMON Marie, *Mode et Peinture*, Paris, Hazan, 1995.
SLOMANN Vilhelm, *Bizarre Designs in Silks. Trade and Traditions*, Copenhague, Ejnar Munksgaard, 1953.
THORNTON Peter K., *Baroque and Rococo Silks*, Londres, Faber and Faber, 1965.
TOUDOUZE Georges G., *Le Costume français*, Paris, Librairie Larousse, 1945.
VEVER Henri, *La Bijouterie française au XIXᵉ siècle*, Paris, 1906-1908, 3 tomes.
VISEUX Micheline, *Le Coton, l'Impression*, éditions de l'Albaron, Thonon-les-Bains, 1991.
WHITE Palmer, *Poiret*, Londres, Studio Vista, 1973.
YOUSSOUPOFF Félix, *Mémoires*, Paris, Victoria and Albert éditions, 1990.

CATALOGUES

- *Al-andalus : The Art of Islamic Spain*, Grenade, 1992.
- *À la rencontre de Sinbad. La route maritime de la soie*, Paris, musée de la Marine (18 mars-15 juin 1994)
- *Pierre Balmain. 40 années de créations*, Paris, musée de la Mode et du Costume, Palais Galliéra (20 décembre 1985-6 avril 1986), Paris-Musées, 1986.
- *Boucheron, 130 années de création et d'émotion*, Paris, musée Jacquemart-André, 1988.
- *Du Tage à la mer de Chine, une épopée portugaise*, Portugal, Palacio nacional de Queluz (9 mars-30 avril 1993) et Paris, Musée national des arts asiatiques-Guimet (19 mai-31 août 1992), Réunion des Musées nationaux, 1992.
- *L'Éventail, miroir de la Belle Époque*, Paris, musée de la Mode et du Costume, Palais Galliera, 1985.
- *Exotisme et Impression. France, XVIIIᵉ et XIXᵉ siècles*, Lorient, musée de la Compagnie des Indes ; Bayonne, musée Bonnat ; Jouy-en-Josas, musée Oberkampf (1994 - 1996).

- *Fans from the East*, Debrett's Peerage in association with the Fan Circle and the Victoria and Albert Museum, Debrett's Peerage Ltd, 1978.
- *Indiennes et Palampores à l'île Bourbon au XVIIIe siècle*, Saint-Louis, Île de la Réunion, Maison française du meuble créole, 1994.
- *Impressions cachemire au XIXe siècle*, Jouy-en-Josas, musée Oberkampf (24 mars-28 juin 1984).
- *Japonisme et Mode*, Paris, musée de la Mode et du Costume, Palais Galliéra (17 avril-4 août 1996), Paris-Musées 1996.
- *La Mode du châle cachemire en France*, Paris, musée de la Mode et du Costume, Palais Galliera, 1982 (19 mai-31 octobre 1982).
- *La Seta e la sua via*, Rome, Palazzo delle Esposizioni (23 janvier - 10 avril 1994), Edizioni De Luca, 1994.
- *Le Châle cachemire en France au XIXe siècle*, Lyon, Musée historique des tissus (17 décembre 1983-18 mars 1984).
- *Les Accessoires du temps, ombrelles, parapluies*, Paris, musée de la Mode et du Textile, Palais Galliéra, Paris-Musées, 1989.
- *Mariano Fortuny*, Lyon, Musée historique des tissus (19 avril-13 juillet 1980).
- *Mémoire de soie, costumes et parures de Palestine et de Jordanie*, Paris, Institut du Monde arabe, 1988.
- *Objets, 1860-1910, dessins et modèles de fabrique déposés à Paris*, Paris, Archives départementales de la Ville de Paris, Paris-Musées, 1993.
- *L'Orient d'un diplomate, costumes de la collection d'Aumale, 1914-1938*, Paris, musée de l'Homme (novembre 1990-mai 1991).
- *Orientalism : the Vision of the East in the Western Dress*, New York, The Metropolitan Museum of Art, 1994.
- *Paul Poiret et Nicole Groult, maîtres de la mode Art déco*, Paris, musée de la Mode et du Costume, Palais Galliéra (5juillet-12 octobre 1986), Paris-Musées, 1986.
- *Le Primitivisme dans l'art du XXe siècle* (sous la dir. de William Rubin), Paris, Flammarion, 1987 (2 vol.)
- *Raoul Dufy, La Passion des Tissus*, Honfleur, Grenier à sel (10 avril-25 mai 1993).
- *Soieries de Lyon. Commandes royales au XVIIIe siècle (1730-1800)*, Lyon, Musée historique des tissus (décembre 1988-mars 1989).
- *Toiles de Nantes des XVIIIe et XIXe siècles* (9 décembre 1977-29 janvier 1978), Mulhouse, Musée de l'impression sur étoffes.
- *Tous les savoirs du monde*, Paris, Bibliothèque nationale de France-Flammarion, 1996.
- *Voyage aux îles d'Amérique*, Paris, Archives nationales, Hôtel de Rohan (avril-juillet 1992).
- *Yves Saint Laurent, Exotismes*, Marseille, musée de la Mode (10 décembre 1993-27 mars 1994), Musées de marseille-RMN, 1993.
- *Yves Saint Laurent par Yves Saint Laurent*, Paris, Herscher-musée des Arts de la mode, 1986.

ARTICLES

BONITO FANELLI Rosalia, « Il disegno della melagrana nei tessuti del Rinascimento in Italia », in *Rassegna della Istruzione Artistica*, Anno III, ni 3, 1968, p. 27-51.
BOUCHERON Elisabeth du, « Histoire du défilé de Mode », in *Jardins des Modes*, mars 1980, p. 14
BRUIGNAC Véronique de, « Nantes, réserve d'indiennes », in *303, Arts, recherches et créations - La revue des pays de la Loire*, 1995.
BURNHAM D.K., *Cut my Cote*, Toronto, Royal Ontario Museum, 1973.
CAVACIOCCHI S., in *La seta in Europa, Secc. XIII-XX*, Florence, 1992.
CLOUZOT Henri, « Les Toiles peintes au pavillon de Marsan », in *Gazette des Beaux-Arts*, 1912.
COUSIN Françoise, « Des coupes et des découpes. Étude comparative de quelques patrons », in *Vêtement et Sociétés*, Paris, MNHN/ musée de l'Homme, 1990, p. 92-122.
— Idem, « Modes en version originale : coupe et décors, analyse comparative, in *L'Orient d'un diplomate*, cat. d'exposition, cf. supra, p. 22-27.
— Idem, Mise en forme, mise en volume des vêtements, *Techniques et Culture* 21, 1993, p. 103-119.
DESLANDRES Yvonne, « L'Influence du costume traditionnel sur les créations de Paul Poiret », in *Vêtements et sociétés*, Colloque du musée de l'Homme, 2-3 mars 1979.
DELPIERRE Madeleine, FALLUEL Fabienne *et al.*, in *L'Éventail, miroir de la Belle Époque*, cat. d'exposition, cf. supra.
FILLIOLES-ALEX Christiane, LAINE Brigitte, ROUSSET Michèle *et al.*, in *Objets, 1860-1910*, cat. d'exposition, cf. supra.
FORBES W. T. M., « The Silkworm of Aristotle », in *Classical Philology*, XXV (1930).
FRASER Antonia, « Les Poupées : premiers mannequins de mode », in *Historia*, n° 456, Paris, décembre 1984.
FUKAI Akiko, « Le Kimono, costume japonais », in *Japonisme et Mode*, cat. d'exposition, cf. supra.
GARY Marie-Noël de, « Les émaux à jour d'Armand Riffault pour Boucheron », in *L'émail français au XIXe siècle. Le renouveau dans l'orfèvrerie et la bijouterie française*, cat. d'exposition, Limoges, 1994, p. 47-51.
GUILLAUME Valérie, « Remarques sur la manche japonaise ou l'emmanchure kimono », in *Japonisme et Mode*, cat. d'exposition, cf. supra, p. 65-69.
HASSOUN Jean-Pierre, RAULIN Anne, « Homo exoticus », in *Autrement*, mars 1995, p. 119-129.
HEINZ Dora, BRUNHAMMER Yvonne et NOUVEL Odile, « Tissus, tapis et papiers peints », in *Antiquités et Objets d'art*, n° 9, 1990, Paris, éditions Fabri.
JACQUÉ Jacqueline, « Indiennes d'au-delà des mers » in *La Grande Bleue*, cat. d'exposition, Mulhouse, Musée de l'impression sur étoffes (22 juin-3 décembre 1991).
KELLER Jean-François, ROLAND Denis, « The Paisley Prints of Alsace », 1800-1870, in *The Magazine of Antiques*, décembre 1996, p. 802-810.
LESIENTRE Caroline, « Les nuits d'Iman », Paris, in *Vogue*, septembre 1988.
MARREY Bernard, « Les débuts du marketing », in *Le Monde*, 27 novembre 1993.
SAGALOW Annie, DESROCHES Jean-Paul *et al.*, in *Les Accessoires du temps, ombrelles, parapluies*, cat. d'expo, cf. supra.
SCHWARTZ, Paul-Raymond, « La fabrication des toiles peintes aux Indes au XVIIIe siècle », *Bulletin de la Société industrielle de Mulhouse*, IV, 1957.
— Idem, « Les toiles peintes indiennes », in *Bulletin de la Société industrielle de Mulhouse*, IV, 1962.
— Idem, « L'impression à Ahmedabad (Inde) en 1678 » in *Bulletin de la Société industrielle de Mulhouse*, I, 1967.
SCHMIDT Heinrich J., « Turkish brocades and Italian imitations », in *The Art Bulletin*, Chicago, 1933, p. 374-383.
TAKASHINA Shôji, FUHKAI Akiko, GUILLAUME Valérie, *et al.*, in *Japonisme et Mode*, cat. d'exposition, cf. supra.
WARDWELL Anne E., « The Stylistic Development of 14th and 15th Century Italian Silk Design », in *Aachener Kunstblatter*, t. 47, 1976-1977, p. 177-206.
— Idem, « Panni tartarici : Eastern Islamic Silks woven with Gold and Silver (13th and 14th Centuries) », in *Islamic Art*, t. III, 1988-1989, p. 95-175.
— Idem, « Flight of the Phoenix : Crosscurrents in Late Thirteenth to Fourteenth Century Silk Patterns and Motifs », in *The Bulletin of the Cleveland Museum of Art*, t. 74, n° 1, janvier 1997, p. 2-35.
YAMAGUCHI Sayoko, « La Poèsie », in *Jardins des Modes*, juin 1982, p. 37.

DOCUMENTS ET PÉRIODIQUES

- *Annuaire du commerce Didot-Bottin*, Paris I, 1928.
- *Autrement* n° 154, « Mille et une bouches », Paris, mars 1995.
- *Art et Décoration*,1920-1930.
  Bulletin du Comité français des expositions, janvier-février 1932.
- *Bulletin de la Société industrielle de Mulhouse*, IV, « Musée de l'impression sur étoffes de Mulhouse », 1975.
- *Femina*, 1919-1930.
- *Illustration des modes*, 1920-1922.
- *Jardin des modes*, 1922-1933.
- *L'Illustration (Les Grands dossiers de) La mode, histoire d'un siècle, 1843-1944*, Paris, Le Livre de Paris, Sefag et l'Illustration, 1987.
- *Le Livre des marques*, Paris, éditions du May, 1993.
- *Le Livre de la Mode à Paris, 1919-1920*
- *Lettre du Crédoc*, « Les consommateurs veulent plus de saveurs dans leur assiette », n° 113, 31 déc. 96.
- *Maison française*, « L'ethnique c'est magique », entretien avec Jacques Englade, hiver 1996.
- *Modes et Travaux* 1919-1933
  Rapports des jurys des expositions françaises nationales et universelles, de 1798 à 1878.
- *Traverses*, n° 3, « La Mode », février 1976, Paris, Centre Georges Pompidou.
- *Marie-Claire 1954-1979 (25 ans de Marie Claire)*, « 1996, l'ère des mannequins », numéro hors-série.
- *Vogue* (édition française), 1920-1933.

CATALOGUE

Auteurs
Véronique de Bruignac-La Hougue
conservateur au musée des Arts décoratifs, Paris
Françoise Cousin
ethnologue, musée de l'Homme, Paris
Pamela Golbin
conservateur au musée de la Mode et du Textile, Paris
Béatrice Juillard
historienne
Lydia Kamitsis
conservateur au musée de la Mode et du Textile, Paris
chargé de la programmation et de la recherche
Jean-Paul Leclercq
conservateur au musée de la Mode et du Textile, Paris
Frédérique Legrand
chargé d'études en agence de publicité
Sylvie Legrand-Rossi
conservateur au musée de la Mode et du Textile, Paris
Florence Müller
historienne de la mode
Evelyne Possémé
conservateur au musée des Arts décoratifs, Paris
François Pouillon
ethnologue, directeur d'études à l'École des Hautes Études en Sciences Sociales, Paris
Olivier Saillard
conservateur du musée de la Mode de Marseille

Coordination éditoriale
Annie Pérez

Coordination photographique
Sonia Edard, Rachel Brishoual

Conception graphique
Compagnie Bernard Baissait
Bernard Lagacé

Cet ouvrage a été achevé d'imprimer
sur les presses de l'imprimerie de l'Indre
à Argenton-sur-Creuse en janvier 1998.
La photogravure a été réalisée par AIG 80.

Direction de l'édition et de l'image
© **Union centrale des Arts décoratifs**
Dépôt légal : janvier 1998
ISBN : 2-901-422-53-5

Légende de couverture :
Manteau du soir
en satin façonné liseré
Modèle « Doux Rêve »
Callot Sœurs
1920-1923
MMT, coll. UFAC
Inv. 78-36-1

Crédits photographiques
Photographies de **Patricia Canino** :
couverture et pages 4, 6, 8, 10, 44, 51, 71, 77, 78, 79, 81, 112, 115, 119, 123, 124, 131, 132, 135, 136, 139, 140, 151, 152, 154, 155, 158, 164, 166, 167, 168, 171, 177.

Photographies de **Laurent Sully-Jaulmes** /
Union centrale des Arts décoratifs (MMT/MAD) :
pages 17, 18, 20, 22, 23 (en haut), 24, 32, 33, 34, 35, 37, 38, 40, 43, 46, 47, 48, 49, 50, 52, 54, 55, 57, 58, 63, 64, 65, 66, 67, 68, 69, 72, 73, 75, 82, 86, 87, 91 (en haut), 96, 98, 99, 100, 101, 103 (ill. 10 et 11), 104, 105,107, 109, 110, 116, 117, 120, 134, 146, 147, 149, 156, 163, 172, 174.

Documents et photographies CDMT, coll. UFAC/UCAD :
pages 83, 84, 85, 88, 91 (en bas), 118, 137, 138, 141, 142, 143, 144, 159
Musée de la Publicité, UCAD, Paris : page 93

ainsi que :
Archives Christian Dior : page 8
Bibliothèque Forney, Paris : page 103 (ill. 9)
Dries van Noten : pages 199, 203
John Galliano : page 198 (photo : Patrice Stable)
Jean-Paul Gaultier : pages 178, 184, 185
Jean-Paul Leclercq : page 23 (en bas)
Kenzo : pages 182, 204
Patrimoine Lanvin : page 160
Maison Christian Lacroix : pages 13, 200, 202
Maison Pierre Balmain : page 197 (photo : M. Bechet)
Xuly Bët : page 197 (photo : Gauthier Gallet)

Droits réservés pour tous les autres documents.